公路桥梁养护与维修

Maintenance and Repair of Highway Bridge

裴畅茂　编著

内 容 提 要

本书主要介绍公路桥梁检测、评估和加固相关技术，是根据交通运输部颁布的《公路桥梁技术状况评定标准》(JTG/T H21—2011)及桥梁检测、评估和维修加固的相关技术标准编写的。全书共计7章，主要包括：桥梁定期检查基本步骤与评定基本方法，桥面系养护与维修，支座养护与维修，梁式桥跨养护与维修，拱桥养护与维修，墩(台)及基础养护与维修等。书中对各种桥型主要受力特点，常见病害及其维修手段都有较为详细的介绍，具有较强的针对性和实践性。

本书可供公路桥梁养护管理及施工技术人员和检测工程人员等阅读参考，也可作为公路桥梁养护工作者的参考资料。

图书在版编目(CIP)数据

公路桥梁养护与维修 / 裴畅茂编著. — 北京 : 人民交通出版社股份有限公司, 2019.6

ISBN 978-7-114-15031-9

Ⅰ. ①公… Ⅱ. ①裴… Ⅲ. ①公路桥—保养②公路桥—维修 Ⅳ. ①U448.145.7

中国版本图书馆CIP数据核字(2018)第222187号

书　　名：公路桥梁养护与维修
著 作 者：裴畅茂
责任编辑：周　宇　侯蓓蓓
责任校对：刘　芹
责任印制：张　凯
出版发行：人民交通出版社股份有限公司
地　　址：(100011)北京市朝阳区安定门外外馆斜街3号
网　　址：http://www.ccpress.com.cn
销售电话：(010)59757973
总 经 销：人民交通出版社股份有限公司发行部
经　　销：各地新华书店
印　　刷：北京虎彩文化传播有限公司
开　　本：787×1092　1/16
印　　张：13.75
字　　数：330千
版　　次：2019年6月　第1版
印　　次：2019年6月　第1次印刷
书　　号：ISBN 978-7-114-15031-9
定　　价：60.00元

前　　言

随着我国综合实力的不断提高,交通事业快速发展。公路运输以其快捷便利等优点,在综合交通运输中发挥重要作用。桥梁作为保证公路能够畅行的重要组成部分,其质量安全是全线交通正常运营的关键。

但是,目前不少桥梁不同程度地存在安全与耐久性方面的隐患。例如,我国近几年采用预制安装施工方法修建了大量的钢筋混凝土和预应力混凝土空心板梁与小箱梁桥,这些桥梁在投入使用以后,普遍出现了梁端支撑力不匀、支座滑脱等问题,造成梁体受力不均、横向联系削弱、单板或单梁受力特征显著,在当前频繁重载交通下,存在较大的安全隐患,个别桥梁还出现了垮塌事故。因此,在公路建设的同时,公路养护部门应加强对桥梁的检查、评估、维修和加固补强。

本书可以为桥梁工程师指导工程实践,并为桥梁养护者进行相关养护维修提供参考。

本书主要基于国内外先进技术和相关科研成果,总结国内20多年来的检测技术和养护手段,系统地介绍了桥梁检测和维修的相关方法,分析了不同桥型的受力特点和养护要点,并提供了一些桥梁工程案例分析,进而可以帮助桥梁工程师们进行养护和维修工作。

本书主要根据国内外桥梁检测及相关加固技术资料编著的。内容主要包括桥梁检测的原理、操作步骤及其评估技术;同时还较为详细地介绍了桥面系、支座、梁桥和拱桥、墩台及基础的相关病害及其加固维修技术。

本书共分7章,第1章为国内外研究现状。第2章系统地介绍了桥梁定期检查基本步骤与评定基本方法,主要说明桥梁检查的基本流程和技术要点。第3章介绍了桥面系的养护与维修,主要介绍了桥面铺装的主要病害,及桥面系其他结构的主要病害及其维修手段。第4章介绍了支座的养护与维修,主要介绍了支座的基本分类,不同支座的基本病害及其维修要点。第5章介绍了梁式桥跨的养护与维修,主要介绍了不同结构形式的梁桥的受力特点、常见病害和维修建议。第6章介绍了拱桥的养护与维修,主要介绍了常见拱桥的受力特点,主要病害的产生及其维修要点。第7章介绍了墩(台)及基础的养护与维修,主要介绍了不同墩台常见的病害,及其检查要点,并针对性地进行相应养护维修。

本书深入浅出，循序渐进，力求概念明确，说明清楚透彻，文字简练，内容新颖，能够反映相关领域的主要成果。其研究成果可供广大公路桥梁养护管理及施工技术人员和检测工程人员等阅读参考，也可作为公路桥梁养护工作者的参考资料。

限于编者水平，书中尚有不足之处和有待探讨的地方，敬请读者提出宝贵意见。

2018年8月

目　录

第1章　绪　论

我国的公路桥梁建设正以惊人的速度在发展,特别是改革开放以来,取得了骄人的成绩。如今,无论是在江河湖海,还是在高速公路,千姿百态、造型各异的桥梁随处可见,它们展示了我国公路桥梁建设的辉煌与成就。但是,随着交通运输业的迅猛发展,自然灾害和超载等人为因素的影响,使得国内公路桥梁的现状不容乐观,加强对公路桥梁的安全与质量管理已迫在眉睫。

1.1　国内外公路桥梁现状

我国的公路桥梁绝大多数是在1949年以后修建的。随着时间的推移和经济的发展,交通运输业也已是今非昔比。由于当时的经济条件和国情所限,桥梁建设也经历了不同的发展阶段。为了满足不同时期公路运输对桥梁承载能力的要求,我国的公路工程技术标准已做过多次修订,设计荷载等级也在不断增大,原有的公路桥梁由于是依据旧标准和规范设计建造的,已远远不能满足当今物流运输的要求,桥梁的病害日渐突出。如:主梁裂缝、桥头跳车、桥面破损、石拱桥拱圈开裂、墩台裂缝等病害已成为常态,其他病害更是不胜枚举,这些病害的产生,严重影响了桥梁的使用寿命,限制了公路桥梁的通行能力,也给人民的生命财产带来一定的安全隐患。

2016年6月2日,交通运输部正式印发了《"十三五"公路养护管理发展纲要》(以下简称《纲要》)。2016年6月16日,五年一次的全国公路养护管理工作会在徐州召开,会议明确将《纲要》作为"十三五"期指导全国公路养护管理工作的纲领性文件。

《纲要》总结了养护管理工作的发展成绩和存在的问题,分析了养护管理工作未来所面临的新形势和新挑战,明确了"十三五"期养护管理工作的发展思路、发展目标及"四大重点任务",提出了顺利实现《纲要》目标的保障措施。

《纲要》提出,"十三五"期将以创新、协调、绿色、开放、共享五大发展理念为指引,以构建现代公路养护管理体系为核心,围绕"改革攻坚、养护转型、管理升级、服务提质"四个方面精准发力,努力构建更为安全畅通的公路网络以及公众满意的服务体系和高效可靠的保障体系,为全面建成小康社会当好先行。《纲要》的发布将为"十三五"期全面加强公路养护管理工作,推动公路转型发展和提质增效发挥重要的指导作用。

我国是一个发展中国家,资金不充足,交通养护技术还处于比较落后的地位,在这个大前提下,加强旧危桥的维修加固工作具有更大的实际意义:一是可以最大限度地降低交通建设成本,实现投资的优化;二是可以保持桥梁建设的快速发展,缓解我国的交通紧张状况。

1.2 桥梁养护与维修目的及意义

为确保桥梁的正常运营,必须加强桥梁检查与养护维修。随着交通运输事业的发展,公路交通量和大吨位车辆不断增加,要求通过对原有桥梁进行合理而有效的养护与维修等技术改造来提高通过能力和荷载标准。我国"老、弱、病、危"桥梁的病因如下:

(1)忽略了对桥梁的"体检"、养护。按国际惯例,混凝土桥大修期是30年,钢桥是10年。但是,国内部分地区除了对一些特大桥进行了"体检"、维护、大修外,其他各类桥梁很少进行"体检"、维修。

(2)交通负荷不断加重,当初的设计等级与交通快速发展不相适应。如武汉长江二桥原设计最大交通量为每天6万辆,但建成不久就超饱和运营,日平均交通量约15万辆,其中高峰达到19万辆。虽然该桥限制货车在晚上10点以后通行,但超载情况较为严重。

(3)部分桥梁建设项目匆忙上马,边勘探、边设计、边施工的"政绩工程""献礼工程"层出不穷。

(4)建筑市场不太规范,"三无"工程、"豆腐渣"工程时有发生,如重庆綦江区的彩虹桥。

(5)重建设、轻养护现象严重。国内桥梁的需维护费用和实际投入相差较大,在经济发展较慢的地区,桥梁养护手段更为落后。

因此,桥梁的养护维修工作显得越来越重要。只有认真地、不间断地进行桥梁养护维修,才能保证桥梁的各组成部分均处于健康状态,确保桥梁抵抗自然灾害的能力,在保证安全运营的同时,最大限度地实现和延长桥梁的设计使用寿命。如武汉长江大桥是钢桁梁公铁两用特大桥,建成后由武汉铁路分局桥工处专门进行养护,坚持季检、年检,每年除锈涂漆,至今钢梁及百万颗铆钉无一锈蚀,公路桥面原设计车流量为每天5万辆,20世纪90年代至今交通量增至9万~10万辆次,但因年复一年的精心呵护,整座大桥钢结构完好如初。

1.3 桥梁养护与维修工作内容及分类

公路桥梁养护是指为保持桥梁建筑物经常处于良好状态,延长桥梁使用寿命,对桥梁病害进行的检查和分析、修理和加固、局部更新和全部重建等工作。

1.3.1 桥梁养护任务和原则

1.3.1.1 任务

桥梁养护工作,必须确立以"保证行车安全"为主要目标,遵循以"桥梁质量保安全"的指导思想,做到每座桥梁建筑物"基础牢固,结构良好,扣件紧密,状态均衡,行车平稳",掌握设备状态的变化规律和劣化程度,适时地进行修理。其任务是:

(1)经常保持桥梁建筑物状态的均衡完好,以保证车辆按规定的速度安全地运行。

(2)有计划地加固和改善桥梁构件状态,提高结构承载能力,增强抗洪、抗震能力,充分发挥其使用效能。

(3)最大限度地延长桥梁建筑物各部分的使用年限。

1.3.1.2 原则

(1)全面贯彻《公路水路交通运输主要技术政策》。

(2)严格执行《公路桥梁养护管理工作制度》《公路养护技术规范》等有关规定。

(3)桥梁养护应贯彻“预防为主、防治结合、有病治病、治病除根”的原则。

(4)桥梁养护应特别注意行车和人身安全,正确处理施工与运输的关系,在保证安全和质量的前提下,尽量减少中断行车、限制行车速度的时间。

(5)积极依靠科技进步,全面实行现代化管理,大力发展养桥机械化,不断提高工作效率和经济效益,逐步实现桥隧结构现代化、养护作业机械化、企业管理科学化。

1.3.2 桥梁养护与维修工作内容

公路桥梁养护与维修按工程性质、规模大小、复杂程度不同,各国有不同的分类方法。我国对公路桥梁养护与维修分为小修保养、中修、大修、改建和专项工程五类。

1.3.2.1 小修保养工程

(1)小修保养工程是对桥梁进行经常性维护保养和修补其轻微损坏部分的作业。其主要内容有:

①清除桥面污泥、积雪、积冰、杂物,保持桥面的清洁。

②疏通涵管,疏导桥下河槽。

③伸缩缝养护,泄水孔疏通,钢支座加润滑油,栏杆油漆。

④桥涵的日常养护。

(2)小修处理:

①局部修理、更换桥栏杆和修理泄水孔、伸缩缝、支座和桥面的局部轻微损坏。

②修补墩(台)及河床铺底和防护、圬工的微小损坏。

1.3.2.2 中修工程

中修工程是对桥梁的一般性损坏部分进行定期的修理加固,以恢复公路原有技术状况的工程项目。其主要内容有:

(1)修理、更换木桥的较大损坏构件及防腐。

(2)修理、更换中小桥支座、伸缩缝及个别构件。

(3)大中型钢桥的全面油漆除锈和各部件的检修。

(4)永久性桥墩(台)侧墙及桥面的修理和小型桥面的加宽。

(5)桥梁河床铺底或调治构造物的修复和加固。

(6)排水设施的更新。

1.3.2.3 大修工程

大修工程是对桥梁的较大损坏进行周期性的综合修理以全面恢复到原技术标准的工程项目。其主要内容有:

(1)在原技术等级内加宽、加高、加固大中型桥梁。

(2)改建、增建小型桥梁和技术性简单的中桥。

(3)增、改建较大的河床铺底和永久件调治构造物。

(4)吊桥、斜拉桥的修理与个别索的调整更换。

(5)大桥桥面铺装的更换。

(6)大桥支座、伸缩缝的修理更换。

1.3.2.4 改善工程

改善工程是对桥梁因不适应现有交通量增长和载重需要而提高技术等级指标,显著提高其通行能力的较大工程项目。其主要内容有:

(1)提高公路技术等级,加宽、加高大中型桥梁。

(2)改建、增建小型立体交叉桥。

(3)增建公路通道。

1.3.2.5 专项工程

专项抢修工程是指采用临时性措施在最短的时间内恢复交通的工程措施。专项修复工程是指采用永久性措施恢复桥涵原有功能的工程措施。对于阻断交通的桥涵修复工程,应优先安排。

第 2 章　桥梁定期检查基本步骤与评定基本方法

2.1　公路桥梁检查基本步骤及常用检测方法

公路桥梁是贯通公路的重要设施。由于反复承受汽车荷载、环境因素和交通事故的侵害，尤其是交通量和重载汽车的不断增长，以及设计施工中遗留的某些缺陷，桥梁的质量状况会日渐恶化，耐久性下降。如果桥梁的缺损不能及时发现和维修，任其发展，桥梁将会逐渐丧失原有的通行能力，难以保证行车安全和公路的畅通。

桥梁检查的目的，是通过对桥梁的技术状况及缺陷和损伤的性质、部位、严重程度及发展趋势进行检查，弄清出现缺陷和损伤的主要原因，以便能分析和评价既有缺陷和损伤对桥梁质量和使用承载能力的影响，并为桥梁维修和加固设计提供可靠的技术数据和依据。因此，桥梁检查是进行桥梁养护、维修与加固的先导工作，是决定维修与加固方案可行和正确与否的可靠保证，是桥梁评定、养护、维修与加固工作中必不可少的重要组成部分。这就是国内外为什么十分重视桥梁检查工作的主要原因。

按照检查的范围、深度、方式和检查结果的用途等的不同，桥梁检查大致上可归纳为以下四类，即巡视检查、日常检查、定期检查和特殊检查。

2.1.1　巡视检查

巡视检查是由专家对一条线路或一定区域内的桥梁进行的快速扫视检查。其目的在于对所需检查桥梁的技术状况和存在的主要问题形成一个总体印象，以便能对它们进行初步的缺陷判断，并为进一步检查做技术准备。

2.1.2　日常检查

日常检查也叫例行检查，或叫经常性检查。根据桥梁技术状况，由路段检查人员或桥工班或护桥人员，每 1 ~ 3 个月检查一次，主要针对桥面设施和桥台、附属构造的技术状况进行扫视检查。旨在确保结构功能正常，使结构能得到及时的养护和小修保养或紧急处理，对需要检修和一些重大问题作出报告。在诸如大风雨、暴雨和洪水等特殊自然现象发生之后，对暴露性建筑物还要进行扩大的日常检查。日常检查使得检查人员能有机会在各种天气情况下对桥梁进行观察，因此检查人员应着重注意下列情况的发生：支承结构和交通照明设施的损坏、因车辆碰撞造成的损坏、侵蚀和冲刷破坏、排水系统失效、构件脱落和桥上车行道路面状况；及时上报严重的损坏、开裂和不正常变形的范围、程度和发生时间。

经常性检查一般包括下列内容：

(1)桥面铺装是否平整，有无裂缝、局部坑槽、积水、沉陷、波浪、碎边，混凝土桥是否有剥离、渗漏，钢筋是否露筋、锈蚀，缝料是否老化、损坏，桥头有无跳车。

(2)排水设施是否良好，桥面泄水管是否堵塞和破损，排水是否对结构构件造成侵蚀。

(3)桥台是否清洁，有无杂物堆积、杂草蔓生。构件表面的涂装层是否完好，有无损坏、老化变色、开裂、起皮、剥落、锈迹。

(4)伸缩缝是否堵塞卡死，连接部件有无松动、脱落、局部破损，有无异常的伸缩变形。

(5)人行道、缘石、栏杆、扶手和引道护栏(柱)有无撞坏、断裂、松动、错位、缺件、剥落、锈蚀等。

(6)桥梁结构有无异常变形，竖向振动、横向摆动是否异常，车辆荷载作用下有无异常响声。

(7)支座是否有明显的缺陷，有无脱空、跑位现象，活动支座是否灵活，形变和位移量是否正常。

(8)桥位区段河床冲淤变化情况，河床是否因冲刷而下切低于设计高程，河床淤积是否影响泄洪能力。

(9)基础是否受到冲刷损坏、外露、悬空、下沉，墩台及基础是否有生物腐蚀和化学侵蚀，是否受到船只或漂浮物撞击而受损。

(10)翼墙(侧墙、耳墙)有无开裂、倾斜、滑移、沉降、风化剥落和异常变形。

(11)锥坡、护坡、调治构造物有无塌陷，铺砌面是否缺损、勾缝灰浆脱落，有无垃圾成堆、灌木杂草丛生。桥头排水沟和行人台阶是否完好。

(12)交通信号、标志、标线、照明设施及桥梁其他附属设施是否完好。

(13)其他显而易见的、达到三类和四类技术状况的损坏或病害。

2.1.3 定期检查

定期检查通常由具有一定检查经验并受过专门桥梁检查培训以及熟悉桥梁设计、施工等方面知识的检查工程师，按照规定周期，对桥梁主体结构及其附属构造物的技术状况进行定期跟踪的全面检查。其目的是通过对结构物进行彻底的(视觉的)和系统的检查，建立结构管理和养护档案，对结构的缺损状况作出评估，评定结构构件和整体结构的技术状况，确定改进工作和特别检查的需求，并确定结构维修、加固或更换的优先排序。定期检查结果主要从缺损状况、结构与构件的技术状况和改进工作这三个方面进行评定。对于缺损状况，主要依据检查人员的判断，从缺损形式和程度、缺损可能发展变化趋势和可能会产生的后果三方面来评估打分。在结构与构件的技术状况评定中，主要考虑缺损状态的评定结果，同时也兼顾结构构件的功能、价值与美观要求。改进工作的评定旨在决定改进时间和方法，往往是通过对改进工作的技术和经济分析来实现这一评定的。定期检查的周期大约是3年一次，但对木桥、浮桥等特殊结构一般是一年检查一次。

尽管日常检查和定期检查必要时可辅以简单的手持工具进行检测，但是由于它们均是以目力以主的桥梁外观检查，检查结果的评定大多是基于检查工程师的经验，所以这两类检查比较适合于桥梁管理与养护部门。

2.1.4　特殊检查

特殊检查通常可分为应急检查和专门检查两种。当桥梁遭受洪水、流冰、漂流物碰撞等自然灾害和船舶撞击、滑坡、地震、风灾、超载车辆未经养护管理部门批准自行通过后，应立即对结构做详细检查，即为应急检查，旨在查明缺损状况，以便采取应急措施，尽快恢复交通。专门检查是因各种特殊原因由专家们依据一定的物理、化学或无破损检测手段，对桥梁一个或多个组成部分进行的全面察看、测强和测伤或测缺，旨在找出缺损的明确原因、程度和范围，分析缺损所造成的后果以及潜在缺陷可能给结构带来的危险，为评定桥梁的耐久性和承载能力以及确定加固维修工作的实施提供依据。通常在下列四种情况下需对桥梁进行特殊检查：

(1)对定期检查中难以判明损坏原因和程度的桥梁，有必要使用特殊设备或专门技术对定期检查做补充时。

(2)在进行复杂和昂贵的维修之前，需查出定期检查中未能发现的损坏情况时，或拟通过加固手段提高载重等级的桥梁。

(3)在发生如洪水灾害、流冰、漂流物和船舶撞击事故、滑坡、地震、风灾及重车过桥等特别事件之后。

(4)需要使用特殊仪器或需做特别详细记录的检查，拟评定结构实际状况时，如桥梁技术状况为四类、五类者。

2.2　桥梁定期检查

桥梁定期检查的目的在于及早发现桥梁的主体结构及其附属构造物的缺损状况，并使它们经常处于良好状态，保证公路畅通无阻，保障公路适应于使用情况。在桥梁养护管理系统中，桥梁的定期检查是采集结构技术状况动态数据的工作，为评定桥梁使用功能、制订养护计划提供基本数据。

按照省级公路局、地区(市)公路分局和县公路段三级养护管理系统的要求，各级桥梁养护管理部门应设置专职的检查工程师，负责桥梁的定期检查。桥梁检测工程师应熟悉桥梁设计和施工细节，从事桥梁养护、检查等方面的工作有十年以上的实践经验，并受过桥梁定期检查与评定技术的专门培训。协同检查的技术人员应有五年以上从事桥梁养护、检查工作的实践经验，并受过桥梁定期检查与评定技术的专门培训。检查人员应掌握有关测量、摄影和绘图方面的技能。定期检查以目测观察为主，可以辅以必要的测量仪器、望远镜、照相机、探测工具和设备。检查人员必须接近各部件检查其功能及材料的缺损情况。检查人员应负责现场校核桥梁基本数据，实地记录各部件缺损状况并作出评定，现场判断缺损原因，估计维修方式及范围，提出维修计划；对需要进一步查明原因或程度的缺损部件，提出特殊检查(补充检验)的要求；对需要继续观察的缺损部位，确定下次检查时间；对损坏严重，或危及安全运行的危险桥梁，提出限制交通或封闭交通的建议。

2.2.1　定期检查频率

木桥、新建成的新型结构桥梁一般一年检查一次，新建桥梁和加固修建的桥梁应在交付使用一年后进行第一次全面检查。在经常性检查中，若发现桥梁的重要部（构）件的缺损明显达到三、四、五类技术状况时，应立即安排一次定期检查。通车三年以后的新结构桥梁和其他永久性桥梁在结构质量状况较好、营运正常的情况下，一般每三年检查一次。对基础、支座、桥面铺装、排水系统和桥台护坡宜1～3年检查一次。冲刷较大的桥梁基础，每年洪水期后必须检查一次。其他桥梁基础，当发生超过正常的特大洪水后必须检查一次，正常情况可2～3年检查一次。钢支座和无封闭措施的活动支座，必须每年检查和保养一次，其他简单支座可2～3年检查一次。桥面系统及其附属设施和桥台护坡应予经常性检查及维护，一般每2～3年进行一次功能性检查。临时桥梁应每年检查一次。检查工程师可根据桥梁年龄、交通状况、环境侵蚀与缺损发展状况，以及养护条件等决定桥梁的下次检查时间。

2.2.1.1 定期检查工作流程

桥梁定期检查工作的一般流程，如图2.1所示。

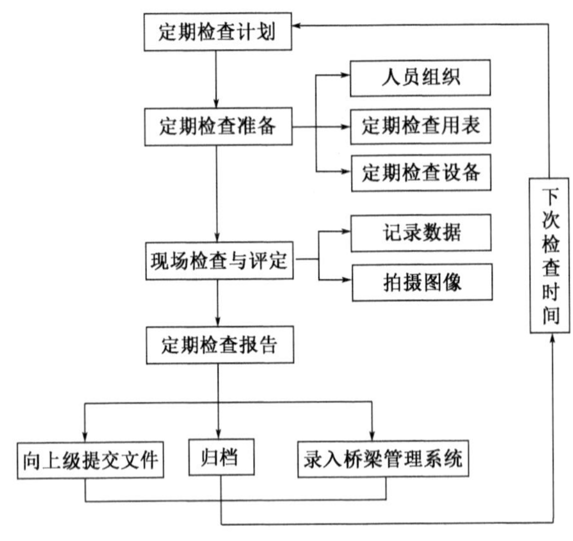

图2.1 定期检查一般工作流程

2.2.1.2 检查计划与准备

负责检查的工程师应根据管辖区内登记的桥梁基本数据表（桥梁卡片），制订出年度桥梁检查实施计划。其内容包括：按巡检路线列出需要检查的桥梁清单，实施进度，需临时租用的检查用车、船或工作架等辅助设备和预算费用等。检查人员必须事先准备和携带下列文件：桥梁检查清单，见表2.1；桥梁基本数据表（桥梁卡片），见表2.2。新建桥梁应根据技术档案事先登记好基本数据表，最近经过专门检验或维修（大、中修）、加固改善的桥梁，其内容必须事先登记在基本数据表内。桥梁定期检查数据表，包括本次用的和上次（最近的）记录的检查数据表，见表2.3。本次用的表应事先将表头的基本数据填好。检查人员应配备的基本设备和器材，见表2.4。除附加设备可根据需要就地就近临时租用外，其余是检查组应常备的基本设备和器材。检查组应配备一辆厢式小货车（车顶能装载伸缩梯）作为检查人员专用车。

桥梁检查清单　　表 2.1

序列	桥梁名称	路线编号	路线名称	桥梁桩号	上次检查			最近维修日期	本次检查情况		
					检查日期	状况评定	备注		检查日期	状况评定	备注

桥梁基本数据表　　表 2.2

A. 行政识别数据								
1	路线编号		2	路线名称		3	路线等级	四
4	桥梁编号		5	桥梁名称		6	桥位桩号	
7	功能类型		8	下穿通道名		9	下穿通道桩号	
10	设计荷载		11	通行载重		12	弯斜坡度	
13	桥面铺装		14	管养单位		15	建成年限	年
B. 结构技术数据								
16	桥长(m)		17	桥面宽程(m)		18	车行道宽(m)	
19	桥面高程(m)		20	桥下净高(m)		21	桥上净高(m)	
22	引道总宽(m)		23	引道路面宽(m)		24	引道线形	
上部结构	25 孔号		下部结构			29	墩台	
上部结构	26 形式		下部结构			30	形式	
上部结构	27 跨径(m)		下部结构			31	材料	
上部结构	28 材料		下部结构			32	基础形式	
33	伸缩缝类型		34	支座形式		35	地震动峰值	
36	桥台护坡		37	护墩体		38	调治构造物	
39	常水位		40	设计水位		41	历史洪水位	
C. 档案资料(全、不全或无)								
42	设计图纸		43	设计文件		44	施工文件	
45	竣工图纸		46	验收文件		47	行政文件	
48	定期检查报告		49	特殊检查报告		50	历次维修资料	
51	档案号		52	存档案		53	建档年/月	年　月

D. 最近技术状况评定

54	55	56	57	58	59	60	61	62	63	64

桥梁定期检查数据表　　表 2.3

1. 路线编码			2. 路线名称		3. 桥位桩号		
4. 桥梁编码			5. 桥梁名称		6. 下穿通道名		
7. 桥长(m)			8. 主跨结构		9. 最大跨径(m)		
10. 管养单位			11. 建成年月		12. 上次大中修日期		
13. 上次检查日期			14. 本次检查日期		15. 气候		
16. 部件号	17. 部件名称	18. 评分(0～5)	19. 特别检查	20. 维修范围	21. 维修方式	22. 维修时间	23. 费用(元)
(1)	翼墙、耳墙						
(2)	锥坡、护坡						
(3)	桥台及基础						
(4)	桥墩及基础						
(5)	地基冲刷						
(6)	支座						
(7)	上部主要承重构件						
(8)	上部一般承重构件						
(9)	桥面铺装						
(10)	桥头跳车						
(11)	伸缩缝						
(12)	人行道						
(13)	栏杆、护栏						
(14)	照明、标志						
(15)	排水设施						
(16)	调治构造物						
(17)	其他						
24. 总体状况评定等级			25. 全桥清洁状况评分		26. 保养、小修状况评分		

基本设备和器材数量表　　表 2.4

序号	仪　器	型号	产地	测量精度	数量	用　途
1	静态测试系统			±0.05%		静态测试
2	平衡箱					信号采集
3	应变传感器					应变采集
4	机电百分表			0.01mm		挠度测试
5	动态应变仪			0.01Hz		动态应变测量
6	动态数据采集系统					动态测试

续上表

序号	仪　器	型号	产地	测量精度	数量	用　途
7	加速度传感器					动态信号响应
8	电荷放大器					动态信息响应
9	磁带记录仪					动态数据记录
10	动态分析仪					动态信号处理
11	全站仪					控制点三维坐标测量
12	非金属超声监测仪					混凝土强度及裂缝深度检测
13	裂缝观测仪			0.02mm		裂缝宽度检测
14	钢筋定位仪			±2mm		钢筋定位及保护层厚度测试
15	数码照相机					损伤及现场资料记录
16	笔记本					资料记录、分析
17	回弹仪					混凝土强度测试

2.2.1.3　检查顺序与缺损位置描述规则

为了防止漏检部件和统一记录次序，要求按以下顺序进行检查。

(1)资料收集

桥梁基础数据的调查收集，即调查范围内的桥梁资料，主要是设计文件、施工文件、竣工资料和养护维修档案等。

(2)按路线里程增长方向，从右至左顺序检查，见图2.2。

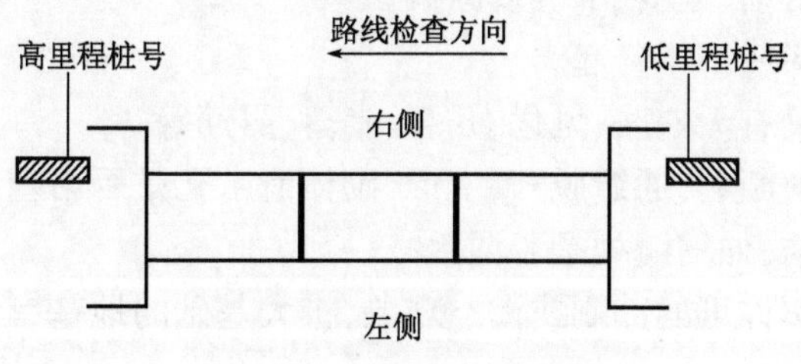

图2.2　检查顺序示意图

(3)桥面系检查

①桥面铺装层纵、横坡是否顺适，有无严重的裂缝(龟裂、纵横裂缝)、坑槽、波浪、桥头跳车、防水层漏水。

②伸缩缝是否异常变形、破损、脱落、漏水，是否造成明显跳车。

③人行道构件、栏杆、护栏有无撞坏、断裂、错位、缺件、剥落、锈蚀等。

④桥面排水是否顺畅，泄水管是否完好、畅通，桥头排水沟功能是否完好，锥坡有无冲蚀、塌陷。

⑤桥上交通信号、标志、标线、照明设施是否损失、老化、失效，是否需要更换。

⑥桥上避雷装置是否完善，避雷系统性能是否完好。

⑦桥上路用通信、供电线路及设备是否完好。

(4)桥梁上部结构检查

①梁端头、底面是否损坏,箱型梁内是否积水,通风是否较好。

②混凝土有无裂缝、渗水、表面风化、剥落、露筋和钢筋锈蚀,有无碱集料反应引起的整体龟裂现象。混凝土表面有无严重炭化。

③预应力钢束锚固区段混凝土有无开裂,沿预应力筋混凝土表面有无纵向裂缝。

④梁(板)式结构的跨中、支点及变截面处,悬臂端牛腿或中间铰接部位,刚构的固结处和桁架节点部位,混凝土是否开裂,缺损和出现钢筋锈蚀。

⑤装配式桥梁应该注意检查连接部位的缺损状况。

a. 组合梁桥的桥面板与梁的结合部位及预制桥面板之间的接头处混凝土有无开裂、渗水。

b. 横向连接构件是否开裂,连接钢板的焊缝是否锈蚀、断裂,边梁有无横移或向外倾斜。

(5)支座的检查

①支座组件是否完好、清洁,有无断裂、错位、脱空。

②活动支座是否灵活,实际位移量是否正常,固定支座的锚销是否完好。

③支座垫石是否有裂缝。

④橡胶支座是否老化、开裂,有无过大的剪切变形或压缩变形,各夹层钢板之间的橡胶层外凸是否均匀。

⑤四氟滑板支座是否脏污、老化,四氟乙烯板是否完好,橡胶块是否滑出钢板。

⑥盆式橡胶支座的固定螺栓是否剪断,螺母是否松动,钢盆外露部分是否锈蚀,防尘罩是否完好。

(6)墩台与基础检查

①墩台及基础有无滑动、倾斜、下沉或冻拔。

②台背填土有无沉降或挤压隆起。

③混凝土墩台及帽梁有无冻胀、风化、开裂、剥落、露筋等。

④石砌墩台有无砌块断裂、通缝脱开、变形,砌体泄水孔是否堵塞,防水层是否损坏。

⑤墩台顶面是否清洁,伸缩缝处是否漏水。

⑥基础下是否发生不许可的冲刷或淘空现象,扩大基础的地基有无侵蚀。

(7)其他检查

①调治构造物是否完好,功能是否适用,桥位段河床是否有明显的冲淤或漂浮物堵塞现象。

②跨线桥和高架桥还应该检查防抛网、隔音墙是否完好;桥下道面是否完好。

③有无非法占用情况等。

在检查结构缺损状况过程中,同时校对桥梁结构的基本数据是否与实际相符。

2.2.1.4 缺损位置描述规则

(1)先描述发生缺损构件所在的桥跨号和墩台号,如图 2.3 所示。然后再在同一墩台或桥跨中按里程增长方向从右至左对相同类型构件顺序编号,起始号一般定为 1。

(2)对给定构件的缺损位置,可以用右侧面(R)、左侧面(L)、高桩号侧面(H)、低桩侧面(S)、上面(up)、底面(down)等来描述损坏出现构件在哪一个面上。

(3)对于构件任一面上的损坏位置,可以采用跨中、支点处、中部、端部、顶部、底部等加以详细说明。

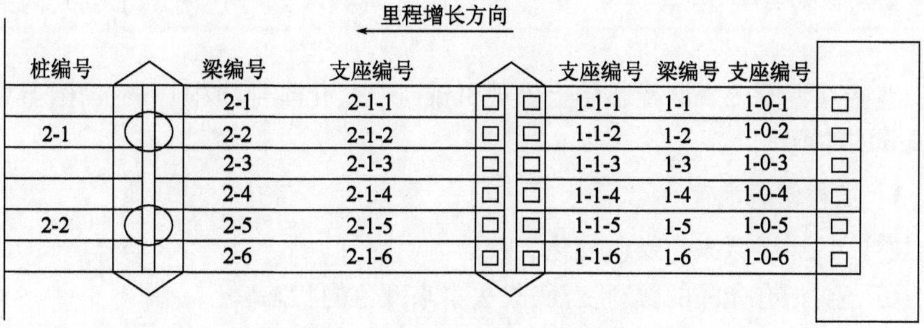

里程增长方向

桩编号	梁编号	支座编号	支座编号	梁编号	支座编号
	2-1	2-1-1	1-1-1	1-1	1-0-1
2-1	2-2	2-1-2	1-1-2	1-2	1-0-2
	2-3	2-1-3	1-1-3	1-3	1-0-3
	2-4	2-1-4	1-1-4	1-4	1-0-4
2-2	2-5	2-1-5	1-1-5	1-5	1-0-5
	2-6	2-1-6	1-1-6	1-6	1-0-6

图2.3　桥梁构件编号示意图

说明：拱肋、拱上建筑均按此方法编号。

2.2.2　桥梁常见病害及其检查要点

2.2.2.1　桥面铺装常见病害

(1)高低差：在与结构物连接部位的高低差。

(2)凸凹：沿纵断方向周期性的波，即搓板，或表面的鼓包，如铺装表面的局部超填。

(3)车辙：横断方向的波，即横断方向的凸凹，车轮通过频率较高的地方产生的规则凹槽。

(4)泛油：指铺装表面有沥青渗出的状态。

(5)松散：由于行驶车轮的作用，铺装表面的细集料慢慢脱离，表面呈现锯齿式的粗糙状态。

(6)磨光：铺装被行驶的车轮所研磨，形成平滑的表面。

(7)坑槽：指铺装层局部脱落而产生的洞穴或长槽。

(8)桥头跳车：指桥梁两端路基下沉而造成行车颠跳。

(9)线状裂缝：指横车道方向，或在其纵断方向，几乎沿直线伸展的裂缝。

(10)网状裂缝：指裂缝形成相互连接的网状或格子状。

2.2.2.2　混凝土桥梁常见病害

(1)蜂窝：指混凝土局部疏松，砂浆少，砂多，石子之间出现空隙，形成蜂窝状孔洞的现象。

(2)麻面：指混凝土表面局部缺浆、粗糙，或有许多小凹坑，但无钢筋外露现象。

(3)空洞：指混凝土内部有空隙，局部没有混凝土，或蜂窝特别大的现象。它常发生在钢筋密集处或预留孔洞和预埋件处。

(4)裂缝：指中间存留缝隙或不存留缝隙的两处以上不完全分离的现象。

(5)剥落：指混凝土表面的砂、水泥浆脱落，粗集料外露的现象。如果严重时则集料及包着集料的砂浆一起脱落，或混凝土表面灰浆呈片状脱落。

(6)露筋：指钢筋混凝土内的主筋、箍筋等没有被混凝土包裹而外露的现象。

(7)游离石灰：指由内部渗出，附在外表面的附着物，通常为呈白色的石灰类附着物的总称。

(8)坑穴：是因内部压力导致混凝土表面发生破碎而产生的浅凹陷。这种缺陷经常是和使用易受冻害的集料有关,一般说来,可在坑穴底部看到一部分还附着于坑穴内的破碎集料颗粒。

(9)恶化:指在混凝土表面或整体上出现机械、物理、化学性质损坏的变化,其常会造成混凝土组成成分的离析。

2.2.2.3 钢桥常见病害

(1)涂层变色:涂层原来的颜色变化。

(2)涂层退色:指有光泽的颜料变淡,失去本来颜色的状态。

(3)白垩化:指构成涂层表面的展色剂风化、失去黏结颜料的力,表面出现白粉状化合物,逐渐消耗下去的状态。

(4)膨胀:当涂层下的水分或浸透的水分膨胀力大于涂层的黏结力和凝聚力时,涂层就会像风帆那样膨起来。

(5)开裂:随着涂层的脆化,由于应变和冲击产生的裂缝引起的开裂。

(6)剥离:指涂层的黏结性能降低,从底面或从涂层的层间剥离的状态。

(7)恶化:指由于从桥面板混凝土裂缝处漏水,其附近的涂层局部剥离或生锈的状态。

(8)绉缩:是涂层很厚时引起的现象,主要是由于内部溶剂还没蒸发的时候,就招致表面干燥,表面上出现线状收缩的现象。

(9)变位、移动、下沉、倾斜。

(10)异状挠曲、过大振动。

(11)异状变形、裂缝、剪断。

(12)松弛、错动。

(13)钢材变质。

(14)锈蚀、腐蚀、锈得粘在一起。

2.2.2.4 桥梁定期检查要点

桥梁结构在施工和使用过程中,常会形成各种各样的缺陷和损伤。产生缺陷和损伤的原因是多方面的,综合分析,有以下三个方面的原因:一是设计方面,二是施工方面,三是外在因素。通常,桥梁的缺损种类和原因未必是单一的,有时一个缺损可能是由几个原因产生的。在长年累月使用的桥梁上,一旦出现缺损,要想查明缺损原因往往是较为困难的。一般要求检查人员应具有较为丰富的专业知识,并能通过广泛的检查进行综合分析判断。因此,在桥梁定期检查过程中,应综合考虑不同桥型的基本检查要点,对其存在的病害进行分析,进而为后续桥梁评估提供数据支持,其基本要点如下。

(1)对于桥跨结构,首先观察有否异常变形、声音、振(摆)动,如:上部结构竖向曲线是否平顺,拱轴线变位状况,桥跨有无异常的竖向振动或横向摆动等。然后再检查各部件的技术状况,查找异常原因。

(2)墩台与基础的检查应包括下列内容:

①墩台与基础有否滑动、倾斜、下沉或冻拔。

②台背填土有无沉降、裂缝有无挤压隆起。

③混凝土墩台及帽梁有无冻胀、风化、腐蚀、开裂、剥落、露筋等,空心墩的水下通水洞是否

堵塞。

④石砌墩台有无砌块断裂、通缝脱开、变形，砌体泄水孔是否堵塞，防水层是否损坏。

⑤墩台顶面是否清洁，有无泥土杂物堆积、草木滋生，伸缩缝处是否漏水。

⑥基础下是否发生不许可的冲刷或淘空现象。扩大基础的地基有无侵蚀；桩基顶段在水位涨落、干湿交替变化处有无冲刷磨损、颈缩、露筋，有无环状冻裂，是否受到污水、咸水或生物的腐蚀。必要时，对大桥、特大桥的深水基础可进行潜水检查。

(3)支座主要检查功能是否正常，组件是否完好、清洁，有无断裂、错位和脱空现象，连接部件有无松动、局部破损。各种支座的检查，应包括下列内容：

①简易支座的油毡是否老化、破裂或失效。

②钢板滑动支座、弧形支座和组合式钢支座是否干涩、锈蚀，固定支座的锚栓是否紧固，销板或销钉是否完好。

③摆柱支座各组件相对位置是否准确，受力是否均匀。钢筋混凝土摆柱支座的柱体有无混凝土脱皮、开裂、露筋，钢筋及钢板有无锈蚀。

④四氟板支座是否脏污、老化，四氟乙烯板是否完好，橡胶块是否滑出钢板。

⑤胶支座是否老化、开裂，有无异常的剪切变形或压缩变形，各夹层钢板之间的橡胶层外凸是否均匀，有无钢板外露现象。

⑥盆式橡胶支座的固定螺栓有否剪断，螺母是否松动，钢盆外露部分是否锈蚀防尘罩是否完好。

⑦辊轴支座的辊轴是否出现不允许的爬动、歪斜。

⑧摇轴支座的辊轴是否倾斜。

⑨活动支座是否灵活，实际位移量是否正常，固定支座的锚销是否完好。

⑩支承垫石是否开裂、破碎。

(4)钢筋混凝土和预应力混凝土桥跨结构的检查，包括下列内容：

①混凝土有无裂缝、渗水、表面风化、剥落、露筋和钢筋锈蚀，有无碱集料反应引起的整体龟裂、层离或剥落现象。

②预应力钢束锚固区段混凝土有无开裂，沿预应力筋的混凝土表面有无纵向裂缝。

③梁(板)式结构主要检查梁(板)跨中、支点、变截面处、悬臂端牛腿或中间铰部位刚构和桁架节点部位混凝土是否开裂、缺损，有无钢筋锈蚀迹象等。

④装配式梁桥应注意连接部位的缺损状况。如：组合梁的桥面板与梁的结合部位，以及桥面板之间的接头处混凝土有无开裂、渗水；梁(板)接缝混凝土有无开裂、渗水；横向连接构件是否开裂，连接钢板的焊缝有无锈蚀、断裂，边梁有否横移或向外倾斜等。

⑤端头、底面是否损坏，箱梁、空心板梁内有无积水，箱梁通风情况是否良好。

(5)拱桥的检查，包括下列内容：

①主拱圈的拱板或拱肋是否开裂；钢筋混凝土拱有无露筋、钢筋锈蚀；圬工拱桥砌块有无断裂、压碎、局部掉块或脱落，砌缝有无脱离或脱落、渗水，表面有无苔藓、草木丛，拱铰工作是否正常；空腹拱的小拱是否变形、开裂、错位，立墙或立柱有无倾斜、开裂。

②拱上立柱(或立墙)上下端、盖梁和横系梁的混凝土有无开裂、剥落、露筋和锈蚀；中下承式拱桥的吊杆上下锚固区的混凝土有无开裂、渗水，吊杆锚头附近是否有锈蚀现象，外罩是

否有裂纹，锚头夹片、楔块是否发生滑移，吊杆钢索有无断丝；采用型钢或钢管混凝土芯的劲性骨架拱桥，要注意检查混凝土表面是否沿骨架出现纵向或横向裂缝。

③拱的侧墙与主拱圈间有无脱落，侧墙有无鼓凸变形、开裂，实腹拱拱上填料有无沉陷；肋拱桥的肋间横向连接是否开裂、表面剥落、钢筋外露、锈蚀等。

④双曲拱桥拱肋间横向连接拉杆是否松动或断裂，拱波与拱肋结合处是否脱裂，拱波之砂浆有否松散脱落，拱波顶是否开裂、渗水等。

⑤薄壳拱桥壳体是否出现纵、横向及斜向裂缝；系杆拱混凝土系杆是否开裂，无混凝土包裹的系杆是否锈蚀、松弛等；钢管混凝土拱桥拱座是否开裂，管内混凝土是否充填密实（可用敲击法检查）。钢管部分的检查参见钢桥检查的有关内容。

（6）钢桥的检查，应包括下列内容：

①构件（特别是受压构件）是否有扭曲变形、局部损伤。

②铆钉和螺栓有无松动、脱落或断裂，节点是否滑动错裂。

③焊缝及其边缘（热影响区）有无裂纹或脱开。

④油漆层有否裂纹、起皮、脱落，构件是否腐蚀生锈。

⑤箱梁内湿度是否符合要求，除湿设施是否工作正常。

（7）木桥主要检查木构件有无腐朽、顺纹张裂和磨损，各部分结合点、榫头和支承处是否松动，螺栓、铁箍、垫圈和铁钉等连接紧固件是否松动、脱落、缺件或锈死。

（8）通道、跨线桥与高架桥的结构检查同其他一般公路桥梁。对通道应检查通道内有无积水，机械排水的泵站是否工作正常，排水系统是否畅通；对跨线桥、高架桥应检查防抛网、隔音墙是否完好。通道、跨线桥与高架桥下的道面是否完好，有无非法占用情况和火灾隐患等。

（9）翼墙、侧墙、耳墙是否有开裂、倾斜、滑移、沉陷等降低或丧失挡土能力的状况。锥坡、护坡是否有冲刷、滑塌、沉陷等造成坡顶高度显著下降现象。土质锥形护坡表面覆盖草皮是否损坏，有无沟槽和坍塌现象。铺砌面是否开裂，有无勾缝砂浆脱落、隆起或下陷、灌木杂草丛生和下滑，坡脚是否损坏。埋置式桥台台前溜坡基础埋置深度是否足够，有无冲刷损坏。

（10）桥面系构造的检查，应包括下列内容：

①桥面铺装层纵、横坡是否顺适，有无严重的裂缝（龟裂、纵横裂缝）、坑槽、波浪、桥头跳车、防水层漏水。

②伸缩缝是否异常变形、破损、脱落、漏水，是否造成明显的跳车。

③人行道构件、栏杆、护栏有无撞坏、断裂、错位、缺件、剥落、锈蚀等。

④桥面排水是否顺畅，泄水管是否完好、畅通；桥头排水沟功能是否完好，土质锥坡有无冲蚀、塌陷。

⑤交通信号、标志、标线、照明设施是否损坏、老化、失效，是否需要更换；避雷装置、航空灯、照明灯及结构物内供检查养护用的照明系统是否完好、有效；路用通信、供电线路及设备是否完好等。

（11）调治构造物是否适用，有无水毁、损坏，河床是否变迁，有无漂流物堵塞现象；是否需要改善或增设调治构造物。

2.3 桥梁定期检查结果评定

对桥梁定期检查结果的评定，一般由有经验的桥梁检查工程师，依据桥梁定期检查资料，凭借自己丰富的知识经验，从结构缺损状况、可能导致的不良后果和需要进行的改进工作这三个方面，通过对桥梁各部件缺损状况进行等级评定，确定出桥梁的技术状况等级，提出桥梁的改造与维修措施。这种评定为一种数量级的评价，属于桥梁一般评价的范畴。在桥梁各部件缺损状况的等级评定中，主要考虑缺损的形式、程度、发展变化情况及其对桥梁使用功能的影响。改进工作的评定主要是决定改进时间和改进方法，一般可通过对改进工作的技术和经济分析来实现这一评定。桥梁技术状况等级，主要依据桥梁各部件损状况的等级评定结果，采用考虑桥梁各部件权重的综合评定方法进行评定；也可按照桥梁重要部件最差的缺损状况等级评定结果直接进行评定，或对照桥梁技术状况评定标准进行评定。

2.3.1 桥梁部(构)件缺损状况评定

公路桥梁技术状况评定包括桥梁构件、部件、桥面系、上部结构、下部结构和全桥评定。公路桥梁技术状况评定应采用分层综合评定与5类桥梁单项控制指标相结合，先对桥梁各构件进行评定，然后对桥梁各部件进行评定，再对桥面系、上部结构和下部结构分别进行评定，最后进行桥梁总体技术状况的评定。当单个桥梁存在不同结构形式时，可根据结构形式的分布情况划分评定单元，分别对各评定单元进行桥梁技术状况的等级评定。桥梁部件分为主要部件和次要部件。

各结构类型桥梁主要部件见表2.5，其他部件为次要部件。桥梁总体技术状况评定等级，见表2.6。

各结构类型桥梁主要部件 表2.5

序号	结构类型	主要部件
1	梁式桥	上部承重构件、桥墩、桥台、基础、支座
2	板拱桥(圬工、混凝土)、肋拱桥、箱形拱桥、双曲拱桥	主拱圈、拱上结构、桥面板、桥墩、桥台、基础
3	刚架拱桥、桁架拱桥	刚架(桁架)拱片、横向联结系、桥面板、桥墩、桥台、基础
4	钢-混凝土组合拱桥	拱肋、横向联结系、立柱、吊杆、系杆、行车道板(梁)、支座

桥梁总体技术状况评定等级 表2.6

技术状况等级评定等级	桥梁技术状况描述
1类	全新状态，功能完好
2类	有轻微缺损，对桥梁使用功能无影响
3类	有中等缺损，尚能维持正常使用功能，
4类	主要构件有大的缺损，严重影响桥梁使用功能；或影响承载能力，不能保证正常使用
5类	主要构件存在严重缺损，不能正常使用，危及桥梁安全，桥梁处于危险状态

桥梁主要部件技术状况评定标度分为 1 类、2 类、3 类、4 类、5 类，见表 2.7。

桥梁主要部件技术状况评定标度 表 2.7

技术状况等级评定标度	桥梁技术状况描述
1 类	全新状态，功能完好
2 类	功能良好，材料有局部轻度缺损或污染
3 类	材料有中等缺损；或出现轻度功能性病害，但发展缓慢，尚能维持正常使用功能
4 类	材料有严重缺损，或出现中等功能性病害，且发展较快；结构变形小于或等于规范值，功能明显降低
5 类	材料严重缺损，出现严重的功能性病害，且有继续扩展现象；关键部位的部分材料强度达到极限，变形大于规范值，结构的强度、刚度、稳定性不能达到安全通行的要求

桥梁次要部件技术状况评定标度分为 1 类、2 类、3 类、4 类，见表 2.8。

桥梁技术状况评定标度 表 2.8

1 类	全新状态，功能完好；或功能良好，材料有轻度缺损、污染等
2 类	有中等缺损或污染
3 类	材料有严重缺损，出现功能降低，进一步恶化将不利于主要部件，影响正常交通
4 类	材料有严重缺损，失去应有功能，严重影响正常交通；或原无设置，而调查需要补设

2.3.1.1 沥青混凝土桥面铺装评定指标及分级评定标准

(1)变形(车辙、拥包、高低不平等)评定标准，见表 2.9。

(2)泛油评定标准，见表 2.10。

(3)破损评定标准，见表 2.11。

(4)裂缝(龟裂、块裂、纵向裂缝、横向裂缝等)评定标准，见表 2.12。

变形评定标准 表 2.9

标度	评定标准	
	定性描述	定量描述
1	完好	—
2	局部出现波浪拥包	波浪拥包面积≤10%，波峰波谷高差≤25mm
	或局部有高低不平的现象	高低差≤25mm
	或局部出现车辙. 深度较浅	铺装层出现车辙的面积≤10%，深度≤25mm
3	多处出现波浪拥包	波浪拥包面积＞10%且≤20%，波峰波谷高差≤25mm
	或多处有高低不平的现象	高低差≤25mm
	或较大面积出现车辙，深度较浅	铺装层出现车辙的面积＞10%且≤20%，深度≤25mm
4	大面积出现波浪拥包	波浪拥包面积＞20%，波峰波谷高差＞25mm
	或普遍有高低不平的现象	高低差＞25mm
	或大面积出现车辙深度较深	铺装层出现车辙的面积＞20，深度＞25mm

泛油评定标准 表2.10

标度	评定标准	
	定性描述	定量描述
1	完好	—
2	局部出现泛油	面积≤10%
3	多处出现泛油	面积>10%且≤20%
4	大面积出现泛油、磨光	面积>20%

破损评定标准 表2.11

标度	评定标准	
	定性描述	定量描述
1	完好	—
2	面层局部松散、露骨	松散、露骨累计面积<10%
	或局部浅坑槽	坑槽深度≤25mm,累计面积≤3%,单处面积>0.5m²
3	多处松散、露骨	松散、露骨累计面积>10%且≤20%
	或多处出现坑槽	坑槽深度≤25mm,累计面积>3%且≤10%,单处面积>0.5m²≤1.0m²
4	大部分松散、露骨	松散、露骨累计面积>20%
	大部分有坑槽	坑槽深度>25mm,累计面积>10%,单处面积>1.0m²

裂缝评定标准 表2.12

标度	评定标准	
	定性描述	定量描述
1	完好	—
2	局部龟裂,裂缝区无变形、无散落	龟裂缝宽≤2.0mm,部分裂缝块度≤5.0m
	或局部块裂,裂缝区无散落	块裂缝宽≤3.0mm,大部分裂缝块度>1.0m
	或有纵横裂缝,裂缝壁无散落,无支缝	纵横裂缝缝长≤1.0m,缝宽≤3.0mm
3	局部龟裂,状态明显,裂缝区有轻度散落或变形	龟裂缝宽>2.0mm且≤5.0mm,部分裂缝块度≤2.0m
	或局部块裂,裂缝区有散落	块裂缝宽>3.0mm,大部分裂缝块度>0.5m且≤1.0m
	或有纵横裂缝,裂缝壁有散落,有支缝	纵横裂缝缝长>1.0m且≤2.0m,缝宽>3.0m
4	多处龟裂,特征显著,裂缝区变形明显、散落严重	龟裂缝宽>5.0mm,大部分裂缝块度≤2.0m
	或多处块裂,裂缝区散落严重	块裂缝宽>3.0mm,大部分裂缝块度≤0.5m
	或有纵横通缝,裂缝壁散落,支缝严重	纵横裂缝缝长>2.0m,缝宽>3.0mm

2.3.1.2 伸缩缝装置评定指标及分级评定标准

(1)凹凸不平评定标准,见表2.13。

(2)锚固区缺陷评定标准,见表2.14。

(3)破损评定标准,见表2.15。

(4)失效评定标准,见表2.16。

凹凸不平评定标准 表2.13

标度	评定标准	
	定性描述	定量描述
1	完好	—
2	略有凹凸不平	差值≤1cm
3	有明显凹凸不平	差值>1cm且≤3cm
4	严重凹凸不平	差值>3cm

锚固区缺陷评定标准 表2.14

标度	评定标准	
	定性描述	定量描述
1	完好	—
2	锚固构件松动,或锚固螺栓松脱	数量≤10%
	或混凝土轻微损坏,出现裂缝、剥落现象	面积≤10%
3	锚固构件松动,或锚固螺栓松脱但功能尚存	数最>10%且≤20%
	或混凝土局部损坏	面积>10%且≤20%
4	锚固构件松动,或锚固螺栓松脱基本失效	数量>20%
	或混凝土大面积破损	面积>20%

破损评定标准 表2.15

标度	评定标准	
	定性描述	定量描述
1	完好	—
2	锚固构件松动、缺失,或焊缝开裂	数量≤10%
	或橡胶条轻微损坏、老化	面积≤20%
	或排水管发生轻微破损,但不影响功能	—
3	锚固构件松动、缺失,或焊缝开焊,造成钢板破损	—
	或橡胶条老化、剥离	—
	或焊接处大部分出现裂缝,但未断裂	—
4	或防水材料老化并有局部脱落现象,或排水管破损、堵塞,尚能维持功能	—
5	严重老化,锚固构件松动、缺失,或焊缝开焊,造成钢板破损失效	数量>20%
	或焊接处出现剪断现象,或钢板其他部位出现剪断现象	—
	或橡胶条完全剥离或脱落	—
	或防水材料老化,完全脱落,或排水管完全堵塞失效	—

失效评定标准　　表2.16

标度	评定标准
	定性描述
1	完好
2	上层槽口堵塞、卡死等原因,造成伸缩缝伸缩异常,车辆行驶时出现冲击和噪声
3	上层槽口堵塞、卡死等原因,造成伸缩缝不能自由变形,伸缩异常现象严重,伸缩缝出现明显损坏
4	伸缩异常导致失效

2.3.1.3　防水、排水系统评定指标及分级评定标准

(1)排水不畅评定标准,见表2.17。

(2)泄水管、引水槽缺陷评定标准,见表2.18。

排水不畅评定标准　　表2.17

标度	评定标准
	定性描述
1	完好
2	局部排水不畅的桥下出现漏水现象,或桥台支承面、翼墙面等平面受到污水污染
3	桥下多处出现漏水现象,或桥台支承面、翼墙面、前墙面等平面受到污水污染,支座锈蚀,或桥台后填料排水不畅,造成路堤轻微沉降
4	桥下普遍出现漏水现象,或桥台支承面、翼墙面、前墙面等平面被污水严重污染,支座严重锈蚀,或桥台后填料排水不畅,造成路堤明显沉降

泄水管、引水槽缺陷评定标准　　表2.18

标度	评定标准	
	定性描述	定量描述
1	完好	—
2	较少泄水管、引水槽、排水孔出现堵塞,或排水设施构件破损、缺件、管体脱落、漏留泄水管	数量≤5%
3	较多泄水管、引水槽、排水孔出现堵塞,或排水设施构件破损、缺件、管体脱落、漏留泄水管	数量>5%

2.3.1.4　人行道评定指标及分级评定标准

(1)破损评定标准,见表2.19。

(2)缺失评定标准,见表2.20。

破损评定标准　　表 2.19

标度	评定标准	
	定性描述	定量描述
1	完好	
2	出现少量坑槽、孔洞、裂缝、剥落、松动等现象	面积≤10%
3	出现较多坑槽、孔洞、裂缝、剥落、松动等现象	面积>10%且≤20%
4	出现大量坑槽、孔洞、裂缝、剥落、松动等现象	面积>20%

缺失评定标准　　表 2.20

标度	评定标准	
	定性描述	定量描述
1	完好	—
2	人行道出现少量缺失现象	面积≤3%
3	人行道出现较大面积缺损	面积>3%且≤10%
4	人行道出现大面积缺损	面积>10%

2.3.1.5　橡胶支座评定指标及分级评定标准

(1)板式支座老化变质、开裂评定标准,见表 2.21。

(2)板式支座缺陷评定标准,见表 2.22。

(3)板式支座位置串动、脱空或剪切超限评定标准,见表 2.23。

(4)盆式支座组件损坏评定标准,见表 2.24。

(5)聚四氟乙烯滑板磨损评定标准,见表 2.25。

(6)盆式支座位移、转角超限评定标准,见表 2.26。

板式支座老化变质、开裂评定标准　　表 2.21

标度	评定标准	
	定性描述	定量描述
1	完好	—
2	轻微老化,表面有脏污,出现裂缝	裂缝宽度≤1.0mm,裂缝长度>相应边长 10%
3	橡胶支座老化变形,裂缝较严重	裂缝宽度>1mm 且≤2mm,裂缝长度>相应边长的 25%
4	橡胶支座老化破裂,裂缝严重,且造成其他构件产生较严重病害	裂缝宽度>2mm,裂缝长度>相应边长的 25%
5	橡胶支座老化破裂,裂缝非常严重,已经失去正常支承功能,且使相关上下部结构受到异常约束,造成严重损坏,主梁出现严重变形	裂缝宽度>2mm,裂缝长度>相应边长的 50%

板式支座缺陷评定标准　　表 2.22

标度	评定标准	
	定性描述	定量描述
1	完好	—
2	有外鼓现象	沿支座一侧外鼓长度≤相应边长的 10%
3	外鼓现象较严重,或钳板局部外露	沿支座一侧外鼓长度 > 相应边长的 10% 且≤相应边长的 25%,或钢板外露长度 > 100mm
4	外鼓现象严重,或钢板大部分外露	沿支座一侧外鼓长度 > 相应边长的 25%,或钢板外露长度 > 100mm

板式支座位置串动、脱空或剪切超限评定标准　　表 2.23

标度	评定标准	
	定性描述	定量描述
1	完好	—
2	支座出现剪切变形或位置略有偏移	—
3	支座出现剪切变形或位置有较大偏移	剪切角度≤45°
4	支座串动较严重,或出现脱空现象,或出现严重变形	串动长度≤相应边长的 25%,或剪切角度 > 45°且≤60°
5	串动严重并造成桥梁其他构件出现较严重病害	串动长度 > 相应边长的 25%
	支座错位、串动、变形严重,已经失去正常支承功能,造成相关上下部结构严重损坏,主梁出现严重变形	剪切角度 > 60°

盆式支座组件损坏评定标准　　表 2.24

标度	评定标准	
	定性描述	定量描述
1	完好	—
2	盆底四角翘起,或钢盆出现较多锈蚀,或支座底板局部裂纹、掉角	—
3	钢件非主要受力部位出现脱焊,或铜盆出现较多锈蚀并伴有剥落,或除盆底、盆环外其他部位开裂,或底板产生变形,混凝土酥裂,露筋、掉角	—
4	大量锚栓剪断,或底板变形,大部分压碎、剥离,造成相关上下部结构受到异常约束,损坏严重	锚栓剪断≤50%
5	有大量的锚栓剪断或盆环开裂、脱焊,支座破损、缺失严重,已经失去正常支承功能,造成相关上下部结构严重损坏,主梁出现严重变形	锚栓剪断 > 50%

聚四氟乙烯滑板磨损评定标准　　表2.25

标度	评定标准	
	定性描述	定量描述
1	完好	—
2	磨损较少	聚四氟乙烯滑板外露高度≥0.5mm
3	磨损较多	聚四氟乙烯滑板外露高度≥0.2mm 且 <0.5mm
4	磨损严重,并造成其他构件出现病害	聚四氟乙烯滑板外露高度 <0.2mm

盆式支座位移、转角超限评定标准　　表2.26

标度	评定标准	
	定性描述	定量描述
1	完好	—
2		—
3	有位移现象,或有较大转角,转角超出设计值	位移≤10mm,或转角≤设计转角20%
4	位移现象较明显,或有很大转角,转角远超出设计值	转角位移大于10mm,或转角大于设计转角20%

2.3.1.6 混凝土梁式桥评定指标及分级评定标准

钢筋混凝土或预应力混凝土梁式桥上部承重构件和上部一般构件评定指标及分级评定标准:

(1)蜂窝、麻面评定标准,见表2.27。

(2)剥落、掉角评定标准,见表2.28。

(3)空洞、孔洞评定标准,见表2.29。

(4)混凝土保护层厚度评定标准,见表2.30。

(5)钢筋锈蚀评定标准,见表2.31。

(6)混凝土碳化评定标准,见表2.32。

(7)混凝土强度评定标准,见表2.33。

(8)跨中挠度评定标准,见表2.34。

(9)结构变位评定标准,见表2.35。

(10)预应力构件损伤(锚头、钢绞线、齿板等)评定标准,见表2.36。

(11)简支梁(板)桥、刚架桥裂缝评定标准,见表2.37。

(12)连续梁桥、连续刚构桥、悬臂梁桥、T形刚构桥裂缝评定标准,见表2.38。

蜂窝、麻面评定标准　　表2.27

标度	评定标准	
	定性描述	定量描述
1	完好,无蜂窝麻面	—
2	较大面积蜂窝麻面	累计面积≤构件面积的50%
3	大面积蜂窝麻面	累计面积 >构件面积的50%

剥落、掉角评定标准　　表2.28

标度	评定标准	
	定性描述	定量描述
1	完好,无剥落、掉角	—
2	局部混凝土剥落或掉角	累计面积≤构件面积的5%,或单位面积≤0.5m²
3	较大范围混凝土剥落或掉角	累计面积>构件面积的5%且<构件面积的10%,或单处面积>0.5m²且<1.0m²
4	大范围混凝土剥落或掉角	累计面积≥构件面积的10%,或单处面积≥1.0m²

空洞、孔洞评定标准　　表2.29

标度	评定标准	
	定性描述	定量描述
1	完好,无空洞、孔洞	—
2	局部混凝土空洞、孔洞	累计面积≤构件面积的5%,或单处面积≤0.5m²
3	较大范围混凝土空洞、孔洞	累计面积>构件面积的5%且<构件面积的10%,或单处面积>0.5m²且<1.0m²
4	大范围混凝土空洞、孔洞	累计面积≥构件面积的10%.或单处面积≥1.0m²

混凝土保护层厚度评定标准　　表2.30

标度	评定标准
	定性描述
1	完好
2	承重构件混凝土保护层厚度符合要求,对钢筋耐久性有轻度影响
3	承重构件混凝土保护层厚度不足,对钢筋耐久性有较大影响,造成钢筋锈蚀
4	承重构件混凝土保护层厚度严重不足,对钢筋耐久性有很大影响,钢筋失去碱性保护,发生较严重锈蚀

钢筋锈蚀评定标准　　表2.31

标度	评定标准	
	定性描述	定量描述
1	完好	承重构件钢筋锈蚀电位水平为0~-200mV,　或电阻率>20000
2	承重构件有轻微锈蚀现象	承重构件钢筋锈蚀电位水平为-200~-300mV,或电阻率为15000~20000
3	承重构件钢筋发生锈蚀,混凝土表面有沿钢筋的裂缝或混凝土表面有锈迹	承重构件钢筋锈蚀电位水平为-300~-400mV,或电阻率为10000~15000
4	承重构件钢筋锈蚀引起混凝土剥落,钢筋裸露,表面膨胀性锈层显著	承重构件钢筋锈蚀电位水平为-400~-500mV,或电阻为5000~10000
5	承重构件大量钢筋锈蚀引起混凝土脱落,部分钢筋屈服或锈断,混凝土表面严重开裂,影响结构安全	承重构件钢筋锈蚀电位水平<-500mV,或电阻率<5000

混凝土碳化评定标准 表 2.32

标度	评定标准
	定性描述
1	完好
2	承重构件有少量碳化现象，且所有碳化深度均小于混凝土保护层厚度
3	重构件的主要受力部位部分位置出现碳化现象，局部碳化深度大于混凝土保护层厚度，混凝土表面少量胶凝料松散粉化
4	承重构件的主要受力部位全部测点碳化且碳化深度大于混凝土保护层厚度，混凝土表面胶混凝料大盘松散粉化

混凝土强度评定标准 表 2.33

标度	评定标准	
	定性描述	定量描述
1	承重构件混凝土强度处于良好状态	承重构件混凝土推定强度均质系数 $K_{b1} \geqslant 0.95$，平均强度均质系数 $K_{bm} \geqslant 1.00$
2	承重构件混凝土强度处于较好状态	承重构件混凝土推定强度均质系数 $0.95 > K_{b1} \geqslant 0.90$，平均强度均质系数 $K_{bm} \geqslant 0.95$
3	承重构件混凝土强度处于较差状态，造成承重构件出现缺损现象	承重构件混凝土推定强度均质系数 $0.90 > K_{b1} \geqslant 0.80$，平均强度均质系数 $K_{bm} \geqslant 0.90$
4	承重构件混凝土强度处于很差状态，造成承重构件出现较严重缺损或变形现象	承重构件混凝土推定强度均质系数 $0.80 > K_{b1} \geqslant 0.70$，平均强度均质系数 $K_{bm} \geqslant 0.85$
5	承重构件混凝土强度处于非常差状态，造成承重构件有严重的变形、位移、失稳等现象，显著影响承载力和行车安全	承重构件混凝土推定强度均质系数 $K_{b1} \geqslant 0.70$，平均强度均质系数 $K_{bm} \geqslant 0.85$

跨中挠度评定标准 表 2.34

标度	评定标准	
	定性描述	定量描述
1	完好	—
2	较好，梁体无明显变形	—
3	出现明显下挠，挠度小于限值，或个别构件出现弯曲变形，行车稍感振动或摇晃	跨中最大挠度≤计算跨径的1/1000；悬臂端最大挠度≤悬臂长度的1/500
4	出现显著下挠，挠度接近限值，或构件存在明显的永久变形，变形小于或等于规范值，梁板出现较严重病害	跨中最大挠度>计算跨径的1/1000且≤计算跨径的1/600；悬臂端最大挠度>悬臂长度的1/500且≤悬臂长度的1/300
5	挠度或其他变形大于限值，造成结构出现明显的永久变形，梁板出现严重病害，显著影响承载力和行车安全	跨中最大挠度>计算跨径的1/600；悬臂端最大挠度>悬臂长度的1/300

结构变位评定标准 表 2.35

标度	评定标准
	定性描述
1	完好
2	较好,结构无明显位移
3	横向联结件松动,纵向接缝开裂较大
4	边梁有横移或外倾现象,行车振动或摇晃明显,有异常音
5	构件有严重的横向位移,存在失稳现象,结构振动或摇晃显著

预应力构件损伤评定标准 表 2.36

标度	评定标准
	定性描述
1	完好
2	锚头、钢绞线等无明显缺陷
3	钢绞线裸露出现极个别断丝现象,或锚头出现开裂等现象,或齿板位置处出现部分裂缝,裂缝未超限
4	部分钢绞线断裂或失效,或锚头开裂较严重但未完全失效,或齿板位置处裂缝严重,裂缝超限
5	预应力钢绞线大量断裂,顶应力损耗严重,或锚头损坏失效,梁板出现严重变形

简支梁(板)桥、刚架桥裂缝评定标准 表 2.37

标度	评定标准	
	定性描述	定量描述
1	完好	—
2	局部出现网状裂缝,或主梁出现少量轻微裂缝,缝宽未超限	网状裂缝累计面积≤构件面积的 20%,单处面积 1.0m^2,或主梁裂缝缝长≤截面尺寸的 2/3
3	出现大面积网状裂缝,或主梁出现较多横裂缝(钢筋混凝土梁、板)或顺主筋方向出现纵向裂缝,或出现斜裂缝、水平裂缝、竖向裂缝等,缝宽未超限	网状裂缝累计面积 > 构件面积的 20%,单处面积 > 1.0m^2,或主梁裂缝缝长 > 截面尺寸的 1/3 且≤截面尺寸的 2/3
4	梁控制截面出现较多横向裂缝(钢筋混凝土梁、板),或顺主筋方向出现严重纵向裂缝并伴有钢筋锈蚀等,或出现斜裂缝、水平纵向开裂、竖向裂缝等,裂缝缝宽超限	主梁裂缝缝长 > 截面尺寸的 2/3,间距 < 20cm
5	主梁控制截面出现大量结构性裂缝,裂缝多贯通,且缝宽超限,主梁出现变形	主梁裂缝缝宽 > 1.0mm,间距≤10cm

连续梁桥、连续刚构桥、悬臂梁桥和 T 形刚构桥裂缝评定标准 表 2.38

标度	评定标准	
	定性描述	定量描述
1	无裂缝	
2	局部出现网状裂缝,或主梁出现少量轻微缝,缝宽未超限	网状裂缝累计面积≤构件面积的 20%,单处面积≤1.0m^2,或主梁裂缝缝长≤截面尺寸的 1/3

续上表

标度	评定标准	
	定性描述	定量描述
3	出现大面积网状裂缝,或主梁出现横向裂缝(钢筋混凝土梁),或主筋方向出现纵向裂缝,或出现斜裂缝、水平裂缝、竖向裂缝,缝宽未超限	网状裂缝累计面积＞构件面积的20%,单处面积＞1.0m^2,或主梁缝长＞截面尺寸的,且≤截面尺寸的1/2
4	主梁控制截面出现较多横向裂缝(钢筋混凝土梁),或主筋方向出现严重纵向裂缝并伴有钢筋锈蚀等,或出现斜裂缝、水平裂、竖向裂缝等,裂缝缝宽越限	主梁裂缝缝长＞截面尺寸的1/2,间距＜30cm
5	主梁控制截面出现大量结构性裂缝,裂缝大多贯通,且缝宽严重超限,主梁出现变形	主梁裂缝缝宽＞1.0mm,间距＜20cm

2.3.1.7 钢梁桥上部结构构件评定指标及分级评定标准

(1)涂层劣化评定标准,见表2.39。

(2)锈蚀评定标准,见表2.40。

(3)焊缝开裂评定标准,见表2.41。

(4)铆钉(螺栓)损失评定标准,见表2.42。

(5)构件裂缝评定标准,见表2.43。

(6)跨中挠度评定标准,见表2.44。

(7)构件变形评定标准,见表2.45。

(8)结构变位评定标准,见表2.46。

涂层劣化评定标准 表2.39

标度	评定标准	
	定性描述	定量描述
1	完好	—
2	涂层个别位置出现流痕、气泡、白化、漆膜发黏、针孔、起皱或皱纹、表面粉化、变色起皮、脱落等缺陷	累计面积≤构件面积的10%
3	涂层出现较严重流痕、气泡、白化、漆膜发黏、针孔、起皱或皱纹、表面粉化、变色起皮、脱落等缺陷	累计面积＞构件面积的10%且≤构件面积的50%
4	涂层出现严重流痕、气泡、白化、漆膜发黏、针孔、起皱或皱纹、表面粉化、变色起皮,脱落等缺陷	累计面积＞构件面积的50%

锈蚀评定标准 表2.40

标度	评定标准	
	定性描述	定量描述
1	完好	—
2	构件表面发生轻微锈蚀,部分氧化皮或油漆层出现剥落	锈蚀累计面积≤构件面积的5%

续上表

标度	评定标准	
	定性描述	定量描述
3	陶件表面有较多点蚀现象,氧化皮、油漆屡因锈蚀部分剥落或可以割除,重要部位有锈蚀成洞现象	锈蚀累计面积 > 构件面积的 5%,且 ≤ 构件面积的 15%,或锈蚀孔洞 ≤ 3 个,工字梁孔洞直径 ≤ 30mm,板梁 ≤ 50mm,且边缘完好;桁梁孔洞直径 ≤ 30mm,且 ≤ 杆件宽度的 15%
4	构件表面有大量点蚀现象,氧化皮、油漆因锈蚀而全面剥离,重要部位被锈蚀成洞	锈蚀累计面积 > 构件面积的 15%,或锈蚀孔洞 > 3 个,工字梁孔洞直径 > 30mm,板梁 > 50mm,且边缘完好;桁梁孔洞径 > 30mm,或大于杆件宽度的 15%

焊缝开裂评定标准　　表 2.41

标度	评定标准	
	定性描述	定量描述
1	完好	
2	焊缝部位涂层有少量裂纹	
3	焊缝部位涂层有大量裂纹,受拉翼缘边缘存在裂缝,其他部位焊缝无裂缝	主梁、纵横梁受拉翼缘边焊缝开裂长度 ≤ 5mm
4	主要构件焊缝出现较多裂缝,构件出现变形	主梁、纵横梁受拉翼缘边焊缝开裂长度 > 5mm 且 ≤ 10mm,其他位置焊缝开裂长度 ≤ 5mm
5	主要构件焊缝存在大量裂缝甚至完全开裂,主要构件存在明显的变形,变形大于规范值	主梁、纵横梁受拉翼缘边焊缝开裂长度 > 10mm,其他位置焊缝开裂长度 > 5mm

铆钉(螺栓)损失评定标准　　表 2.42

标度	评定标准	
	定性描述	定量描述
1	完好	
2	铆钉(螺栓)少量损坏、松动或丢失,造成连接部位铆钉(螺栓)失效	损坏、失效数量 ≤ 总量的 1%
3	铆钉(螺栓)有较多损坏、松动或丢失,造成连接部位铆钉(螺栓)失效	损坏、失效数量 > 总量的 1% 且 ≤ 总量的 10%
4	主要构件铆钉(螺栓)有较多损坏、松动或丢失,造成连接部位铆钉(螺栓)失效,构件出现明显变形	损坏、失效数量 > 总量的 10% 且 ≤ 总量的 30%
5	主要构件铆钉(螺栓)有大量损坏、松动或丢失,造成连接部位铆钉(螺栓)失效,主要构件存在明显的永久变形,变形大于规范值	损坏、失效数量 > 总量的 30%

构件裂缝评定标准 表 2.43

标度	评定标准	
	定性描述	定量描述
1	完好	—
2	钢构件出现极少量细小裂纹	—
3	钢构件出现较多细小裂缝，截面削弱，但不影响正常使用	主梁、纵横梁受拉翼缘边裂缝长度≤3mm，或受拉翼缘焊接盖板端部裂缝长度≤10mm，或桁梁端横梁与纵梁连接处下端以及腹杆接头处裂缝长度≤20mm
4	主要构件出现较多裂缝，截面削弱	主梁、纵横梁受拉翼缘边裂缝长度＞3mm 且≤5mm，或受拉翼缘焊接盖板端部裂缝长度＞10mm 且≤20m，或桁梁横梁与纵梁连接处下端以及腹杆接头处裂缝长度＞20mm 且≤50mm
5	主要构件出现较多严重裂缝，截面削弱，主要构件存在明显的永久变形，变形大于限值	主梁、纵横梁受拉翼缘边裂缝长度＞5mm，或受拉翼缘焊接盖板端部裂缝长度＞20mm，或桁梁端横梁与纵梁连接处下端以及腹杆接头处裂缝长度＞50mm

跨中挠度评定标准 表 2.44

标度	评定标准	
	定性描述	定量描述
1	完好	—
2	—	—
3	挠度小于限值	简支或连续板梁跨中最大挠度≤计算跨径的 1/800；或简支或连续桁架跨中最大挠度≤计算跨径的 1/1000
4	主要构件挠度接近限值，裂缝状况较严重	简支或连续板梁跨中最大挠度＞计算跨径的 1/800 且≤计算跨径的 1/600；或简支或连续桁架跨中最大挠度＞计算跨径的 1/1000 且≤计算跨径的 1/800
5	主要构件挠度大于限值，存在明显的永久变形，裂缝状况严重，严重影响承载力，有不正常移动并影响结构安全	简支或连续板梁跨中最大挠度＞计算跨径的 1/600；或简支或连续桁架跨中最大挠度＞计算跨径的 1/800

构件变形评定标准 表 2.45

标度	评定标准	
	定性描述	定量描述
1	完好	—
2	—	—
3	个别次要构件出现异常变形，行车稍感振动或摇晃	构件竖向弯曲矢度≤跨度的 1/1500；或板梁、纵梁、横梁及工字梁横向弯曲矢度≤自由长度 1/8000 且＜15mm；或桁梁的压力杆件弯曲矢度≤杆件自由长度的 1/500；或拉杆件弯曲矢度≤杆件自由长度的 1/800，腹杆、连接杆件弯曲矢度≤杆件自由长度的 1/500

续上表

标度	评 定 标 准	
	定性描述	定量描述
4	个别主要承重构件出现异常变形，行车有明显振动或摇晃并伴有异常声音	构件竖向弯曲矢度 > 跨度的 1/1500 且 ≤ 跨度的 1/1000；或板梁、纵梁、横梁及工字梁横向弯曲矢度 > 自由长度的 1/8000 且 ≤ 自由长度的 1/5000，且 < 20mm；或桁梁的压力杆件弯曲矢度 > 杆件自由长度的 1/1500 且 ≤ 自由长度的 1/1000；或拉力杆件弯曲矢度 > 杆件自由长度的 1/800 且 ≤ 杆件自由长度的 1/500，腹杆、连接杆件弯曲矢度 > 杆件由长度的 1/500 且 ≤ 杆件自由长度的 1/300
5	较多主要承重构件有异常变形，变形大于规范值，影响桥梁结构安全	构件竖向弯曲矢度 > 跨度的 1/1000；或板梁、纵梁、横梁及工字梁横向弯曲矢度 > 自由长度 1/5000 且 > 20mm；或桁梁的压力杆件弯曲矢度 > 杆件自由长度的 1/1000；或拉力杆件弯曲矢度 > 杆件自由长度的1/500，腹杆、连接杆件弯曲矢度 > 杆件自由长度的 1/300

结构变位评定标准　　表 2.46

标度	评 定 标 准
	定性描述
1	完好
2	—
3	横向连接件出现松动，纵向接缝开裂较大
4	主要构件存在明显的永久变形，变形小于或等于规范值，或桥面竖向呈波形
5	主要构件存在明显的永久变形，变形大于规范值，结构振动或摇晃显著、有不正常移动

2.3.1.8　翼墙、耳墙评定指标及分级评定标准

(1)破损评定标准，见表 2.47。

(2)位移评定标准，见表 2.48。

(3)鼓肚、砌体松动评定标准，见表 2.49。

(4)裂缝评定标准，见表 2.50。

破损评定标准　　表 2.47

标度	评 定 标 准	
	定性描述	定量描述
1	完好	—
2	局部混凝土出现空洞、孔洞、剥落，或砖石表面小块脱落	累计面积 ≤ 构件面积的 5%，单处面积 ≤ 0.5m²
3	较大范围混凝土或砖石出现空洞、孔洞、剥落	累计面积 > 构件面积的 5% 且 ≤ 构件面积的 20%，单处面积 ≤ 1.0m²
4	大范围混凝土或砖石出现空洞、孔洞、剥落	累计面积 > 构件面积的 20%

位移评定标准 表2.48

标度	评定标准
	定性描述
1	完好
2	—
3	存在明显的永久变形,但无明显的外倾、下沉,或出现填料损失,但仍可起到挡土的作用
4	有下沉、滑动现象,造成翼墙断裂,外倾失稳,砌体变形,部分倒塌,或填料严重流失,失去挡土功能

鼓肚、砌体松动评定标准 表2.49

标度	评定标准
	定性描述
1	完好
2	局部鼓肚,砌体松动
3	大面积鼓肚,砌体松动
4	大面积鼓肚,砌体松动,甚至出现严重渗漏

裂缝评定标准 表2.50

标度	评定标准	
	定性描述	定量描述
1	完好或有轻微网裂	网裂总面积≤10%
2	较多网裂。出现个射裂缝,缝宽未超限	网裂总面积>10%
3	出现多处裂缝,未贯通,缝宽超限,或翼墙或耳墙有断裂,与前墙脱开现象	—
4	出现通缝,裂缝超限,或翼墙或耳墙断裂,与前墙完全脱开	—

2.3.1.9 锥坡、护坡评定指标及分级评定标准

(1)缺陷评定标准,见表2.51。

(2)冲刷评定标准,见表2.52。

缺陷评定标准 表2.51

标度	评定标准	
	定性描述	定量描述
1	完好	—
2	铺砌面局部隆起、凹陷、开裂,砌缝砂浆脱落,或局部铸砌面下滑,坡角损坏	缺陷面积≤10%
3	铺砌面出现大面积隆起、凹陷,开裂砌缝砂浆脱落	缺陷面积>10%且≤20%
4	出现孔洞,破损等,丧失锥坡、护坡功能,或锥坡体和坡脚损坏严重,大面积滑坡、坍塌,坡顶下降较大,锥坡、护坡作用明显降低	缺陷面积>20%

冲刷评定标准　　表2.52

标度	评定标准
	定性描述
1	完好
2	局部冲成浅坑
3	坡脚局部冲蚀，冲成深坑、沟或槽
4	锥坡体和坡脚冲蚀严重，基础有淘空现象

2.3.1.10　河床评定指标及分级评定标准

(1)堵塞评定标准，见表2.53。

(2)冲刷评定标准，见表2.54。

(3)河床变迁评定标准，见表2.55。

堵塞评定标准　　表2.53

标度	评定标准
	定性描述
1	完好
2	局部有漂流物，堵塞河道
3	多处有漂流物，堵塞河道
4	河道被完全堵塞

冲刷评定标准　　表2.54

标度	评定标准
	定性描述
1	河床稳定，无冲刷现象
2	局部轻微冲刷
3	冲刷较重，墩台底有掏空现象，防护体损坏严重
4	河床压缩，出现严重冲刷掏空，危及桥梁安全

河床变迁评定标准　　表2.55

标度	评定标准
	定性描述
1	完好
2	局部轻微淤积
3	河床淤泥严重，河床扩宽有变迁趋势
4	已出现变迁、扩宽现象，并有发展趋势

2.3.1.11　调治构造物评定指标及分级评定标准

(1)损坏评定标准，见表2.56。

(2)冲刷、变形评定标准，见表2.57。

损坏评定标准 表2.56

标度	评定标准
	定性描述
1	完好
2	构造物局部断裂,砌体松动、鼓肚、凹陷或灰浆脱落
3	表面出现大面积损坏或坡脚局部损坏
4	需要设置但没有设置调治构造物者

冲刷、变形评定标准 表2.57

标度	评定标准
	定性描述
1	完好
2	边坡局部下滑,基础局部冲空
3	边坡大面积下滑,构造物出现下沉、倾斜,局部坍塌
4	构造物出现下沉、倾斜、坍塌,基础冲蚀严重

桥梁结构裂缝最大限值如表2.58所示,裂缝超过表列数值时应进行修补,以保证结构的耐久性。

裂缝缝宽限值表 表2.58

结构类型	裂缝部位			允许最大缝宽(mm)	其他要求
钢筋混凝土梁	主筋附近竖向裂缝			0.25	
	腹板斜向裂缝			0.3	
	组合梁结合面			0.5	
	横隔板与梁体端部			0.3	不允许贯通结合面
	支座垫石			0.5	
预应力混凝土梁	梁体竖向裂缝			不允许	
	梁体纵向裂缝			0.2	
砖、石、混凝土拱	拱圈横向			0.3	裂缝高度小于截面高度一半
	拱圈纵向(裂缝)			0.5	裂缝长小于跨径1/8
	拱波与拱肋结合处			0.2	
台墩		墩台帽		0.3	允许贯通墩台身截面一半
	台墩身	经常受浸蚀性环境水影响	有筋	0.2	
			无筋	0.3	
		常年有水,但无浸蚀性水影响	有筋	0.25	
			无筋	0.35	
		干沟或季节性有水河流		0.2	
	有冻结作用部分				

2.3.2　桥梁技术状况评定

在确定出桥梁各部件缺损状况的等级评定结果即评分之后,首先可根据桥梁所在地区的环境条件和养护要求,采用专家调查评估的方法,利用层次分析法确定出各部件的权重,具体桥梁技术状况评定工作流程如图2.4所示。

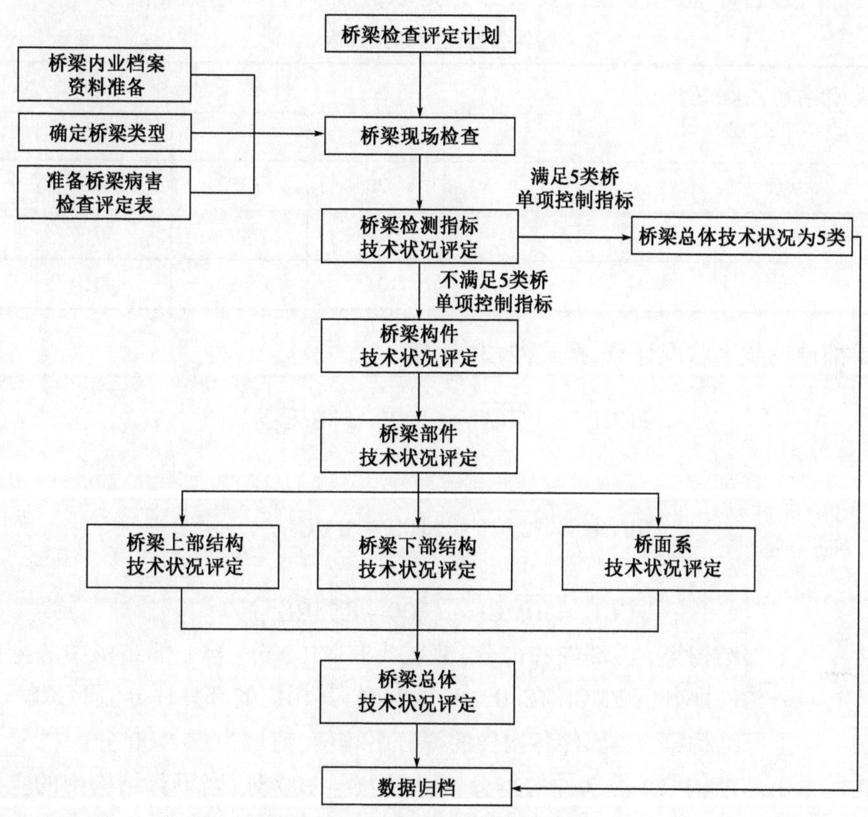

图2.4　桥梁技术状况评定工作流程

(1)桥梁技术状况评定计算。

①桥梁构件的技术状况评分,按式(2.1)计算。

$$\mathrm{PMCI}_l(\mathrm{BMCI}_l \text{ 或 } \mathrm{DMCI}_l) = 100 - \sum_{x=1}^{k} U_x \tag{2.1}$$

当 $x=1$ 时,$U_1 = DP_{i1}$;

当 $x \geqslant 2$ 时,$U_x = \dfrac{DP_{ij}}{100 \times \sqrt{x}} \times \left(100 - \sum_{y=1}^{x=1} U_y\right)$;

其中:$j = x$。

当 $DP_{i1} = 100$,则 $\mathrm{PMCI}_l(\mathrm{BMCI}_l \text{ 或 } \mathrm{DMCI}_l) = 0$。

式中:PMCI_l——上部结构第 i 类部件的 l 构件的得分,值域为0~100分;

BMCI_l——下部结构第 i 类部件的 l 构件的得分,值域为0~100分;

DMCI_l——桥面系第 i 类部件的 l 构件的得分,值域为0~100分;

k——第 i 类部件 l 构件出现扣分的指标的种类数；

U_x、U_y——引入的变量；

i——部件类别，例如，表示上部承重构件、支座、桥墩等；

j——第 i 类部件 l 构件的第 j 类检测指标；

DP_{ij}——第 i 类部件 l 构件的第 j 类检测指标的扣分值；根据构件各种检测指标扣分值进行计算，扣分值按表 2.59 规定取值。

构件各检测指标扣分值 表 2.59

检测指标所能达到的最高等级类别	指标标度				
	1 类	2 类	3 类	4 类	5 类
3 类	0	20	35	—	—
4 类	0	25	40	50	—
5 类	0	35	45	60	100

②桥梁部件的技术状况评分，按式(2.2)计算。

$$PCCI_i = \overline{PMCI} - (100 - PMCI_{min})/t \tag{2.2}$$

或

$$BCCI_i = \overline{BMCI} - (100 - BMCI_{min})/t$$

或

$$DCCI_i = \overline{DMCI} - (100 - DMCI_{min})/t$$

式中：$PCCI_i$——上部结构第 i 类部件的得分，值域为 0 ~ 100 分；当上部结构中的主要部件某一构件评分值 $PMCI_l$ 在[0,40)区间时，其相应的部件评分值 $PCCI_i = PMCI_l$；

$\overline{PMCI}$——上部结构第 i 类部件各构件的得分平均值，值域为 0 ~ 100 分；

$BCCI_i$——下部结构第 i 类部件的得分，值域为 0 ~ 100 分；当下部结构中的主要部件某一构件评分值 $BMCI_l$ 在[0,40)区间时，其相应的部件评分值 $BCCI_i = BMCI_l$；

$\overline{BMCI}$——下部结构第 i 类部件各构件的得分平均值，值域为 0 ~ 100 分；

$DCCI_i$——桥面系第 i 类部件的得分，值域为 0 ~ 100 分；

$\overline{DMCI}$——桥面系第 i 类部件各构件的得分平均值，值域为 0 ~ 100 分；

$PMCI_{min}$——上部结构第 i 类部件中分值最低的构件得分值；

$BMCI_{min}$——下部结构第 i 类部件中分值最低的构件得分值；

$DMCI_{min}$——桥面系第 i 类部件分值最低的构件得分值；

t——随构件的数量而变的系数，表中未列出的 t 值采用内插法计算取得，见表 2.60。

***t* 值** 表 2.60

n(构件数)	t	n(构件数)	t
1	∞	3	9.7
2	10	4	9.5

续上表

n(构件数)	t	n(构件数)	t
5	9.2	22	6.36
6	8.9	23	6.24
7	8.7	24	6.12
8	8.5	25	6.00
9	8.3	26	5.88
10	8.1	27	5.76
11	7.9	28	5.64
12	7.7	29	5.53
13	7.5	30	5.4
14	7.3	40	4.9
15	7.2	50	4.4
16	7.08	60	4.4
17	6.96	70	3.6
18	6.84	80	3.2
19	6.72	90	2.8
20	6.6	100	2.5
21	6.48	≥200	2.3

注：n 为部件的构件总数。

③桥梁上部结构、下部结构、桥面系的技术状况评分按式(2.3)计算。

$$\text{SPCI(SBCI 或 BDCI)} = \sum_{i=1}^{m} \text{PCCI}_i(\text{BCCI 或 DCCI}_i) \times w_i \tag{2.3}$$

式中：SPCI——桥梁上部结构技术状况评分，值域为0～100分；

SBCI——桥梁下部结构技术状况评分，值域为0～100分；

BDCI——桥面系技术状况评分，值域为0～100分；

m——上部结构(下部结构或桥面系)的部件种类数；

w_i——第i类部件的权重；对于桥梁中未设置的部件，应根据此部件的隶属关系，将其权重值分配给各既有部件，分配原则按照各既有部件权重在全部既有部件权重中所占比例进行分配。

④桥梁总体技术状况评分，按式(2.4)计算。

$$D_r = \text{BDCI} \times W_D + \text{SPCI} \times W_{SP} + \text{SBCI} \times W_{SB} \tag{2.4}$$

式中：D_r——桥梁总体技术状况评分，值域为 0～100 分；

W_D——桥面系在全桥中的权重，按表 2.61 规定取值；

W_{SP}——上部结构在全桥中的权重，按表 2.61 规定取值；

W_{SB}——下部结构在全桥中的权重，按表 2.61 规定取值。

桥梁结构组成权重表 表 2.61

桥梁部位	权重	桥梁部位	权重
上部结构	0.40	桥面系	0.20
下部结构	0.40		

⑤桥梁技术状况分类界限宜按表 2.62 规定。

桥梁技术状况分类界限表 表 2.62

技术状况评分	技术状况等级 D_j				
	1 类	2 类	3 类	4 类	5 类
D_r (SPCI、SBCI、BDCI) (PCCI、BCCI、DCCI)	[95,100]	[80,95)	[60,80)	[40,60)	[0,40)

⑥在桥梁技术状况评定时，当满足 5 类桥梁技术状况单项控制指标中规定的任一情况时，桥梁总体技术状况应评为 5 类桥。

⑦当上部结构和下部结构技术状况等级为 3 类、桥面系技术状况等级为 4 类，且桥梁总体技术状况评分为 $40 \leqslant D_r < 60$ 时，桥梁总体技术状况等级应评定为 3 类。

⑧全桥总体技术状况等级评定时，当主要部件评分达到 4 类或 5 类且影响桥梁安全时，可按照桥梁主要部件最差的缺损状况评定。

(2)桥梁结构分类及权重值。

①桥梁部件(梁式桥和拱桥)分类及权重调整值(表 2.63 和表 2.64)

②桥梁结构组成权重值宜按表 2.61 的规定取值。

梁式桥各部件权重值 表 2.63

部位	类别 i	评价部位	权重
上部结构	1	上部承重构件(主梁、挂梁)	0.70
	2	上部一般构件(湿接缝横隔板等)	0.18
	3	支座	0.12
下部结构	4	翼墙、耳墙	0.02
	5	锥坡、护坡	0.01
	6	桥墩	0.30
	7	桥台	0.30
	8	墩台基础	0.28
	9	河床	0.07
	10	调治构造物	0.02

续上表

部　位	类 别 i	评 价 部 位	权　重
桥面系	11	桥面铺装	0.40
	12	伸缩缝装置	0.25
	13	人行道	0.10
	14	栏杆、护栏	0.10
	15	排水系统	0.01
	16	照明、标志	0.05

板拱桥、肋拱桥、箱形拱桥、双曲拱桥各部件权重值　　表 2.64

部　位	类 别 i	评 价 部 位	权　重
上部结构	1	主拱圈	0.70
	2	拱上结构	0.20
	3	桥面板	0.10
下部结构	4	翼墙、耳墙	0.02
	5	锥坡、护坡	0.01
	6	桥墩	0.30
	7	桥台	0.30
	8	墩台基础	0.28
	9	河床	0.07
	10	调治构造物	0.02
桥面系	11	桥面铺装	0.40
	12	伸缩缝装置	0.25
	13	人行道	0.10
	14	栏杆、护栏	0.10
	15	排水系统	0.10
	16	照明、标志	0.05

(3)5 类桥梁技术状况单项控制指标。

在桥梁技术状况评价当中,有下列情况之一时,整座桥应评为 5 类桥。

①上部结构有落梁;或梁、板断裂现象。

②梁式桥上部承重构件控制截面出现全截面开裂;或组合结构上部承重构件结合面开裂贯通,造成截面组合作用严重降低。

③梁式桥上部承重构件有严重的异常位移,存在失稳现象。

④结构出现明显的永久变形,变形大于规范值。

⑤关键部位混凝土出现压碎或杆件失稳倾向;或桥面板出现严重下沉。

⑥拱式桥拱脚严重错台、位移,造成拱顶挠度大于限值;或拱圈严重变形。

⑦圬工拱桥拱圈大范围砌体断裂,脱落现象严重。

⑧腹拱、侧墙、立墙或立柱产生破坏造成桥面板严重塌落。

⑨系杆或吊杆出现严重锈蚀或断裂现象。

⑩扩大基础冲刷深度大于设计值,冲空面积达20%以上。

⑪桥墩(桥台或基础)不稳定,出现严重滑动、下沉、位移、倾斜等现象。

(4)桥梁结构裂缝最大限值如表2.65所示,裂缝超过表列数值时应进行修补,以保证结构的耐久性。

裂缝缝宽限值 表2.65

结构类型	裂缝种类	允许最大缝宽(mm)	其他要求
钢筋混凝土梁	主筋附近竖向裂缝	0.25	
	腹板斜向裂缝	0.30	
	组合梁结合面	0.50	不允许贯通结合面
	横隔板与梁体端部	0.30	
	支座垫石	0.50	
预应力混凝土梁	梁体竖向裂缝	不允许	
	梁体纵向裂缝	0.20	
砖、石、混凝土拱	拱圈横向	0.30	裂缝高度小于截面高度一半
	拱圈纵向	0.50	裂缝长度小于跨径的1/8
	拱波与拱肋结合处	0.20	

①对于跨径、结构形式相同的多跨桥梁,一般以整座桥作为一个评定单元进行桥梁技术状况的等级评定与分类。亦可逐跨进行桥梁技术状况的等级评定,然后以缺损状况最严重、技术状况等级评定结果最差的一跨作为全桥的评定结果。

②对于跨径、结构形式不同的多跨桥梁,一般可根据跨径和结构形式的分布情况采用划分评定单元的方式,先逐一单元进行技术状况等级评定,再以缺损状况最严重、技术状况等级评定结果最差的一个评定单元作为全桥的评定结果。

对通过一般评定划分的各类桥梁,应采取不同的养护措施。一类桥梁进行正常保养;二类桥梁需进行小修;三类桥梁需进行中修,酌情进行交通管制;四类桥梁需进行大修或改造,及时进行交通管制,如限载、限速通过,当缺损较严重时应关闭交通;五类桥梁需要进行改建或重建,及时关闭交通。

2.4 桥梁专项指标检查

根据《公路桥梁技术状况评定标准》(JTG/T H21—2011),定期检查评分时需要掌握桥梁材料的耐久性及缺损状况,包括混凝土材料强度及钢筋锈蚀状况等,这些指标往往需要通过专业的设备和技术才能进行评定。各种检测方法大多都有专项的检测规程或规范。常用指标的检测方法如下:

2.4.1 混凝土强度检测

2.4.1.1 用回弹法检测桥梁结构混凝土强度的方法

回弹法主要适用于龄期在 14～1000d 的混凝土强度测试。

对于在用混凝土桥梁结构或构件，当只有一个可测面及混凝土碳化损坏程度较小时，可采用回弹法检测其结构混凝土强度。具体规定参见《回弹法检测混凝土抗压强度技术规程》(JGJ/T 23—2011)。

2.4.1.2 用超声回弹综合法检测桥梁结构混凝土强度的方法

超声回弹综合法主要适用于龄期为 7～2000d 的混凝土强度测试。

对于在用混凝土桥梁结构或构件，当有两个可测面及混凝土碳化损坏程度较小时，宜采用超声回弹综合法检测其结构混凝土强度。具体规定参见《超声回弹综合法检测混凝土强度技术规程》(CECS 02:2005)。

2.4.1.3 用回弹—取芯综合法检测桥梁结构混凝土强度的方法

对已使用多年的混凝土桥梁结构，当构件表面出现碳化、损坏等状况后，宜采用回弹—取芯综合法检测其混凝土强度。

当采用回弹法检测桥梁结构或构件混凝土强度时，若检测条件与测强曲线的运用条件有较大差异时，可采用回弹—取芯综合法检测其混凝土强度。检测时，应先按《回弹法检测混凝土抗压强度技术规程》(JGJ/T 23—2011)的要求，在结构或构件或关键控制部位布置测区，用回弹法检测各测区的混凝土换算强度值，然后根据测区混凝土换算强度值的标准差，确定钻取芯样数量。具体规定参见《回弹法检测混凝土抗压强度技术规程》(JGJ/T 23—2011)和《钻芯法检测混凝土强度技术规程》(CECS 03:2007)。

2.4.1.4 用超声回弹综合法结合取芯检测桥梁结构混凝土强度的方法

对已使用多年的混凝土桥梁结构，在构件表面出现碳化、损坏等状况后，需要取得混凝土实际强度值时，可从结构或构件测区钻取部分混凝土芯样，做芯样抗压强度试验，修正超声回综合法测量结果。

当桥梁结构或构件所有材料与制订的测强曲线所用材料有较大差异时，可从结构或构件区钻取部分混凝土芯样，做芯样抗压强度试验，修正超声回弹综合法测量结果。检测时，应先按《超声回弹综合法检测混凝土强度技术规程》(CECS 02:2005)的要求，在结构或构件或关键控制部位布置测区，用超声回弹综合法检测各测区的混凝土换算强度值。然后，根据测区混凝土换算强度值的标准差，确定需要钻取芯样数量。具体规定参见《超声回弹综合法检测混凝土强度技术规程》(CECS 02:2005)和《钻芯法检测混凝土强度技术规程》(CECS 03:2007)。

2.4.2 钢筋锈蚀测试(半电池电位法)

2.4.2.1 仪器性能要求

(1)检测设备应包括，半电池电位法钢筋锈蚀检测仪(以下简称钢筋锈蚀检测仪)和钢筋探伤仪等。

(2)钢筋锈蚀检测仪应由铜-硫酸铜半电池(以下简称半电池)、电压仪和导线构成。

(3)饱和硫酸铜溶液应采用分析纯硫酸铜试剂晶体溶解于蒸馏水中制备,应使刚性管的底部积有少量未溶解的硫酸铜结晶体,溶液应清澈且饱和。

(4)半电池的电连接垫应预先浸湿,多孔塞和混凝土构件表面应形成电通路。

(5)电压仪应具有采集、显示和存储数据的功能,满量程不宜小于1000mV。在满量程范围内的测试允许误差为±3%。

(6)用于连接电压仪与混凝土中钢筋的导线宜为铜导线,其总长度不宜超过150m,截面面积宜大于0.75mm^2,在使用长度内因电阻干扰所产生的测试回路电压降不应大于0.1mV。

2.4.2.2 半电池点位检测技术

(1)在混凝土结构及构件上可布置若干测区,测区面积不宜大于5m×5m,并应按确定的位置编号。每个测区应采用矩阵式(行、列)布置测点,依据被测结构及构件的尺寸,宜用100mm×100mm～500mm×500mm划分网格,网格的节点应为电位测点。

(2)当测区混凝土有绝缘涂层介质隔离时,应清除绝缘涂层介质。测点处混凝土表面应平整、清洁。必要时应采用砂轮或钢丝刷打磨,并应将扬尘等杂物清除。

(3)导线与钢筋的连接应按照下列步骤进行:

①采用钢筋探测仪检测钢筋的分布情况,并应在适当位置剔凿出钢筋。

②导线一端应接于电压仪的负输入端,另一端应接于混凝土中钢筋。

③连接处的钢筋表面应除锈或清除污物,并保证导线与钢筋有效连接。

④测区内的钢筋(钢筋网)必须与连接点的钢筋形成电通路。

(4)导线与半电池的连接应按下列步骤进行:

①连接前应检查各种接口,接触应良好。

②导线一端应连接到半电池接线插头上,另一端应连接到电压仪的正确入端。

(5)测区混凝土应预先充分浸湿。可在饮用水中加入适量(约2%)家用液态洗涤剂配制成导电溶液,在测区混凝土表面喷洒,半电池的电连接垫与混凝土表面测点应有良好的耦合。

(6)半电池检测系统稳定性应符合下列要求:

①在同一测点,用相同半电池重复2次测得该点的电位差值应小于10mV。

②在同一测点,用两只不同的半电池重复2次测得该点的电位差值应小于20mV。

(7)半电池电位的检测应按下列步骤进行:

①测量并记录环境温度。

②应按测区编号,将半电池依次放在各电位侧电上,检测并记录各测点的电位值。

③检测时,应及时清除电连接垫表面的吸附物,半电池多孔塞与混凝土表面应形成电通路。

④在水平方向和垂直方向上检测时,应保证半电池刚性管中的饱和硫酸铜溶液同时与多孔塞和铜棒保持完全接触。

⑤检测时应避免外界各种因素产生的电流影响。

(8)当检测环境温度在22℃±5℃之外时,应按下列公式对测点的电位值进行温度修正:

当 $T \geqslant 27$℃时：

$$V = 0.9 \times (T - 27.0) + V_R$$

当 $T \leqslant 17$℃时：

$$V = 0.9 \times (T - 17.0) + V_R$$

式中：V——温度修正后电位值，精确至 1mV；

V_R——温度修正前电位值，精确至 1mV；

0.9——系数（mV/℃）。

2.4.2.3　半电池电位法检测结果评判

(1)半电池电位检测结果可采用电位等值线图表示被测结构及构件中钢筋的锈蚀程度。

(2)宜按合适比例在结构及构件图上标出各测点的半电池电位值，可通过数值相等的各点或内插等值的各点绘出电位等值线。电位等值线的最大间隔宜为 100mV。

(3)当采用半电池电位值评价钢筋锈蚀性状时，应根据表 2.66 进行判断。

参　数　　　　表 2.66

电位水平(mV)	钢筋锈蚀性状	电位水平(mV)	钢筋锈蚀性状
> -200	不发生锈蚀的概率 >90%	< -350	发生锈蚀的概率 >90%
-200 ~ -350	锈蚀性状不确定		

2.4.3　混凝土中氯离子含量检测

快速氯离子迁移系数法（或称 RCM 法）：

本方法适用于测定氯离子在混凝土中非稳态迁移的迁移系数，求确定混凝土抗氯离子渗透性能。

试验所用试剂、仪器设备应符合规定与测定步骤如下：

1)试剂

(1)溶剂应采用蒸馏水或去离子水。

(2)氢氯化钠应为化学纯。

(3)氯化钠应为化学纯。

(4)氢氧化钙应为化学纯。

2)仪器设备

(1)切割试件的设备应采用水冷式金刚石锯或碳化硅锯。

(2)真空容器应至少能够容纳 3 个试件。

(3)真空泵应能保持容器内的气压处于 1 ~ 5kPa。

(4)RCM 试验装置. 采用的有机硅橡胶套的内径和外径应分别为 100mm 和 115mm。夹具应采用不锈钢环箍，其直径范围应为 105 ~ 115mm、长度应为 200mm。阴极试验槽可采用尺寸为 370mm × 270mm × 280mm 的塑料箱。阴极板应采用厚度为 0.5mm ± 0.1mm、直径不小于 100mm 的不锈钢板。阳极板应采用厚度为 0.5mm、直径为 98mm ± 1mm 的不锈钢网或带孔的不锈钢板。支架应由硬塑料板制成。处于试件和阴极板之间的支架高度应为 15 ~ 20mm。RCM 试验装置还应符合现行行业标准《混凝土氯离子扩散系数测定仪》(JG/T 262)的有关规定。

(5)电源应能稳定提供 0 ~ 60V 的可调直流电，精度应为 ±0.1V，电流应为 0 ~ 10A。

(6)电表的精度应为 ±0.1mA。

(7)温度计或热电偶的精度应为 ±0.2℃

(8)喷雾器应适合喷洒硝酸银溶液。

(9)游标卡尺的精度应为 ±0.1mm

(10)尺子的最小刻度应为 1mm。

(11)水砂纸的规格，应为 200 ~ 600 号。

(12)细锉刀可为备用工具。

(13)扭矩扳手的扭矩范围应为 20 ~ 100N · m，测量允许误差为 ±5%。

(14)电吹风的功率应为 1000 ~ 2000W。

(15)黄铜刷可为备用工具。

(16)真空表或压力计的精度应为 ±665Pa(5mmHg 柱)，量程应为 0 ~ 13300Pa(0 ~ 100mmHg 柱)。

(17)抽真空设备可由体积在 1000mL 以上的烧杯、真空干燥剂、真空泵、分液装置、真空表等组成。

3)氯离子渗透深度测定步骤

(1)实验结束后，应及时断开电源。

(2)断开电源后，应将试件从橡胶套中取出，并应立即用自来水将试件表面冲洗干净，然后应擦去试件表面多余水分。

(3)试件表面冲洗干净后，应在压力试验机上沿轴向劈成两个半圆柱体，并应在劈开的试件断面立即喷涂浓度为 0.1mol/L 的 $AgNO_3$ 溶液显色指示液。

(4)指示剂喷洒约 15min 后，应沿试件直径断面将其分成 10 等份，并应用防水笔描出渗透轮廓线。

(5)然后应根据观察到的明显的颜色变化，测量显色分界线离试件底面的距离，精确至 0.1mm。

(6)当某一测点被集料阻挡，可将此测点位置移动到最近未被集料阻挡的位置进行测量，当某测点数据不能得到时，只要总测点数多于 5 个，可忽略此测点。

(7)当测点位置有一个明显的缺陷，使该测点测量值远大于各测点的平均值，可忽略此测点数据，但应将这种情况在实验记录和报告中注明。

2.4.4 混凝土中钢筋分布状况及保护层厚度检测

1)一般规定

(1)检测方法不适用于含有铁磁性物质的混凝土检测。

(2)应根据钢筋设计资料，确定检测区域内钢筋可能分布的状况，选择适当的检测面。检测面应清洁、平整，应避免避开金属预埋件。

(3)对于具有饰面层的结构及构件，应清除饰面层后在混凝土面上进行检测。

(4)钻孔、剔凿时,不得损坏钢筋,实测应采用游标卡尺,量测精度应为 0.1mm。

2)钢筋探测仪检测技术

(1)钢筋探测仪可用于检测混凝土结构及构件中钢筋的间距和混凝土保护层厚度。

(2)检测前,应对钢筋探测仪进行预热和调零,调零时探头应远离金属物体。在检测过程中,应核查钢筋探测仪的零点状态。

(3)进行检测前,宜结合设计资料了解钢筋布置状况。检测时,应避开钢筋接头和绑丝,钢筋间距应满足钢筋探测仪的检测要求。探头在检测面上移动,直到钢筋探测仪保护层厚度示值最小,此时探头中心线与钢筋轴线应重合,在相应位置做好标记。按上述步骤将相邻的其他钢筋位置逐一标出。

(4)钢筋位置确定后,应按下列方法进行混凝土保护层厚度的检测:

①首先应设定钢筋探测仪量程范围及钢筋公称直径,沿被测钢筋轴线选择相邻钢筋影响较小的位置,并应避开钢筋接头和绑丝,读取第一次检测的混凝土保护层厚度检测值,在被测钢筋的同一位置应重复检测 1 次,读取第 2 次检测的混凝土保护层厚度检测值。

②当同一处读取的 2 个混凝土保护层厚度检测值相差大于 1mm 时,该组检测数据应无效,并查明原因,在该处应重新进行检测。仍不满足要求时,应更换钢筋探测仪或采用钻孔、剔凿的方法验证。

(5)当实际混凝土保护层厚度小于钢筋探测仪最小示值时,应采用在探头下附加垫块的方法进行检测。垫块对钢筋探测仪检测结果不应产生干扰,表面应光滑平整,其各方面厚度偏差不应大于 0.1mm。所加垫块厚度在计算时应予扣除。

(6)遇到下列情况之一时,应选取不少于 30% 的已测钢筋,且不应少于 6 处(当实际检测数量不到 6 处时应全部选取),采用钻孔、剔凿等方法验证。

①认为相邻钢筋对检测结果有影响。

②钢筋公称直径未知或有异议。

③钢筋实际根数、位置与设计有较大偏差。

④钢筋以及混凝土材质与校准试件有显著差异。

2.4.5　混凝土碳化状况检测

(1)测量回弹值时,回弹仪的轴线应始终垂直于混凝土检测面,并应缓慢施压、准确读数、快速复位。

(2)每一测区应读取 16 个回弹值,每一测点的回弹值读数应精确至 1。测点宜在测区范围内均匀分布,相邻两测点的净距离不宜小于 20mm;测点距外露钢筋、预埋件的距离不宜小于 30mm;测点不应在气孔或外露石子上,同一测点应只弹击一次。

(3)回弹值测量完毕后,应在有代表性的测区上测量碳化深度值,测点数不应少于构件测区数的 30%,并应取其平均值作为该构件每个测区的碳化深度值。当碳化深度值极差大于 2.0mm 时,应在每一测区分别测量碳化深度值。

(4)碳化深度值的测量应符合下列规定:

①可采用工具在测区表面形成直径约 15mm 的孔洞,其深度应大于混凝土的碳化深度。

②应清除孔洞中的粉末和碎屑,且不得用水擦洗。

③应采用浓度为1% ~2%的酚酞酒精溶液滴在孔洞内壁的边缘处，当已碳化与未碳化界线清晰时，应采用碳化深度测量仪测量已碳化与未碳化混凝土交界面到混凝土表面的垂直距离，并应测量3次，每次读数应精确至0.25mm。

④应取三次测量的平均值作为检测结果，并应精确至0.5mm。

2.5 桥梁定期检查记录与提交文件说明

2.5.1 桥梁定期检查记录文件

在进行桥梁定期检查时，发现的各种缺损均应在现场用油漆等将其范围与日期标注清楚。对三类以上桥梁，或有严重缺损的桥梁，或难以判断缺损原因和程度的桥梁，应做影像记录，并附病害状况说明。

所有原始检查记录，必须按桥梁检查数据表的格式填写清楚。缺损状态描述尽可能采用标准术语，并用简图和照片来阐明结构或构件典型的缺损状态。

桥梁定期检查应提交的文件如下：

(1)桥梁定期检查数据表、桥梁基本数据表及桥梁清单。

(2)每次检查记录的缺损和病害简图、照片及相关说明。

(3)桥梁总体照片。一张为桥梁正面照，在低桩号侧引道中心拍摄；另一张为桥梁立面照，在桥梁右侧拍摄。如果桥梁经拓宽改造左右两侧结构不一致，立面照应在两侧分别拍摄。

(4)桥梁定期检查报告。报告应包括以下内容：

①桥梁的小修保养情况，需要大中修或改建的桥梁计划，说明大中修或改建项目、拟采用的技术方案、估计费用和建议实施时间。

②要求进行特殊检查桥梁的报告，说明需要开展特殊检查的理由、范围、项目内容与建议实施时间等。

③需要限制或停止交通的建议报告。

2.5.2 桥梁定期检查记录说明

(1)路线编号，为《公路路线命名编号和编码规则》规定的路线编号，用4位码登记。

(2)路线名称，为上述国家标准规定的路线名称，用文字登记。

(3)路线等级，即路线的技术等级，为《公路工程技术标准》规定的分类等级，用1位或2位码登记。

①H：高速公路。

②H1：一级汽车专用公路。

③H2：二级汽车专用公路。

④Ⅱ：二级公路。

⑤Ⅲ：三级公路。

⑥Ⅳ：四级公路。

⑦L：低于Ⅳ级的等外公路。

(4)桥梁编号,为《公路桥梁命名编号和编码规则》规定的桥梁编号,用5位码登记。

(5)桥梁名称:即桥梁的全名,用文字登记。对既有桥梁采用原有标称的桥名,对新建桥梁采用国家标准规定的桥名方法。

(6)桥位桩号,为1/2桥长处的路线里程,登记形式为:K××××+×××m。

(7)功能类别,采用文字方式登记下列桥梁功能类别之一:

①跨河桥(跨非通航河道)。

②跨航道桥。

③跨线桥(简单立交桥—分离立交)。

④互通式立交桥。

⑤跨山谷桥。

⑥高架桥。

⑦开启桥。

⑧其他,需具体说明。

(8)下穿通道名称,为非通航河流、航道、铁路和山谷等时,仅登记其文字名称,不登记编号。下穿通道为公路,按上述第(2)项的规定进行登记。

(9)下穿通道桩号,为下穿通道中线与桥梁轴线相交处下穿通道的里程桩号,按上述第(6)项的规定进行登记。非公路的下穿通道,则登记"%"。

(10)设计荷载,按照《公路桥涵设计通用规范》规定的设计车辆荷载等级登记。

(11)通行载重,即目前使用荷载,可以按桥上限重标志登记;若桥上无限重标志且结构状况良好时,按原设计车辆荷载等级登记;经过荷载试验的桥梁,按试验鉴定的许可荷载等级登记。

(12)弯、斜、坡度:

①弯桥采用"$+R\cdots$"或"$-R\cdots$"形式登记弯曲半径,精确至1m。其中"+"表示右弯、"-"表示左弯。所谓右弯是指弯曲中心位于桥梁右侧。

②斜桥采用"$+a$"或"$-a$"形式登记,精确至1°。其中"+"或"-"分别表示桥梁右或左斜,a 为桥轴方向的中心线与支承线构成的锐角。自桥轴方向的中心线起,a 角在右侧即为右斜精确至0.5%。登记时需考虑以下三种情形:

a. 双向坡桥,按里程增长方向顺序登记,形式为:L×.×%H、×%。

b. 单向坡桥,若沿里程增长方向为下坡,则登记为:L×.×%H、×%;反之,则登记为L×.×%H、×%。

c. 桥梁一侧有纵坡而另一侧无纵坡,则登记为L×.×%H、×%或L×.×%H、×%。

(13)桥面铺装,采用文字方式登记桥面铺装形式:

①沥青表面处治。

②沥青混凝土。

③水泥混凝土。

④其他,需具体说明。

(14)管养单位。管养单位名称,仅登记县级或相当于县级的公路养护部门的文字名称。养护单位编号,用6位码表示,按照《中华人民共和国行政区划代码》(GB 2260)规定编号登记。

(15)建成年限,即桥梁建造竣工交付使用的年月,年用6位码表示,月用2位码表示,登记形式为年/月。

(16)桥长(m),有桥台的桥梁为两岸桥台侧墙或八字墙尾端间沿桥面中心线的长度,无桥台的桥梁为桥面系行车道沿桥面中心线的长度,精确到0.1m。

(17)桥面总宽(m),登记上部构造外缘之间垂直于桥轴线方向的宽度,精确至0.1m。

(18)行车道宽度(m),为两侧缘石或护轮带内侧之间宽度。若桥面中央设有分隔带,该宽度应为不包括分隔带在内的有效行车宽度。

(19)桥面高程(m),登记1/2桥长处桥面纵向竖曲线顶点处行车道中心点的高程,精确至0.01m。

(20)桥下净高(m):

①跨河桥登记桥下容许泄洪的净空,精确到0.1m。梁式桥登记常水位至上部结构跨中下缘的实际竖向高度。拱式桥登记常水位至拱顶下缘以下0.5m处的实际竖向高度。多跨桥,仅登记跨主河槽的桥下实际竖向净空。

②跨航道桥仅登记主通航孔跨中的设计通航净空。

③跨线桥、互通式立交桥及高架桥登记下穿通道路面或轨顶至上部结构下缘的最小竖向高度。

④跨山谷桥、开启桥、此项登记为"%"。

(21)桥上净高(m),上承式桥,桥上无竖向净空限制,此项登记"%";中承或下承式和桥上有竖向空限制的上承式桥,登记行车顶面上跨结构限制的实际最小竖向高度,精确0.1m。

(22)引道总宽(m),按《公路工程技术标准》的相关规定进行登记。

(23)引道路面宽(mm),为两侧缘石、护轮带内侧或硬路肩之间的宽度。若路面中央设有分隔带,该宽度应为不包括分隔带在内的有效行车宽度。

(24)引道线形,主要登记引道的弯曲情况,分别按高桩号、低桩号引道两种情况,以行车方向为基准,用左弯或右弯和弯曲半径进行描述。

(25)孔号,按里程增长方向顺序编号,起始号为1。结构形式和跨径均相同的孔号登记形式为:××(小编号)~××(大编号),不同数组之间用","隔开。

(26)上部结构形式,按①、②、③先后顺序用文字方式登记下述内容:

①行车道位置:

a.上承式,一般可不注明。

b.中承式。

c.下承式。

②截面形式:

a.板式:实体板、空心板、肋板。

b.肋梁式:3π形、I形、T形、矩形等。

c.箱形:单箱单室、单箱多室、双箱单室、双箱多室等。

d.板-梁组合。RC微弯板-I字梁组合、RC板-I字梁组合。

e.桁架。

f. 其他,需具体说明。

③结构体系类型。

a. 梁式桥:简支梁、悬臂梁、连续梁、T 形刚构、连续-刚构等。

b. 拱桥:实腹拱、双曲线拱、桁架拱、刚架拱、系杆拱等。

c. 刚架桥:门形刚架、斜腿刚架、连续刚架。

d. 其他,需具体说明。

(27)跨长(m),即《公路桥涵设计通用规范》规定的标准跨径,精确至 0.1m。登记与第(25)项相对应。

(28)上部结构材料,采用文字方式(也可用代码)登记下列项目之一:

①钢筋混凝土(RC)。

②预应力混凝土。

a. 先张(PrePC)。

b. 后张(PostPC)。

③素混凝土。

④石料或砖。

a. 干砌。

b. 浆砌。

⑤钢材。

a. 铆接。

b. 焊接。

c. 栓接。

d. 混合连接,如栓焊、铆焊等。

⑥木材。

⑦组合的,应注明组成材料。

⑧其他,需具体说明。

在登记①~③项时,应注明预制现浇;在登记④项时,应注明石料的种类,如:料石、片石或块石等。

(29)墩台,登记墩台号,按里程增长方向顺序编号,起始号 0。对下部结构形式、基础类型(包括桩数量)均相同的墩台号,可参照第(25)项的规定进行登记。

(30)墩台形式,用文字方式进行登记:

①桥墩形式。

a. 实体墩。

b. 空心墩。

c. 桩(柱)式墩:单排、多排。

d. 柔性墩。

e. 薄壁墩:双壁式、V 形、X 形或 Y 形墩。

f. 单向推力墩:半重力式、悬臂式、斜撑式。

②桥台形式。

a. 重力式桥台:U形、八字式、一字式、埋置式。
b. 轻型桥台:薄壁式、支撑梁式。
c. 框架式桥台:双柱、多柱、墙式、半重力式。
d. 组合桥台:锚定板式、过梁式、台墙组合式。
e. 承拉桥台。
f. 齿槛式桥台。
g. 空腹式桥台,即L形桥台。

(31)下部结构材料,参照第(28)项进行登记。

(32)基础形式,用文字方式登记下列基础类型。

①浅置基础或扩大基础。
②桩基础。
a. 打入桩:钢筋混凝土桩、预应力混凝土桩、钢桩、木桩。
b. 现浇钢筋混凝土桩:钻孔桩、挖孔桩。
c. 管柱。
③沉井。
④其他,需另行注明。

(33)伸缩缝类型,用文字方式登记下列伸缩缝类型。

①橡胶伸缩缝。
a. 橡胶带(板)伸缩缝。
b. 组合伸缩缝:橡胶与型钢组合、橡胶与钢板组合。
②钢制伸缩缝。
a. 板式:滑动型、梳形。
b. 拼板式。
c. 毛勒缝。
③锌铁皮伸缩缝,即U形伸缩缝。
④简易接缝。

(34)支座类型,用文字方式登记下列支座类型。

①油毡支座。
②钢板支座。
③辊轴支座。
④钢铰支座。
⑤钢筋混凝土摆柱式支座。
⑥钢筋混凝土铰座。
⑦式橡胶支座。
⑧盆式橡胶支座。
⑨其他,应另行注明。

(35)地震动峰值、地加速度系数,按设计取用参数进行登记,或登记桥梁抗震设计烈度。

(36)桥台护坡,用文字方式登记下列桥台溜坡及锥形护坡类型:

①土质。

②植物保护。

③石料铺砌。

④混合型。

⑤其他(需说明)。若无桥台护坡,则登记“%”。

(37)护墩体,登记破冰或护墩体的材料类型,如木桩、钢筋混凝土桩等。

(38)调治构造物,用文字方式登记下列调治构造物类型:

①导流坝。

②封闭式导流堤。

③梨形堤。

④顺水坝。

⑤丁坝。

⑥其他,应另行注明。

(39)常水位(m),按设计文件的数据登记,精确至 0.1m。

(40)设计水位(m),按设计文件的数据登记,精确至 0.1m,并注明设计洪水频率。登记形式为 B/A。其中,A 为设计洪水频率、B 为设计洪水位。

(41)历史最大洪水位(m),通过查询有关资料档案资料根据现场调查,登记过去曾经发生的最大洪水位;或按设计文件的数据进行登记,精确至 0.1m。

第(42)项 ~ 第(50)项,仅登记文件的有无、全、不全情况。登记形式如下:有且完整,登记为:“√”;有但不全,登记为:“△”;无,登记为:“×”。

设计图纸,包括初步设计图纸、施工设计图等。设计文件,是指除设计图纸以外的所有设计文件,包括招标文件、设计任务书、设计计算书等。

施工图纸,包括施工图、临时工程设计图、竣工图等。

施工文件,是指除施工图之外的所有施工文件,包括施工合同文件、隐蔽工程记录、材料试验报告等。

验收与鉴定文件,主要包括监理文件、竣工验收文件及承载能力试验鉴定等文件。

历次维修资料,主要指中、大修及改善的设计文件和图纸。

(51)档案号,是指一座桥梁所有档案资料的总档案号,此项数据由档案保存单位提供。

(52)存档案,主要登记档案资料保存单位的全称。

(53)建档日期,最初建立桥梁档案的日期,由档案保存单位提供。

(54)检查年月,年用 6 位码表示,月用 2 位码表示,登记形式为年/月。登记形式同第(10)项。

(55)定期或特殊检查,用文字方式登记下列检查类别之一:

①定期检查。

②特殊检查。

(56)全桥评定等级,按照桥梁技术状况等级评定结果进行登记。

第(57)项到第(61)项,主要登记桥梁检查数据表对应部件缺损状况等级评定结果。

(62)处治对策,用文字描述桥梁采取的维修、加固或改造措施。

(63)下次检查年份,此项数据可从桥梁检查数据表中得到。

(64)施工日期,登记建造、维修、加固、改建或重建工程的开工和竣工年月,分别用六位数字登记,登记形式为:××××/××(开工年/月)—××××/××(竣工年/月)。

(65)修建类别,用文字方式登记下列类别之一:

①小修。

②中修。

③大修。

④改建(拓宽)。

⑤重建。

⑥建造。

(66)修建原因,用文字方式只登记中修、大修和改善的原因,新建桥梁登记为“%”。

(67)工程范围,改善与维修工程需登记此项,建造工程只登记“%”。

(68)工程费用(万元),登记建造、维修、加固、改建与重建工程的总费用,精确至0~1万元。

(69)经费来源,用文字方式登记费用来源。

(70)质量评定,依据工程验收文件用文字登记。

第(71)项到第(74)项,用文字方式登记修建工程建设、设计、施工、监理单位的全名称。

(75)备注,用文字方式描述需要进一步说明的问题。

(76)立面照,用六位数字登记照片的编号。

(77)正面照,用六位数字登记照片的编号。

(78)主管负责人,为负责桥梁检查工作的桥梁检查工程师的签认。

(79)填表人,为参与桥梁检查、负责现场记录的桥梁检查工程师的签名。

(80)填表日期,登记填表的具体日期,登记形式为:×××× (年)/××(月)/××(日)。

2.5.3 桥梁定期检查数据表登记说明

(1)路线编号。

(2)路线名称。

(3)桥位桩号。

(4)桥梁编号。

(5)桥梁名称。

(6)下穿通道名。

(7)桥长。

(8)主跨结构,按照桥梁基本数据表第(26)项规定登记主跨结构形式。

(9)最大跨径(m),按《公路桥涵设计通用规范》规定的标准跨径,登记最大跨的跨径,精确至0.1m。

(10)管养单位。

(11)建成年月。

(12)上次大中修日期。

(13)上次检查日期等项,应参照桥梁基本数据表填写。

(14)本次检查日期,登记本次现场检查的具体日期,登记形式为:年/月/日,表示月、日的数字不得超过两位,年的数字用 4 位表示。

(15)天气,用文字方式登记现场检查时的下列天气状况之一:晴、阴、雨、雪、雾等,并注明现场检查时桥址处的大气温度,精确至 1℃。

(16)评分,检查桥梁一个或多个部件后,应及时对构件缺损状况作出评定,登记评定分 0~5。当桥梁缺少第(17)项所列的一个或多个部件时,则要注意所缺部件是否需要设置,若所缺部件无需设置,应在相应的评分栏上登记"%0",如果所缺部件必须设置,则应在相应的评分栏上登记"%5"。若桥梁部件的构件数缺少时,应在相应的评分栏上登记"%a",a 为状况评分 1、2、3、4 中的任一数字。

(17)特别检查,当桥梁部件的缺损程度或缺损原因无法确定时,在相应的特别检查栏上应登记"+",以表示该部件需做特别检查,并需注明建议的特别检查项目内容。

(18)维修范围,检查人员建议的有关部件的维修范围,应填写需维修构件数目、长度和面积等。

(19)维修方式,检查人员建议的具体维修措施或方法。《公路养护技术规范》推荐的养护、修理与加固方法可供选用。

(20)维修时间,登记检查人员建议的维修年月,登记形式为:××××(年)/××(月)。

(21)费用(万元),登记所建议的维修工程预估总造价,精确至 0.1 万元。

(22)总体状况评定等级,按照桥梁技术状况等级评定结果进行登记。

(23)全桥清洁状况评分,在现场检查时,检查人员应对全桥清洁状况作出评估,即 G、P、B 三个字分别代表全桥清洁状况的好、中、差。

(24)保养、小修状况评分,填写上 G、P、B 三个字母中的任一个,以表示全桥日常保养与小修情况的好、中、差。

(25)经常性养护建议,若第(25)、(26)项填写的是 B 或 P,则应在此项中对需要在日常保养与小修中加以纠正的缺损给予必要的说明,说明中应涉及建议的日常保养与小修措施。

(26)记录人,为参与桥梁检查、负责现场记录的桥梁检查工程师的签名。

(27)负责人,为负责桥梁检查工作的桥梁检查工程师的签认。本表提交前,检查负责人应认真核实每项数据,在确认无误的情况下,方可签名提交。

(28)下次检查时间,用六位码登记建议的下次检查年/月。

(29)缺损说明,填写缺损说明时,应简明扼要,措辞要尽可能一致,应尽可能使本细则和养护规范所提及的缺损术语。

第3章　桥面系养护与维修

桥面系指的是上部结构中,直接承受车辆、人群等荷载并将其传递至主要承重构件的桥面构造系统,包括桥面铺装栏杆与防撞墙、伸缩缝、排水设施等。桥面在构造上必须坚固性好、整体性强、各部尺寸准确、经久耐用并经常保持良好状态。

桥面系质量的好坏直接影响着行车是否舒适、畅通与安全,是桥梁日常养护工作的重点,必须认真做好桥面铺装的日常养护工作。

桥面系的主要功能有以下三个方面:

(1)保护桥面板,使其不受由于交通荷载冲击产生的直接磨耗和剪切作用。

(2)防止主梁因雨水等自然条件的作用而产生的侵蚀。

(3)对车辆轮重的集中荷载起到一定的分配作用。

作为公路桥梁的重要组成部分,桥面铺装状况的好坏直接影响行车的安全性、舒适性及桥梁结构的耐久性,是城市桥梁日常养护工作的重点。

3.1　桥面铺装类型

桥面铺装为桥面中最上层的部分,其作用是保护桥梁主体结构,承受车轮直接磨损,防止主梁遭受雨水侵蚀,并对车辆集中荷载起一定的分散作用。所以桥面铺装应有一定强度,防止开裂、耐磨损。

桥面铺装的类型有以下三种:普通水泥混凝土、防水混凝土、沥青混凝土。

随着科学技术的发展,最近几年还出现了钢纤维混凝土铺装和改性沥青与SMA铺装层,如武汉白沙洲长江大桥、武汉军山长江大桥。

3.1.1　沥青混凝土

桥上的沥青混凝土铺装可做成单层式的(5~8cm)或双层式的(底层4~5cm、面层3~4cm)。沥青混凝土铺装的质量较小,维修养护也较方便,在铺筑后几小时内就能通车运营,但其造价较高,时间一久就会出现车辙,主要由沥青混凝土、混凝土保护层、钢筋网、防水层、混凝土整平层等部分组成。

3.1.2　防水混凝土

防水混凝土适用于防水程度要求不高时。可在桥面板上铺筑8~10cm厚的防水混凝土作为铺装层,其上铺2cm厚沥青表面处治作为磨耗层。它主要由水泥混凝土、钢筋网、防水层、混凝土整平层等几部分组成。

3.1.3 钢纤维混凝土铺装层构造

它主要由钢纤维混凝土、钢筋网、防水层、混凝土整平层等部分组成。

3.1.4 改性沥青与SMA铺装层构造

常用的改性沥青可分为两类：一类是合成橡胶类，另一类是塑性体类。SMA是一种由沥青、纤维稳定剂、矿粉及少量的细集料组成的沥青玛蹄脂填充间断级配的粗集料骨架间隙而组成的沥青混合料。

以钢桥面铺装为例来说明其构造。如图3.1所示，按从上到下的顺序，主要由铺装层上面层、黏层油、铺装层下面层、黏层油、防水层、黏结层、钢板防锈层组成。其中，最重要的是铺装层、防水层和防锈层。黏层油和黏结层不是独立的层次。

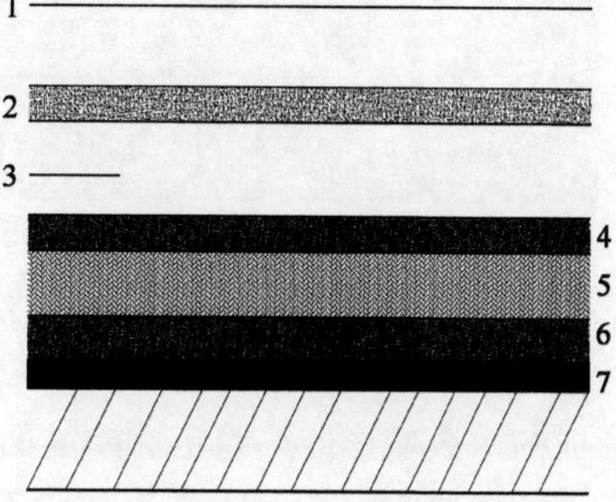

图3.1 钢桥面铺装的组成

1-铺装层上面层；2、4-黏层油；3-铺装层下面层；5-防水层；6-黏结层；7-钢板防锈层

3.2 桥面铺装层常见病害及成因

桥面铺装层直接承受车轮荷载的作用，经受车轮的撞击、磨耗，所以铺装层易产生各种缺陷。其常见缺陷主要有：表面松散，露骨，纵、横向裂缝或龟裂，表面磨耗、坑槽等。

桥面铺装的常见病害包括如下几种情况：

(1)网裂或龟裂：桥面产生交错裂缝，把桥面分割成网状的碎块(图3.2)。

(2)碎裂或破碎：桥面出现成片裂缝，缝间路面已裂成碎块。

(3)桥面贯通横缝：与桥面道路中线大致垂直并且在横向可能贯通整个桥面的裂缝，有时伴有少量支缝(图3.3)。

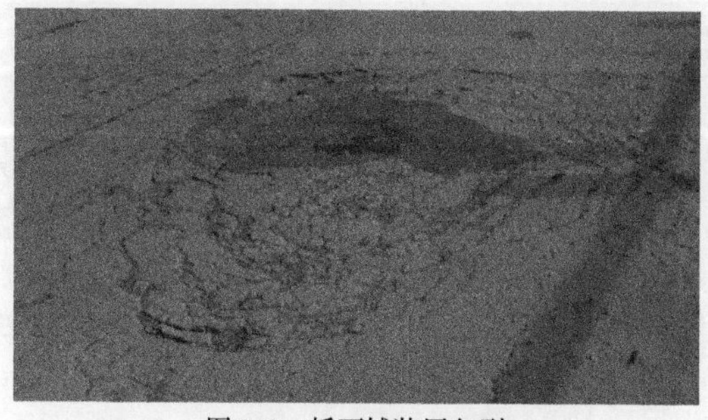
图3.2 桥面铺装层龟裂

图3.3 桥面铺装层横向裂缝

(4)桥面贯通纵缝：与桥面道路中线大致平行并且在纵向可能贯通整个桥面的裂缝，有时伴有少量支缝(图3.4)。

(5)波浪及车辙：桥表面有规则的纵向起伏或局部拥起及沿轮迹处的路表凹陷(图3.5)。

(6)坑槽：桥面材料散失后形成凹坑，但没有贯穿桥面(图3.6)。

(7)洞穴：桥面开裂或破损形成贯穿桥面的洞穴。

图3.4　桥面铺装层纵向裂缝

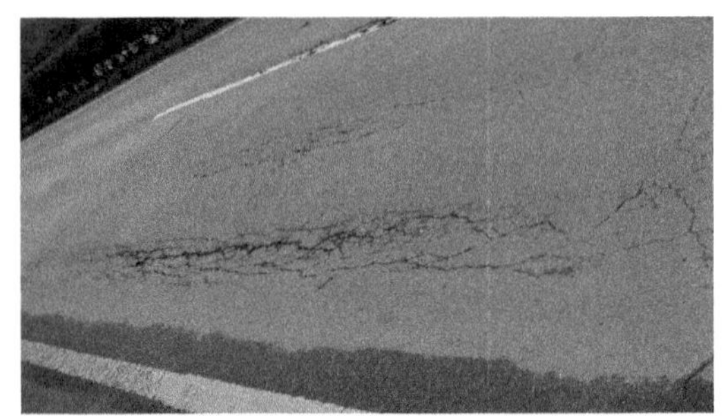
图3.5　桥面铺装层波浪及车辙

对于沥青铺装层,龟裂、碎裂、纵裂、横裂等病害的主要成因是施工不当,基层的裂缝反射。波浪及车辙为铺装层的各层在汽车荷载重复作用下进一步压实和沥青层中材料的侧向位移而形成的永久变形。热稳定性差的面层材料,侧移下沉现象严重,车辙现象明显。坑槽、洞穴等病害的主要成因是面层混合材料不良,主要是石料抗磨耗性能不好、石料与沥青的黏附力不良、碾压不足等。

对于水泥混凝土铺装层,表面龟裂主要成因是局部水泥浆过多,养护不及时。温度应力和荷载应力超过混凝土的抗拉强度,水泥混凝土桥面板就会产生裂断。铺装的裂断有在施工期间由于混凝土的初期收缩受到阻碍而产生的拉应力超过了混凝土的抗拉强度而引起的横向裂缝,或由于板块尺寸过大所产生的温度翘曲应力超过了混凝土的抗弯强度而引起的横向裂缝。由于跳车使薄弱部位开裂、连续桥面处钢筋失效、墩台不均匀沉降及车辆冲击等,变形缝附近可能出现断续裂缝。同时,由于集料质量不良,细沙、混凝土中水泥含量少,车辆磨损等因素作用,桥面板也存在表面起沙、坑槽、洞穴、平整度不良等缺陷。

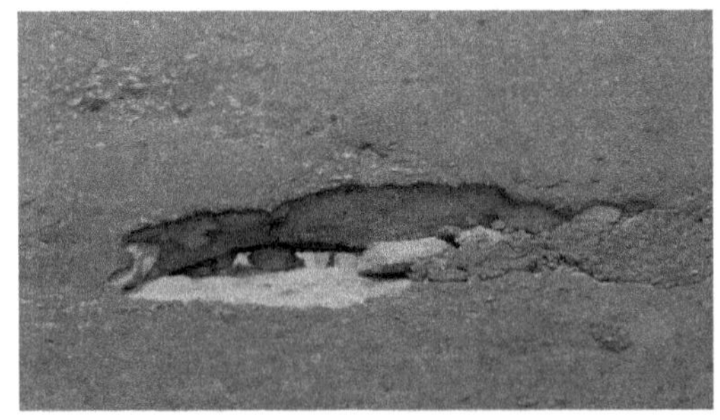
图3.6　桥面铺装层坑槽

3.3　桥面铺装养护

为了确保桥面铺装的使用性能得到满足,应对桥面铺装进行日常养护、经常性检查和定期检测,当桥面出现各种病害时,应及时进行保养小修。桥面铺装的养护工作包括:经常清扫桥面,使桥面清洁平整,保持行车的舒适性;冬季雨、雪后应及时清除桥面上的冻块或积雪;严禁在桥面上放置杂物或作为晒场等;桥面铺装应保持一定的横坡和纵坡,在雨后应及时将积水排除;保持桥面防水层具有良好的使用性能;及时处理桥面铺装存在的裂缝等表面缺陷,当桥面铺装采用水泥混凝土铺装层时,应及时处理如磨光、脱皮等表面缺陷;保持桥面上的人行道铺装、路缘石完好、平整,有缺损时应及时维修或更换。

3.3.1　沥青混凝土桥面铺装修理

沥青混凝土桥面的养护、病害处理和修补应符合城市道路养护技术规范的要求。另外,桥面结构长期含水浸泡会造成脱落、拥包,应采取有效的排水措施,待修补面晾干后,再进行面层修补。

常见病害的维修方法如下所述：

1)裂缝的维修

(1)缝宽在10mm以内的，应采用热沥青灌缝，缝内潮湿时应采用乳化沥青灌缝。

(2)缝宽在10mm以上时，应采用细粒式热拌沥青混合料或乳化沥青混合料填缝。

2)坑槽的维修

(1)坑槽深度已达基层，应先处置基层，再修复面层。

(2)在低温寒冷季节，可采用沥青冷补材料处置。

(3)当采用热修补方法时，应先沿加热边线退回100mm，翻松被加热面层，喷洒乳化沥青，加入新的沥青混合料，整平压实。

(4)修补的坑槽应为顺路方向的矩形，坑槽四壁不得松动且必须涂刷黏层油，槽深大于50mm时必须分层摊铺压实。

3)拥包的维修

(1)拥包峰谷高差不大于15mm时，可采用机械铣刨平整。

(2)拥包峰谷高差大于15mm且面积大于$2m^2$时，应采用铣刨机将拥包全部除去，使其低于路表面至少30mm，清扫干净后，喷洒黏层油，并采用热沥青混合料重铺面层。

(3)基础变形形成的拥包，应更换已变形的基层，再重铺面层。

4)沉陷的维修

(1)当土基和基层已经密实稳定，可只修补面层。

(2)土基或基层被破坏时，应先修补基层，再重铺面层。

(3)桥涵台背填土沉降时，应先处理台背填土后再修补面层。正常沉降时，可直接加铺面层。

5)车辙的维修

(1)车辙在15mm以上时，可采用铣刨机械清除。

(2)当联结层损坏时，应将损坏部位全部挖除，重新修补。

(3)因基层局部下沉而造成的车辙，应先修补基层。

6)波浪的维修

(1)波浪(搓板)的波峰与波谷高差起伏大于15mm时，应采用铣刨机削平。

(2)当铣刨后的路面露出粗集料或底面层时，应重铺面层，且厚度应大于30mm。

(3)当局部强度不足时，应先修补基层，再重铺面层。

7)麻面与松散的维修

(1)已成松散状态的面层，应将松散部分全部挖除，重铺面层，或按0.8～1.0kg/m^2的用量喷洒沥青，撒布石屑或粗砂进行处置。

(2)沥青面层因不贫油出现的轻微麻面，可在高温季节撒布适当的嵌缝料处置。

(3)大面积麻面应喷洒沥青，并撒布适当粒径的嵌缝料处置。

(4)城区可采用稀浆封层或微表处等方法维修。

8)泛油的维修

(1)轻微泛油的路段，可撒3～5mm粒径的石屑或粗砂处置。

(2)较重泛油的路段，可先撒5～10mm粒径的石屑采用压路机碾压。待稳定后，再撒3～

5mm 粒径的石屑或粗砂处置。

(3)严重泛油路段,应将含油量过高的软层铣刨清除后,重铺面层。

9)脱皮的维修

(1)封层的脱皮,应清除已脱落和松动的部分,再重新做上封层。

(2)沥青面层层间产生脱皮,应将脱落及松动部分清除,在下层沥青面上涂刷黏层油,并重铺沥青层。

10)啃边的维修

应将破损的沥青面层挖除,补砌路缘石,在接茬处涂刷黏结沥青,再恢复面层。

11)磨光的维修

当路面抗滑性能低于规范要求时,应加铺磨耗层。

3.3.2 水泥混凝土桥面铺装修理

水泥混凝土桥面的病害处理和防护应符合下列规定:

(1)铺装层较严重的大面积表皮脱落、麻面,可铣刨后做混凝土面层。在桥梁承载能力允许的条件下,也可加铺沥青混凝土结构,但伸缩装置必须重新进行处理。轻微的局部表皮脱落、麻面和裂缝,可不做处理。

(2)对大于 3mm 的桥面裂缝,应检查其发生原因。在确定无结构破坏和延续发展的条件下,可进行灌缝处理。

水泥混凝土桥面的修补应符合下列规定:

(1)应确定修补范围,画线并切割成顺桥方向的矩形,不得扰动完好部分。切割深度应小于混凝土铺装厚度,但应满足桥面维修最小厚度,不得损坏防水层。

(2)损坏的防水层,应按规范要求进行修补。

(3)新旧混凝土应结合良好。

(4)桥面维修可采用半幅作业、半幅通行的方法进行施工。

3.4 伸 缩 缝

3.4.1 伸缩缝作用

桥面伸缩装置,主要作用是适应梁端的自由伸缩、转角变形及保证车辆的平稳通过。伸缩装置应根据桥梁长度、结构形式采用经久耐用,防渗、防滑等性能良好,且易于清洁、检修、更换的材料和构造形式。材料及其成品的技术要求应符合国家现行相关标准的规定。在多跨简支梁间,可采用连续桥面。连续桥面的长度不宜大于 100m,连续桥面的构造应完善、牢固和耐用。对变形量较大的桥面伸缩缝,宜采用梳板式或模数式伸缩装置。伸缩装置应与梁端牢固锚固。

3.4.2 伸缩缝主要类型

(1)对接式:包括填塞对接型和嵌固对接型。填塞对接型,以沥青、木板、麻絮、橡胶等材料填塞缝隙的构造(在任何状态下,都处于压缩状态);嵌固对接型,采用不同形状的钢构件将不同形状橡胶条(带)嵌固,以橡胶条(带)的拉压变形吸收梁变位的构造。

(2)钢制支撑式:包括钢梳齿板型和钢板叠合型,采用面层钢板或梳齿钢板的构造。

(3)橡胶组合剪切式:板式橡胶型,将橡胶材料与钢件组合,以橡胶的剪切变形吸收梁的伸缩变位,桥面板缝隙支撑车轮荷载的构造。

(4)模数支撑式:模数式,采用异型钢材或钢组焊件与橡胶密封带组合的支承式构造。

(5)无缝式:暗缝型,路面施工前安装的伸缩构造及以路面等变形响应吸收梁变位的构造。

3.4.3 伸缩缝构造形式

伸缩缝的构造形式,按跨缝材料不同来分,目前常用的有锌铁皮伸缩缝、钢板伸缩缝和橡胶伸缩缝三种。

1)锌铁皮伸缩缝

这类伸缩缝是以锌铁皮为跨缝材料,属于填塞对接型。施工时锌铁皮弯制成断面呈U形的长条,锌铁皮可以是单层也可以是双层,沿桥的横向嵌设于缝内,其两边与两侧混凝土梁或梁与桥台雉墙顶面固定在一起(图3.7)。U形槽内用软性防水材料如沥青胶等填充。该伸缩缝构造简单,一般适应于中等跨径的桥梁。

图3.7 U形镀锌铁皮伸缩缝装置

2)钢板伸缩缝

这类伸缩缝又称钢制支撑式伸缩缝,因为是用钢材装配制成的,所以能直接承受车轮荷载。钢板伸缩缝的形状、尺寸和种类较多。钢板叠合型又叫平板式,是用一块厚度约为10mm的钢板覆盖在断缝上,钢板的一边焊在锚固于桥面的角钢上,另一边可沿着对面的角钢自由滑动。该伸缩缝适用于梁变形量较小的桥梁。当变形量、交通量大时,可采用梳齿形钢板伸缩缝(图3.8)。这种装置结构本身刚度较大,抗冲击力强,因此在工程中广泛采用。

3)橡胶伸缩缝

橡胶伸缩缝即板式橡胶型(图3.9),是利用橡胶材料剪切模量原理设计制造而成的。即剪切型橡胶伸缩体设有上、下凹槽,橡胶体内埋设承重钢板和锚固板,并设有预留螺栓孔,通过

图3.8 梳齿形伸缩装置

图3.9 板式橡胶伸缩缝装置

螺栓与梁端连成整体。它是依靠上下凹槽之间的橡胶体剪切变形来满足梁体结构的相对位移；橡胶伸缩体内预埋钢板，跨越梁端间隙，承受车辆荷载；在橡胶伸缩体内两侧预埋两块锚固钢板，通过螺栓与梁端连接的受力原理形成结构构造。

3.4.4 伸缩缝常见病害

桥面伸缩缝由于设置在梁端部构造薄弱部位，直接承受车辆荷载的反复作用，又暴露在自然条件下，受到各种自然条件因素的影响，以及设计、施工或养护不当等原因，经常发生各种不同程度的缺陷，是易损坏和难修补的部位。

(1)螺母松动：带螺栓的伸缩缝装置中原本紧固的螺母产生松动。

(2)缝内沉积物阻塞：垃圾、泥土等杂物进入伸缩缝造成伸缩缝阻塞。

(3)接缝处铺装碎边：桥梁接缝处桥面边缘出现破碎损坏。

(4)接缝处高差：伸缩装置高差、伸缩装置保护带与桥面的高差。

(5)钢材料翘曲变形：伸缩缝内的钢材料构件产生不均匀应变而形成非正常的弯曲或扭曲变形。

(6)结构缝宽：伸缩缝在设计时预留的正常缝宽。

(7)伸缩缝处异常声响：伸缩缝结构在车辆经过时发出非正常声响。

3.4.5 伸缩装置养护措施

对桥梁伸缩装置及时到位的养护工作是延长其使用寿命，保证桥梁伸缩装置安全的重要措施。按计划检查并做好日常维护工作，严禁超载车辆驶入，及时有效地清除缝内堵塞物，定期检查伸缩装置各部件是否松动或存在局部破损，对发现的问题，根据具体情况制定修补方案并及时进行维修保养。若对己破坏部位进行及时修补却不能达到使用标准，则应对该伸缩装置进行大修或更换。

具体的养护措施主要有：

(1)对伸缩缝内是否被杂物淤堵做经常性检测，密封橡胶带中积存的杂物应及时清扫，防止其影响伸缩装置受力时的自由伸缩及石块等尖锐物体将密封橡胶带刺破所造成的漏水或漏沙土等，如若橡胶带破损严重则应及时更换。伸缩装置间杂物的危害：异型钢类伸缩装置的日常维护项目，主要是清扫缝间积存的杂物。这些杂物如不及时清理，不仅会造成密封橡胶带(止水带)严重磨损破坏，而且也会影响伸缩装置的正常工作，甚至造成伸缩装置和梁头的破坏。

(2)对伸缩装置表面平整度做定期检查，若出现跳车明显或其他异常不平现象时，应对滑动承压支座或滑动压紧支座进行检查，将出现损毁情形的支座及时更换。

(3)如若发现伸缩装置缝间出现过大的不均匀位移时，要及时检查位移控制系统构件是否损坏，及时更换出现损坏的零部件。

(4)定期检查边梁与桥面铺装的连接情况，若接缝处出现损坏、裂缝、渗漏现象，则及时修补。

(5)对于存在钢梁结构的伸缩装置，为保证其正常使用和较好的耐久性，应定期进行防锈处理。

(6)如发现桥头跳车明显，即应及时进行桥头路面调整，减少对桥头伸缩缝的影响。

(7)发现伸缩缝中梁或边梁断裂时,应及时进行安全布控或临时焊接,防止破损的钢结构在行车冲击作用下翘起造成事故。

3.4.6 伸缩装置修理

伸缩装置出现损坏而无法修复时,宜选用原型号伸缩装置产品进行整体更换。选用其他类型(型号)伸缩装置产品时,应符合下列规定:

(1)新型伸缩装置的伸缩量和承载能力应满足原设计要求,并应满足防水要求。伸缩装置的安装高度应小于桥面板至桥面层表面间的高度差。

(2)当无伸缩装置设计资料时,应对伸缩量值进行重新计算。

伸缩装置的更换施工应符合下列规定:

①伸缩装置的安装宽度应根据施工时的气温计算确定。

②应满足新伸缩装置的安装技术要求。在安装连接点处,桥面板(梁)的锚固预埋件有缺损时,应打孔补植连接锚筋。

③伸缩装置在安装焊接时,连接筋与锚筋的搭接长度应符合焊接要求,严禁点焊连接。

④安装伸缩装置所使用的水泥混凝土保护带,其设计强度应符合设计要求,但不得小于C40,且应具有早强性能;保护带宜采用钢纤维混凝土。

⑤应保证伸缩装置中间和梁头与桥台(梁端头)之间充分隔离、封闭,宜采用硬塑料泡沫板进行充填;伸缩装置的型钢下部和后部,应保证混凝土完全充满。

⑥混凝土达到设计强度,且伸缩装置全部安装完好后,方可恢复交通。

板式橡胶伸缩装置的更换时间宜选择在春、秋两季进行。

伸缩装置保护带应完好,不得有开裂、松散,坑洞的面积不得大于0.1m^2,深度不得大于20mm。已松散和有坑洞的保护带,应及时修复。

在每年气温最高、最低时,应及时测量伸缩装置的间隙,且不得小于设计最小间距和大于设计最大间距。

每季度宜对伸缩装置的水平错位、竖向升降进行观测。

3.4.7 伸缩缝更换施工技术要点

3.4.7.1 拆除旧伸缩缝

拆除旧伸缩缝,首先要对两侧后浇筑的混凝土进行切割,切割线位于后浇筑混凝土与桥面(路面)混凝土交界线,要求切割顺直;若桥面是采用沥青混凝土路面,则不需要进行切割,在风镐破碎时注意尽量不要损坏接茬的沥青混凝土路面。旧混凝土破碎采用空压机风镐冲击孔扩压破碎,必要时采用先冲孔,在孔内套塞钢片和粗钢钎进行人工锤击破碎;混凝土破碎凿除旧时注意做好深度控制,只凿除后浇筑的混凝土,不得破坏梁体端部混凝土和钢筋,以免影响梁体受力或预应力损失。破开旧混凝土后,利用乙炔焰割断旧伸缩缝构件,切割时注意保留原纵向、竖向的梁端预埋锚固钢筋,以备新伸缩缝安装时能继续得到锚固支撑。凿除旧伸缩缝时,注意不要将混凝土破碎块掉落梁端缝中,对不慎掉入的施工垃圾,在安装新伸缩缝前应全部清理干净,避免影响梁体、台墩帽、支座的正常工作;所有施工垃圾应装入编织袋中,统一运至高速公路以外的弃料场堆放。

3.4.7.2 伸缩缝安装锚固

旧伸缩拆除后，新伸缩缝安装前，要做好预留槽的清理工作，将槽池底面、侧面清理平顺整齐，槽内不得留有松散块或破碎块；整理预埋筋，对施工中不慎割断的预埋筋进行补充植筋；并检查预留槽对新伸缩缝装置的空间要求、特点，对新伸缩缝增加的位移箱处，若新位置上原没有预埋筋，必须进行纵向拉筋和竖向支撑筋的补植，一般在每个位移箱的四角、各侧面中间应各设置一根竖向支撑筋，以保证位移箱有足够的受力支撑点，确保伸缩缝的施工质量。同时，植筋间距以桥梁中心线为准，向两侧均匀布置。植筋应采用植筋胶或环氧树脂，通过钻孔植筋，深度不得小于15cm，植筋钻孔时注意不要损坏梁端钢筋或造成梁端混凝土掉块。

伸缩缝安装时考虑安装温度要求，使伸缩缝装置的缝隙宽度正好符合要求，伸缩缝的中间轴线与梁端缝中线相一致；安装就位后，用3m水平尺和塞尺对伸缩缝的纵坡、横坡、高程进行反复调整，反复校调伸缩缝型钢顶面与两侧路面的高程，使之与原桥面铺装路面相齐平，一般型钢表面略低于路面高程1～2mm；调整完成后，对伸缩缝进行锁定。从中间向两端先点焊固定伸缩缝，然后检查复位，确定符合要求后，再由中间向两端补焊，每处焊缝长度不小于40mm。要确保每个位移箱、锚环均与预埋筋焊接牢固；焊接完成后，即可及时解开缝宽锁定钢片。如果在施工时伸缩缝宽不符合安装温度的要求，可先将一根边梁和预埋筋焊接固定，再从中间向两端逐步割除固定锁片，调整好间隙和高度后再时行焊接，但应注意解开锁片后缝宽的均匀，中梁与边梁的平行。

3.4.7.3 浇筑两侧混凝土

两侧后浇筑混凝土一般采用C50钢纤维混凝土。伸缩缝安装就位并锚固后即进行两侧混凝土浇筑，不应长时间放置，避免因行车误入碾压伸缩缝，造成伸缩缝变形或造成事故伤害。混凝土浇筑前应采用高压水对槽内的粉尘进行冲洗，不留任何残留物，对进行混凝土切割机切槽的槽面应事先进行凿毛，并注意槽口的垂直、顺直、完整；若原为沥青混凝土接茬啃边的，应先用沥青混合料修补平齐。

在梁端口用聚乙烯泡沫塑料片材作为模板作为端模设立，要求泡沫板安装紧密并将缝隙塞严实，以防止漏浆。混凝土的配合比应严格按设计要求进行配料，不得使用含泥受污的碎石、砂等选择合格材料，控制水灰比进行下料搅拌；为提高混凝土的早期强度，在混凝土搅拌时可加入适当的早强剂，以减少养生期。目前，伸缩缝后浇混凝土的强度等级一般选择C50钢纤维混凝土；混凝土倒入槽池内后要采用插入式振捣棒进行振捣，保证混凝土灌满槽，特别是位移箱底部和周边，确保混凝土与位移箱、锚环的紧密握裹，使混凝土无空洞、集料结构均匀，无蜂窝麻面，确保混凝土有足够的强度；混凝土表面应采用3m直板和泥刀抹平，并进行拉毛，确保浇筑后的混凝土高度与伸缩缝边梁、原桥面铺装路面紧密结合和连接平整，一般可略低于两侧路面0～1mm。

3.4.7.4 混凝土养护及橡胶带安装

混凝土浇筑初凝后即进行覆盖土工布或旧毛毡或麻袋等起到保水保护，终凝后应及时进行洒水养护，保持潮湿以确保混凝土进行足够的水化固结，达到设计强度要求。

在混凝土强度达到50%以上后，方可进行橡胶带的安装。安装时，先把缝内的泡沫模板及其他杂物全部取出清理干净，并在吹除边梁或中梁凹槽内的粉尘等杂物后，涂抹上一层液体蜡或润滑油后,利用专用工具将橡胶条嵌入凹槽内,即完成伸缩缝的安装。当混凝土强度达到 90% 以上时方可开放交通,混凝土一般需要养护 7d 时间。

3.4.7.5　其他要求

当混凝土强度达到要求,即施工完成后,清理好现场,开放交通。因高速公路通行要求,一般采用的是分侧两段分别更换施工,一侧施工完后,将布控设施移至另一侧围护进行布控施工。两侧分别施工需要注意的关键点是,在后施工伸缩缝安装完成后与前施工完成的伸缩缝的对点焊接,要求焊缝点不得设在车行轮迹带位置,建议设在车道分界线位,其要求在伸缩缝定制时就要准确定位好,要保证焊缝的强度和质量。

伸缩缝更换施工中尽量做好引导过往车辆工作,车速要求在 40km/h 以下,避免施工过程中,特别是伸缩缝就位锚定、对接和混凝土浇筑时产生过大的冲击和振动而影响整体施工质量。

3.5　桥面排水设施养护维修

3.5.1　桥面排水设施设置概况及要求

为了迅速排除桥面积水,防止雨水滞留在桥面并渗入梁体而影响桥梁结构的耐久性,需要在桥梁上设置一套完整的排水系统,并经常进行养护维护,使其处于正常状态。

桥面排水设施主要包括桥面纵横坡和一定数量的泄水管等。

通常当桥面纵坡大于 2% 而桥长小于 50m 时,一般若能保证雨水从桥头引道上排出,桥上就可以不设泄水管。此时,可在引道两侧设置流水槽,以免雨水冲刷引道路基。

当桥面纵坡大于 2% 而桥长大于 50m 时,为防止雨水积滞,桥面就需要设置泄水管,每隔桥长 12 ~ 15m 设置一个。

当桥面纵坡小于 2% 时,泄水管就需要设置密一些,一般每隔桥长 6 ~ 8m 设置一个。

泄水管的过水面积通常按每平方米桥面上不小于 2 ~ 3cm^2。泄水管可沿车行道两侧左右对称排列,也可交错排列。泄水管离缘石的距离为 10 ~ 50cm。桥梁上常用的泄水管有竖向泄水管道、横向泄水管道和封闭式泄水管道等形式。制造泄水管道的材料一般为铸铁、钢、钢筋混凝土以及塑料等。当桥长较短时,纵向排水管的出水口,可以设在桥梁两端的桥台处;对于长大桥,除了在桥,除了在桥台处设置出水口外,还需在某些桥墩处布置出水口,并利用竖向管道将水引到地面。纵向排水管道一般可设在箱梁中或梁肋内侧;竖向排水管道应尽可能布置在桥墩(台)壁的预留槽中,或布置在桥墩(台)内部预留的孔道中。

3.5.2　桥面排水病害与损伤

为了保障桥面行车畅通、安全,应迅速排除桥面上的积水,防止桥面结构受降水侵蚀,降水渗入梁体会引起腐蚀而影响桥梁结构的耐久性、稳固性,为确保城市桥梁的正常使用,应设置完善的桥面防水和排水设施。

桥面排水设施的缺陷,对桥梁的结构安全影响较大,会使降水积滞于桥面上,容易引起车辆滑移,造成交通事故;排水槽和盖等的破坏,也会造成运输事故的发生。桥面积滞水会向桥下溅水,严重影响附近的民宅和过往的行人。导水设施也会对环境造成较大的影响。

桥面排水设施常见的病害损伤有：

(1)泄水管在外界作用的影响下产生局部破裂、损伤，出现洞穴而产生漏水。

(2)管体由于接头连接不牢而产生掉落，从而失去排水作用。

(3)管口被泥石杂物堆积、管内有泥石杂物堵塞，从而造成排水不畅、水流不通。

(4)引水槽被堆泥杂物堵塞，从而使水流不畅导致积水，槽口破裂损坏而出现漏水等。

3.5.3 排水设施养护

排水设施日常养护主要包括以下内容：

(1)桥面纵、横坡应完好，桥面泄水孔应完好、畅通、有效，使其可以迅速排除桥面上的雨水，避免桥面水流沿梁侧流泄。

(2)桥面铺装防水层应有良好的使用性能，防止降水渗入梁体引起腐蚀而影响桥梁结构的耐久性、稳固性。

(3)在每年雨季前应对桥面泄水管、排水槽进行全面检查、疏通，经常疏通排水管，及时清除管内的淤泥和杂物，确保排水通畅；跨河桥梁泄水管下端露出不应少于10cm，立交桥泄水管出口宜高出地面50～100cm或直接接入雨水系统。

(4)对损坏的排水槽、泄水管等设施应及时进行修补或更换，避免降水积滞于桥面上而造成交通事故。

(5)对损坏的导水设施支撑构件应及时进行维修，防止由于支撑构件的损坏而影响排水。

(6)排水设施和导水设施之间的连接应可靠，确保排水系统整体的工作性能。立交桥除泄水管排水外，其他地方不得往桥下排水，冬季北方立交桥不得有冰凌悬挂。

3.5.4 桥面排水修理

对损坏的泄水管要及时进行修补，接头不牢已掉落的，要重新安装接上，损坏严重的要予以更换；对破裂的引水槽要重新进行修理，长度不足时予以接长；当槽口太小，不能满足排水需要时要扩大槽口重新修筑；对损坏的导水设施支撑构件应进行维修处理；对排水管焊接处的裂缝进行焊接修理，对锈蚀、破损严重处予以更换处理。

3.6 栏杆及防撞栏养护维修

3.6.1 栏杆及防撞护栏设置概况与要求

桥梁的栏杆或护栏是桥梁上的一种安全设施，除了浸水桥或与路基同宽的小桥涵以外，公路桥梁上均需设置栏杆或护栏。栏杆给行人和车辆以视觉上的安全，可以保障行人的安全，但不能抵挡机动车辆的冲撞；护栏则既能保障行人的安全，又能抵挡车辆的冲撞，使车辆不致冲出桥外。护栏适用于高速公路或汽车专用公路上的桥梁，它应具有一定的强度，坚实而牢固。不过从行人安全来讲，采用柔性而又牢固的护栏更为理想。

3.6.1.1 桥面栏杆设置

公路桥梁的栏杆作为一种安全防护设施，是桥梁上部结构一个不可缺少的组成部分。同时，从艺术角度上看。栏杆又是美化桥梁的一种艺术装饰。栏杆为人们感观所直接接触，一座桥梁的栏杆美观、新颖、完好无缺,并能体现民族风格和时代特色时,将会使桥梁平添无限生机,更加完美,同时也提高了交通的安全感和舒适感。

公路上的钢筋混凝土梁式桥上所采用的多为钢筋混凝土装配式栏杆,最简单的栏杆由栏杆柱和扶手组成。复杂的栏杆会在栏杆柱和扶手之间再设置有一定艺术造型的花板。

3.6.1.2 防撞护栏设置

一般情况下,桥梁的外侧危险程度明显高于道路。车辆越出桥会造成车毁人亡的重大恶性事故,越是等级高的公路,车速越高,车辆越出桥的事故严重程度也就越大。因此,对于高速公路、一级公路等高等级公路上的特大桥、大桥和中桥,均应无条件地设置桥梁护栏。一般公路的特大、大、中桥在条件许可的情况下也应设置桥梁护栏。

高速公路、一级公路上的小桥、涵洞,由于跨径较短,所设桥梁护栏本身不能满足护栏最短长度规定的要求,如与两头路线上的护栏形式不一,破坏了护栏整体的连续性,既不协调又不美观,因而在不降低桥涵区段安全性的前提下,对小桥、涵洞的护栏可按路段护栏的要求设置。

在设有人行道的桥梁上,虽然路缘起到了护轮带、防止车辆跌落桥下的功能,但难免会有车辆碰撞行人和非机动车辆的严重事故发生。因此,为保护行人和非机动车辆,同时把机动车和非机动车在平面上分隔开,提高车辆与行人的安全性,应按实际需要在人行道和行车道分界处设汽车行人分隔护栏。

设置于桥梁上的护栏,按防撞等级划分有 PL_1、PL_2、PL_3三级。每一防撞等级的桥梁护栏应避免在相应设计条件下的失控车辆越出。在选择桥梁护栏时,首先应确定其防撞等级,之后才进行构造形式的选择,而构造形式的选择又要综合考虑公路等级,桥梁护栏外侧危险物的特征、美观性和经济性、养护维修等因素。

常用桥梁防撞护栏按使用材料可分为:混凝土护栏和金属护栏。按防撞性能可分为:刚性护栏、半刚性护栏和柔性护栏。

3.6.2 栏杆及防撞护栏常见缺陷和损伤

公路桥梁的栏杆及防撞护栏都是桥面上的安全防护设施,暴露在自然环境条件下,加之受人为作用或车辆的撞击,出现各种各样的缺陷或损伤是不可避免的。其常见的缺陷主要有以下几种情况:

(1)撞坏。多数是在交通事故中由车辆冲撞所致,也有的是车辆在运输超宽物件时不慎被碰坏或被船只撞坏等。

(2)缺损。缺乏养护管理,被人偷拆,或者金属、木料栏杆遭到锈蚀、腐烂破坏,造成个别部件缺损。裂缝。钢筋混凝土栏杆长期外露,混凝土表面常因水分浸入、钢筋锈胀而使构件产生裂缝,混凝土保护层出现损坏、剥离、脱落等现象。

(3)裂缝。钢筋混凝土栏杆长期外露,混凝土表面常因水分浸入、钢筋锈胀而使构件产生裂缝,混凝土保护层出现损坏、剥离、脱落等现象。

(4)变形过大。金属栏杆或护栏的部件虽未造成破坏或缺损,但变形过大,如立柱局部变形、钢质波形板变形过大等。

(5)腐蚀。金属栏杆或护栏,一旦油漆脱落又长期未重新涂刷,将会受到自然环境的侵蚀。

3.6.3　栏杆及防撞护栏养护维修

为了保证行人和车辆的安全，栏杆、护栏必须始终处于完好的状态，如有撞坏、缺损、裂纹、变形或腐蚀，应迅速采取相应的措施进行修复。桥梁的栏杆、护栏损坏虽然不妨碍交通，但会丑化桥容，使桥上交通缺少安全感，降低交通安全的舒适水平。因此，对损坏的桥梁栏杆要及时修理，同时，也要加强平时对栏杆的养护工作，使桥梁栏杆经常保持完好状态，水平杆件要能自由伸缩。如已撞坏，要及时重新安装；如有缺损，应及时补齐；钢筋混凝土栏杆如发现有裂缝或剥落，轻者可用环氧树脂黏结材料灌注封缝修补，严重者要凿除损坏部分，重新修补完整；金属栏杆要经常刷漆养护，如发现油漆有麻点、脱皮，应重新进行油漆；桥头端柱和导向柱，油漆要鲜明，并经常校正纠偏。

3.7　桥面照明系统养护维修

3.7.1　桥面照明技术要求

桥梁照明应属道路照明系统，照明设施应做到维修方便、照明度适当，灯具需美观大方，使行车安全舒适，景观悦目。

特大型桥梁的照明要进行专门设计，既要满足照明功能要求，又要顾及艺术效果，做到和大桥的风格相协调。

大、中型桥梁的照明应与其连接的道路一致，若桥面的宽度小于与其连接的路面宽度，则桥的栏杆、人行道缘石要有足够的亮度，在桥的入口处应设灯光照明或反光标志，以保证行车安全。桥梁照明要限制眩光：一是避免给正在桥头引道上或与桥位相邻道路上的行车者造成眩光；二是当桥下有船只通航时，避免给船上的引航员造成眩光。为此，必要时应采用严格控光灯具，有时在灯具内装上专用的挡光板或格栅。

桥面照明方式主要采用灯杆照明，有时也有栏杆照明。

桥面照明的技术指标通常用亮度、照度、眩光限制和诱导性四项指标。其中亮度、照度、眩光都与光通量、发光强度有关。

3.7.2　保证桥面照明完好的重要性

桥面照明是桥梁工程中的重要组成部分之一，照明条件的好坏，直接影响夜间桥面的行车速度及交通事故潜在发生率。

桥面设置照明的主要目的是为了使车辆在不使用前照灯的条件下，也能够看清前方桥面(或道路路面)形状、周围交通情况，并能够及时认清前方障碍及各类标志等。因此，具有良好的照明条件不仅可以提高行车速度、提高桥面的利用率，而且还可以减轻或消除驾驶员的紧张与不安全感。对于城市桥梁，除了考虑行车安全需要的正常照明外，还需要设置供夜间观赏的立面照明。这种照明会产生较强的艺术效果，所以显得尤为重要。

3.7.3　桥梁照明系统养护维修

桥面照明系统在桥面系中处于非常重要的位置,所以,必须对其进行检查、养护及必要的维修。

检查是养护和维修的重要依据。所以,检查工作要形成制度,由专人认真执行,并做好检查记录,记录要有专用的格式。通常,检查可分为日常检查、定期检查和特殊检查:日常检查主要是对照明系统的状况等进行日常的巡视检查,便于及时发现问题进行小修保养;定期检查主要是采用仪器设备对桥面照明系统的技术状况每隔一定时期进行一次较详细的检查工作;特殊检查是指桥面照明系统遭受自然灾害的损坏或定期检查难以判明原因时进行的检查。照明系统的检查主要包括以下几个方面:照明系统设施是否完好并处于正常工作状况;电压是否稳定;灯光亮度及照明效果是否正常;特殊部位、相关场所的平均亮度,照明的色显、照度等是否正常;配电房内的变压器、配电盘及开关的工作状态等。照明系统检查的目的是为了查清照明系统存在的病害,并据此进行养护与维修。为了使桥面照明系统能正常工作,必须保持桥面所有照明设施处于良好状态,如有损坏或不正常状况应及时进行维修和更换,确保夜间桥上行车的安全。

当照明灯泡已坏时,应及时更换;灯柱锈蚀时,应及时除锈;灯柱残缺不齐时,应补齐;金属灯柱的镀铸层有脱落时,应及时补镀;标志不正或脱落时,应扶正并固定或重新更换;照明线路老化而断路或短路时,应及时更换。

3.8　桥上交通标志和标线养护维修

3.8.1　交通标志与标线

桥梁是道路的重要组成部分,所以桥上交通标志和标线属于道路交通标志标线的范畴。桥上交通标志和标线是桥上交通的使用说明书,是一种无声的语言,是保证行车畅通、有序、安全的重要设施,同时还是桥面的装饰工程、形象工程和美化工程。

交通标志是用图案、符号或文字对过往桥梁的行人和驾驶员(连同车辆)等交通参与者,进行指示、导向、警告、控制和限定的一种交通管理设施,使其获得确切的交通情报,从而达到交通的安全、迅速、低公害与节约能源的目的。交通标线是由不同颜色、不同种类的路面(包括桥面)标线、箭头、文字、立面标记、突起路标和道桥边线轮廓标等所构成的交通安全设施,其主要作用是管制和引导交通,因此又常称其为交通安全控制设施。

交通标线可以和交通标志配合使用,也可以单独使用,它具有法律的性质,在交通管理中占有重要的地位。

3.8.2　标志和标线养护与维修

交通标志和标线是依据交通法规及国家有关标准制定的,是交通法规的具体体现,也是管理道路交通的安全设施,其作用非常重要,因此成为桥梁养护与维修中必不可少的部分。为确保标志和标线的正确性,必须经常对其进行检查,检查所有标志是否齐全完好,所有标线是否清晰,对各种标志、标线、轮廓标等的反光情况还要在夜间进行巡查。巡视检查人员在检查中发现标志、标线遭到损坏或污染,应记录下来并及时反映给桥梁管理有关部门或有关领导。

检查工作是养护与维修的基础。只有全面了解标志、标线的现状后才能采取有效的措施进行养护与维修。为此,桥上交通标志和标线要经常保持明显、清晰,确保行车安全。标志牌架要保持清洁,做好油漆防腐工作,保证设施完好、结构安全。当交通条件有变化时,应进行相应的变更和增补。标线应结合日常养护经常清扫或冲洗。当发现因剥落、污染、磨损而影响识别性能的标线占该路段中总标线的一半以上时,应予以重画;局部损坏的则进行修补,同时要注意避免与原标线错位。

第 4 章　支座养护与维修

4.1　桥梁支座类型

桥梁支座是连接桥梁上部结构和下部结构的重要构件，其主要功能是将上部结构承受的各种荷载传递给墩台，并能适应上部结构由于荷载、温度变化、混凝土收缩等产生的变形（水平位移及转角），使上部结构的实际受力情况符合设计要求。

支座可分别按变形的可能性、所用材料或结构形式三种方法分类：

(1)按支座变形可能性分为固定支座、单向活动支座及多向活动支座。

(2)按支座用材料分类：

①钢支座（半板支座、弧形支座、摇轴支座和辊轴支座）：该支座的传力通过钢的接触面；支座的变位主要通过钢和钢的滚动及滑动来实现。

②聚四氟乙烯支座（滑动支座）：该支座以聚四氟乙烯板和不锈钢板作为支座的相对滑动面，其滑动摩擦系数远小于钢对钢的滑动摩擦。

③橡胶支座（板式橡胶支座、盆式橡胶支座、四氟板式橡胶支座）：该支座的传力通过橡胶板来实现。支座位移通过聚四氟乙烯板的滑动或橡胶的剪切来实现，支座转角则通过橡胶的压缩变形来实现。

④混凝土支座（混凝土铰支座）。

⑤铅支座：传力部分由硬铅构成。

(3)按支座的结构形式通常可分为弧形支座、摇轴支座、辊轴支座、板式橡胶支座、四氟板式橡胶支座、盆式橡胶支座、球形支座等。

桥梁支座必须满足以下功能要求：

①桥梁支座必须具有足够的承载能力，以保证安全可靠地传递支座反力。

②支座对桥梁变形的约束尽可能小，以适应梁体自由伸缩及转动的需要。

③支座应便于安装、养护和维修，并在必要时进行更换。

④选用支座形式必须根据支座所承受力和变形的自由度来确定。

4.2　桥梁支座力学性能及特点

4.2.1　垫层支座

垫层支座是由油毡、石棉泥或水泥砂浆垫层做成的简单的支座，10m 以下跨径的简支板、梁桥，可不设专门的支座，而将板或梁直接放在垫层上。垫层支座变形性能较差，固定支座除了设垫层外,还应用锚栓将上下部结构相连。

4.2.2 铸钢支座

4.2.2.1 弧形钢板支座

弧形钢板支座又称切线式支座或线支座(图4.1)。上支座为平板,下支座为弧形钢板,二者彼此相切而成线接触的支座。钢板采用40~50mm的铸钢板或热轧钢板,缺点是移动时要克服较大的摩阻力,用钢量大,加工麻烦,一般用于中、小桥梁中。

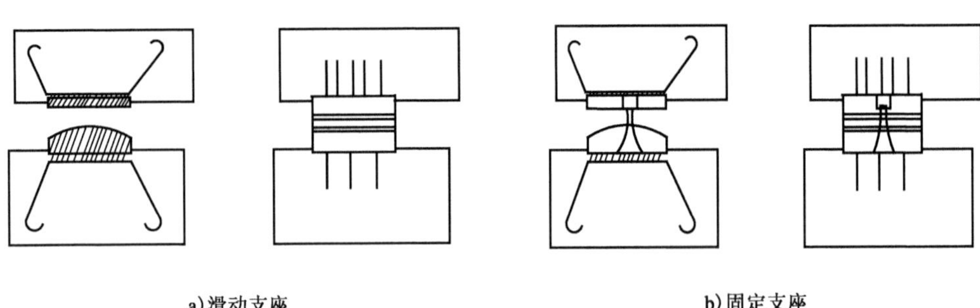

a)滑动支座　　b)固定支座

图4.1　弧形钢板制作构造示意图

4.2.2.2 铸钢支座

采用碳素钢或优质钢,经过制模、翻砂、铸造、机械加工和热处理等工艺制成的支座。有尺寸大、耗钢量大、容易锈蚀和养护费用高等缺点。

4.2.3 板式橡胶支座

4.2.3.1 板式橡胶支座构造

板式橡胶支座通常由多层橡胶与薄钢板镶嵌、黏合、硫化而成。支座在竖直荷载作用下,嵌入橡胶片之间的钢板将约束橡胶的侧向膨胀,使垂直变形相应减小,从而提高了支座的竖向刚度。而支座的水平位移仅与支座橡胶的净厚有关。为防止薄钢板的锈蚀,在板式橡胶支座的上、下面及四周均有橡胶保护层。板式橡胶支座具有构造简单、安全方便、节省钢材、价格低廉、养护简便、易于更换等特点。板式橡胶支座有足够的竖向刚度以承受垂直荷载,且能将上部结构的压力可靠地传递给墩台;有良好的弹性以适应梁端的转动;有较大的剪切变形以满足上部构造的水平位移;有良好的防震作用,可减少动载对桥跨结构与墩台的冲击作用。板式橡胶支座按其形状可分为矩形板式橡胶支座或球形板式橡胶支座。

为减小板式橡胶支座摩擦力,在板式橡胶支座顶面粘接一层聚四氟乙烯板,构成聚四氟乙烯滑板式橡胶支座。聚四氟乙烯滑板式橡胶支座简称四氟滑板式支座,是在普通板式橡胶支座上按照支座尺寸大小黏覆一层厚2~4μn的聚四氟乙烯板而成,除具有普通板式橡胶支座的竖向刚度与弹性变形,且能承受垂直荷载及适应梁端转动外,利用聚四氟乙烯板与梁底不锈钢板的低摩擦系数($\mu_f \leq 0.08$)可使桥梁上部构造水平位移不受限制。可在跨度大于30m的大跨度桥梁、简支梁连续板桥和多跨连续梁桥作为活动支座使用。

4.2.3.2　板式橡胶支座力学性能测试方法

1）抗压弹性模量

板式橡胶支座的抗压弹性模量是通过中心受压试验，得出应力应变曲线，即可求出支座的抗压弹性模量。在中心受压的情况下，当压应力不大时，橡胶支座的应力应变呈非线性变化，随着荷载逐步加大，橡胶支座的应力应变将呈线性变化。

2）极限抗压强度

通过中心受压试验可检验支座的极限抗压强度。对支座缓慢加载，加载速率按 1.0MPa/min 控制。对于矩形支座，加载至压应力 70MPa；对于圆形支座，加载至 75MPa。随时观察试样是否完好无损，若整个试验过程中，无橡胶层被挤坏，中间层钢板木断裂，黏结层未发生剥离，则认为试样的极限抗压强度满足要求。

3）抗剪弹性模量

板式橡胶支座的水平位移是通过橡胶的剪切变形实现的，其抗剪弹性模量采用双剪试验装置来测定。

试验结果为三次试验的算术平均值，但各单项结果与算术平均值的偏差不应大于算术平均值的 10%，否则该试样应再进行一次试验。

4）容许剪切角

容许剪切角试验方法同抗剪模量一样，并可与抗剪弹性模量试验同时完成。试样的容许剪切角按下式计算：

$$\tan\alpha = \frac{\tau_{\max}}{G} \tag{4.1}$$

式中：$\tau_{\max}$——试验时最大剪应力，MPa；

G——试样抗剪弹性模量，MPa；

$\tan\alpha$——试样橡胶片容许剪切角正切值。

5）摩擦系数试验

摩擦系数试验，除要求必须对四氟乙烯板与不锈钢板进行检验外，对橡胶与混凝土，橡胶与钢板间摩擦系数试验可按需要或用户要求进行检验。摩阻系数试验亦采用图 4.1 所示的剪切试样方法。

试样的摩擦系数按下式计算，并求出三次的算术平均值。

$$u = \frac{\tau}{|\sigma|} \tag{4.2}$$

式中：τ——接触面间发生滑动时的水平剪应力，MPa；

$|\sigma|$——容许压应力，MPa；

u——摩擦系数。

6）容许转角试验

桥梁在外荷载作用下将发生竖向挠曲，并引起梁端转动，支座需适应这种转动变形。支座在转动过程中，一侧继续压缩，而另一侧则逐渐回弹。为了避免回弹侧支座边缘脱空，需对支座的容许转角进行检验。

4.2.3.3 板式橡胶支座的设计参数及力学性能指标

《公路桥梁板式橡胶支座》(JT/T 4—2004)规定了桥梁板式橡胶支座标准系列规格,其设计参数见表4.1。支座的成品力学性能应满足表4.2的要求。

标准系列规格制作设计参数　　表4.1

<table>
<tr><th colspan="2">[σ](MPa)</th><th>[G](MPa)</th><th>[E](MPa)</th><th colspan="2">tanα</th><th colspan="2">tanθ</th><th>μ_t</th></tr>
<tr><td>矩形支座</td><td>圆形支座</td><td>—</td><td rowspan="2">[E]=66×S−162
式中:S——支座形状系数</td><td>不计制动力</td><td>计制动力</td><td>钢桥</td><td>钢筋混凝土桥</td><td rowspan="2">0.06</td></tr>
<tr><td>10.0</td><td>12.5</td><td>1.0</td><td>0.5</td><td>0.7</td><td>1/500</td><td>1/300</td></tr>
</table>

注:1. 当温度低于-30℃,抗剪弹模量值应增大20%,四氟滑板与不锈钢板之间摩擦系数μ_t值应增大30%。
2. 四氟板与不锈钢板之间若不加润滑硅脂时,摩擦系数μ_t加倍。

支座成品的力学性能指标　　表4.2

<table>
<tr><th colspan="2">项　目</th><th>指　标</th></tr>
<tr><td colspan="2">极限抗压强度R_u(MPa)</td><td>≥70</td></tr>
<tr><td colspan="2">抗压弹性模量[E](MPa)</td><td>[E]±[E]×20%</td></tr>
<tr><td colspan="2">抗剪弹性模量[G_1](MPa)</td><td>[G]±[G]×15%</td></tr>
<tr><td colspan="2">实测老化后抗剪弹性模量[G_2](MPa)</td><td>[G]+[G]×15%</td></tr>
<tr><td rowspan="2">实测转角正切值tanθ</td><td>混凝土桥</td><td>≥1/300</td></tr>
<tr><td>钢桥</td><td>≥1/500</td></tr>
<tr><td colspan="2">四氟板与不锈钢板表面摩擦系数μ_t(加硅脂时)</td><td>≤0.03</td></tr>
</table>

4.2.4 盆式橡胶支座

4.2.4.1 盆式橡胶支座结构形式

盆式橡胶支座是钢构件与橡胶、聚四氟乙烯板等材料组合而成的新型桥梁支座。它具有承载能力大、水平位移量大、转动灵活等特点,广泛应用在大型公路、铁路桥梁建设上。盆式橡胶支座分为双向(多向)活动支座、单向活动支座和固定支座等。双向(多向)活动支座具有竖向承载,竖向转动和多向滑动性能,代号为SX。单向活动支座具有竖向承载,竖向转动和单一方向滑动性能,代号D、X。固定支座具有竖向承载和竖向转动性能,代号CD。

双向(多向)活动支座和单向活动支座由上座板(包括顶板和不锈钢滑板)、聚四氟乙烯滑板、中间钢板,密封圈、底盆、地脚螺栓和防尘罩等组成。单向活动支座沿活动向还设置导向挡块。双向活动支座结构示意图见图4.2。单向活动支座结构示意图见图4.3。

固定支座由上座板、密封圈、橡胶板、底盘、地脚螺栓和防尘罩等组成。固定支座结构示意图见图4.4。

4.2.4.2 盆式橡胶支座规格系列

目前,国内生产的盆式橡胶支座主要有以下规格系列:TPZ-Ⅰ/GPZ/SY-Ⅰ和QPZ等。

1)TPZ-Ⅰ系列盆式橡胶支座

TPZ-Ⅰ系列盆式橡胶支座可适用于公路、铁路桥梁及其他结构工程,并有与铁路标准梁(24m和32rn)配套的TP21500—2500支座。

图4.2　双向活动支座构造图

图4.3　单向活动制作构造图

图4.4　固定支座构造图

TPZ-Ⅰ系列盆式橡胶支座的特点如下：

(1)活动支座的滑动面采用精轧不锈钢板(或精刨不锈钢板)1Crl8Ni9Ti和纯聚四氟乙烯板。当在低温地区使用时,或支座位移较大时($e \geqslant 100$mm),在聚四氟乙烯板表面压有硅脂贮油槽,并涂以5201硅脂,以减小支座的摩擦系数和磨耗。设计摩擦系数为0.050。

(2)钢盆上口设有橡胶密封圈,可以保证承压橡胶进一步与外界隔离,有利于橡胶的耐老化性能。

(3)承压橡胶板上设有钢紧箍圈,可进一步约束橡胶板在高应力下从橡胶周边挤出。

(4)上支座盆凸(或中间钢衬板的盆凸)与下支座钢盆盆环接触处,经过局部应力检算,承受水平力性能良好。

(5)支座螺栓采用套筒螺栓连接方式,便于在必要时对支座进行更换。

(6)支座设有防尘罩,便于支座的养护。

(7)设有抗震型固定支座,可承受最大水平力为20%的支座竖向反力。并在地震力大于20%支座竖向反力时,支座上、下底板间可相对滑动,以消减地震能量。

(8)TPZ-Ⅰ型盆橡胶支座的竖向承载力系列分25级:1.5、2、2.5、3、4、5、6、7、8、9、10、12.5、15、17.5、20、22.5、25、27.5、30、32.5、35、37,5、40、45和50(MN)。

(9)活动支座顺桥向位移分5级:±50、±100、±150、±200和±250(mm)。多向活动支座横桥向位移为±40mm。

(10)固定支座及纵向活动支座横桥向所承受的水平力为支座竖向承载力的10%,抗震型固定支座所承受的水平力为支座竖向承载力的20%。

(11)支座竖向转动角度不小于40°。

2)GPZ系列盆式橡胶支座

GPZ系列盆式橡胶支座广泛运用于公路桥梁上,其主要特点如下：

(1)活动支座滑动面采用聚四氟乙烯加硅脂5201与精轧不锈钢板。设计摩擦系数为0.03~0.06。

(2)钢紧箍圈设置在中间钢衬板的凸板上。此种形式钢紧箍圈要承受支座水平力,对于公路桥梁,因制动力较小,钢紧箍圈所受的水平力不大;但对于铁路桥梁,由于列车制动力较大,对钢紧箍圈的强度必须进行检算。

(3)支座与墩台的连接方式采用直接预埋螺栓或与墩台上预埋钢板焊接。

GPZ系列盆式橡胶支座的竖向承载力分为31级:0.8、1、l.25、1.5、2、2.5、3、3.5、4.5、6、7、8、9、10、12.5、15、17.5、20、22.5、25、27.5、30、32.5、35、37.5、40、45、55和60(MN)。

固定支座和单向活动支座横桥向所承受的水平力为支座反力的10%。

支座的顺桥向位移分为:±50mm~±300mm,横桥向位移为±5mm~±50mm。

支座竖向转动角度小于0.02rad。

3)SY-Ⅰ系列盆式橡胶支座

SY-Ⅰ系列盆式橡胶支座适用于公路及市政桥梁。其构造特点如下:

(1)活动支座采用纯聚四氟乙烯或纯聚四氟乙烯加5201硅脂与镀铬钢板,设计摩擦系数为0.05。

(2)下支座板的盆环与底板连接处,设有圆弧过渡,以避免应力集中。

该支座的设计竖向承载力分为12级:2、3、4、5、7.5、10、15、20、25、30、35和40(MN)。

4)QPZ系列盆式橡胶支座

QPZ系列盆式橡胶支座是一种中间导槽式、单向活动支座,如图4.5所示。

图4.5　QPZ系列盆式橡胶支座单向活动支座

QPZ系列支座的主要构造特点如下:

(1)活动支座采用聚四氟乙烯加硅脂与精轧不锈钢板对滑,可减小结构尺寸,设计摩擦系数在常温下为0.03、低温下为0.05。

(2)单向活动支座采用中间导槽,以减小梁体侧弯时的约束力。

(3)采用O形密封圈形式,减小支座构造高度。

(4)改进支座围板结构,使之更便于安装和防护。

QPZ系列支座的设计竖向承载力分为28级:1、1.5、2、2.5、3、3.5、4、4.5、5、6、7、8、9、10、12.5、15、17.5、20、22.5、25、27.5、30、32.5、35、37.5、40、45和50(MN)。

该支座的其他特性和TPZ-Ⅰ支座相似。

4.2.4.3 盆式橡胶支座用料的性能要求

正确地选择盆式橡胶支座的材料,是保证支座正常使用的关键。交通部和铁道部都制定了专门的行业标准,对盆式橡胶支座的用料做了具体规定。

聚四氟乙烯板材的物理机械性能要求:密度为 $2.13\times10^3\sim2.20\times10^3kg/m^3$;拉伸强度不小于30MPa;断裂伸长率不小于300%。填充聚四氟乙烯板采用80%聚四氟乙烯、15%玻璃纤维和5%石墨(质量比)模压而成,其物理机械性能要求:密度 $(2.15\times10^3\sim2.30)\times10^3kg/m^3$;拉伸强度不小于14MPa;断裂伸长率不小于140%。

硅脂采用5201-2 硅脂,其技术性能应符合《5201 硅脂》(HG/T 2502)规定;针入度在25℃、1/10mm下为200~240;200℃、24h时的挥发小于30%;200℃、24h时的油离度不小于10%。

4.2.4.4 盆式橡胶支座力学性能测试

1)支座竖向压缩变形和盆环径向变形

通过中心受压试验同时测试支座的竖向压缩变形和盆环径向变形。检验荷载应为支座设计承载力的1.5倍,并以10个相等的增量加载。试验支座原则上应选实体支座,若试验设备不允许对大型支座进行试验,经与用户协商可以选用小型支座。

其试验步骤为:

(1)将试验支座安装就位,支座中心线与试验机压力线重合。

(2)在支座顶、底板间均匀安装四只百分表,测试支座竖向压缩变形。

(3)在盆环上口相互垂直的直径方向安装四只百分表,测试盆环径向变形。

(4)预加荷载。将试验机压力缓慢加至支座设计承载力后缓慢卸载至零,预压三次。

(5)试验加载。先给支座施加一个较小的初始压力,记录百分表和千斤顶的初始读数。然后将检验荷载按10等份分级施加,每级加载压力稳定后记录读数,并在支座设计荷载时加测读数,加载至检验值后卸载至初始压力,测定残余变形。加载重复三次,试验结果取三次的算术平均值。

2)支座的摩阻系数测定

测试支座摩阻系数选用支座承载力不大于2MN的双向活动支座或用聚四氟乙烯板试件代替。试件厚7mm,直径80~100mm,试件工况与支座相同。

支座或试件摩阻系数测定采用双剪试验方法。试件第一次滑动时的摩阻系数称为初始静摩阻系数,再次加载时,试件摩阻系数将迅速降低,并逐渐趋于一个稳定数值,为稳定后的静摩阻系数。

进行摩阻试验时,支座或试件表面应涂满硅脂。试验温度常温为(21±1)℃,低温(-35±1)℃。预压时间为1h,预压荷载为设计承载力,试件按30MPa压应力计算。试验时先给支座或试件施加垂直设计承载力,再施加水平力。当支座或试件一发生滑动,即停止水平力加载,由此计算初始摩擦阻力系数。重复上述加载至第五次,测出各次的滑动摩擦阻力系数,取第2~5次的实测平均值;三组试件摩阻系数平均值作为该批聚乙烯板的摩阻系数。

3)试验结果判定

(1)在竖向设计荷载作用上,支座压缩变形值不得大于支座总高度的2%,盆环上口径向变形不得大于盆环外径的0.5%，支座残余变形不得超过总变形量的5%。

(2)实测荷载—竖向压缩或荷载—盆环径向变形曲线应为线性关系。

(3)支座卸载后，如残余变形超过总变形量的5%，应重复进行试验；若残余变形不消失或有增长趋势，则认为该支座不合格。

(4)加载过程中，支座应完好无损。

(5)实测支座摩阻系数应小于或等于0.01。若实测支座摩阻系数大于0.01，应检查材质后重复进行试验，若重复试验后的摩阻系数仍大于0.01，则认为该支座摩阻系数不合格。

4.2.4.5 盆式橡胶支座的质量检验

盆式橡胶支座的质量检验主要应依赖公路、铁路桥梁盆式橡胶支座有关行业标准进行。质量检验的主要内容包括内在质量、外观质量和整体支座的性能测定几方面。

盆式橡胶支座的外观质量主要是指各部件加工的外部尺寸及其公差配合，必须满足有关图纸及技术条件的要求。主要应注意以下几点：

(1)不锈钢板表面粗糙度及平面度。

(2)下支座钢盆内径与中间钢衬板凸缘外径的公差配合。

(3)紧箍圈与钢盆内径的公差配合。

(4)聚四氟乙烯板的尺寸公差及其与中间钢衬板的公差配合。

对上述部件，必须由质检部门进行检验，并有合格标记。

此外，在支座组装时还必须用丙酮或酒精将支座相对滑动面(不锈钢表面与聚四氟乙烯表面)仔细擦净，不得夹有灰尘和杂质。承压橡胶板应用木锤轻轻敲入下支座钢盆中，并必须使橡胶板与下支座钢盆盆底密贴，不得在钢盆内夹有空气间层。

整体支座的性能测试因受试验设备能力限制，可经厂方和用户协商，选择有代表性的小型支座进行试验。试验项目包括支座中心受压时的竖向压缩变形和盆环径间变形测定及支座摩擦系数的测定。支座的竖向压缩变形不大于支座总高的2%，盆环的径向变形不得大于盆环内径的0.5%。支座的摩擦系数不得大于0.05。

4.2.5 球面支座

球面支座又称点支座，为适应桥梁多方面转动的要求，将支座上、下两部分的接触面分别做成曲率半径相同的凸、凹的球面支座，如图4.6所示。

球面支座具有以下优点：

(1)球面支座通过球面传力，因而作用到支承混凝土上的反力比较均匀。

(2)球面支座的转动力矩小。转动力矩只与支座的球面半径及四氟板的滑动摩擦系数有关，与支座转角的大小无关，因此特别适用于大转角的支座，设计转角可达0.05rad以上。

图4.6 球面支座

(3)球面支座各向转动性能一致，适用于曲线桥和宽桥。

(4)球面支座不再使用橡胶承压，不存在橡胶变硬或老化等对支座转动性能的影响，特别适用于低温地区。

4.3　桥梁支座常见缺陷和病害

桥梁支座缺陷的种类众多,下文针对铸钢支座、板式橡胶支座和盆式橡胶支座列出常见的能实施检查的几种缺陷形式。

4.3.1　铸钢支座缺陷类型

铸钢支座缺陷类型包括钢组件出现钢支座固定螺栓松动,锈蚀、损伤、断裂,锚固件及定位件失效,上、下座板变形,活动支座无法活动,位移超限、转角超限和支承垫石部位缺陷等。

支座上下错位过大,有倾倒脱落的危险。钢部件损伤包括铸钢件及锻钢件裂损、脱焊、锈蚀及支座钢件磨损和发生塑性变形。

支座锚固件及定位件失效包括销钉剪断、支座锚(螺)栓松动及剪断、牙板挤死与折断、辊轴连杆螺栓剪断等。

活动支座不活动、位移超限和转角超限等缺陷,通常是由于设计不当造成的,结果常引起锚栓剪断或摇轴倾斜度超过限值,不能恢复等损伤。

支承垫石部位缺陷包括支承垫石不平、翻浆、积水和开裂等,应采取措施及时修补。

4.3.2　板式橡胶支座缺陷类型

橡胶支座性能劣化类型包括橡胶老化开裂、钢板外露、不均匀鼓凸与脱胶、脱空、剪切超限和支座位置串动等。

开裂是指板式橡胶支座表面形成的龟裂裂纹。一般板式橡胶支座在一定使用年限后均出现表面的龟裂裂纹,但裂纹宽度及深度均不大。

钢板外露是指由于橡胶龟裂或支座制作不佳使板式橡胶支座内部的钢板裸露。不均匀鼓凸与脱变发生在橡胶与钢板黏结破坏时。通常,板式橡胶支座在荷载作用下,钢板之间的橡胶向外发生均匀的凸起属正常现象,如图4.7所示。当橡胶与支座内加劲钢板黏结不良,在荷载作用下发生钢板与橡胶脱胶,引起不均匀的鼓凸,如图4.8所示。

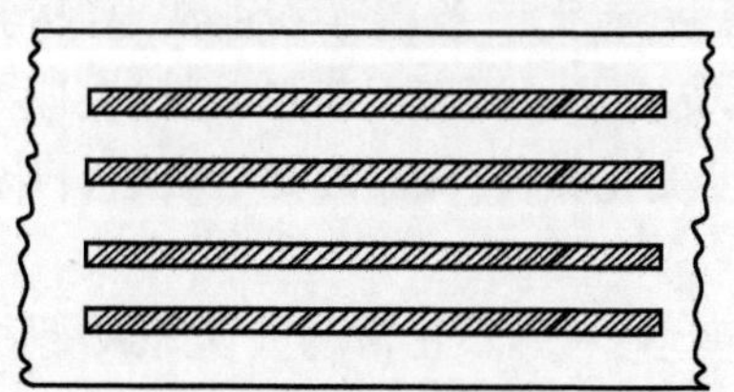

图4.7　板式橡胶支座均匀鼓凸

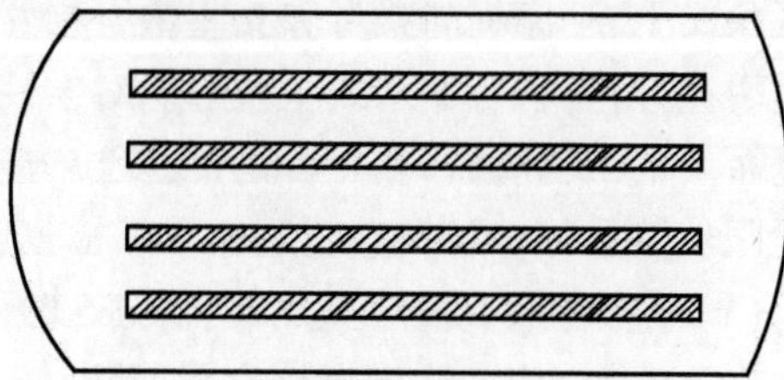

图4.8　板式橡胶支座不均匀鼓凸

脱空是指板式橡胶支座与桥梁底面及支承垫石顶面之间出现的缝隙大于相应边长的25%。通常,板式橡胶支座使用时,应通过转动计算,使支座顶、底面与桥梁全面积接触。局部脱空,一方面会造成支座压应力增加,另一方面,支座脱空部位与外界空气接触,容易产生橡胶老化。

剪切超限是指板式橡胶支座在最高及最低温度条件下的最大恒载剪切变形，即 $\tan\alpha > 0.45$。

支座位置串动是由于支承垫石不平，造成支座局部承压，引起支座位置串动，严重时会造成个别支座脱落。

4.3.3 盆式橡胶支座缺陷类型

盆式橡胶支座缺陷类型包括钢件裂纹和变形、钢件脱焊、锈蚀、聚四氟乙烯滑板磨损、支座位移超限、支座转角超限和锚栓剪断等。

钢件裂纹和变形是指盆式橡胶支座的钢件中出现肉眼可见的裂纹，以及支座钢板在荷载作用下发生翘曲。

钢件脱焊是指支座焊接件及不锈钢板与基层钢板之间的焊缝脱焊。

聚四氟乙烯板磨损指盆式橡胶支座中由于聚四氟乙烯板和不锈钢滑板之间平面滑动所产生的磨损。磨损程度用测量聚四氟乙烯板的外露高度来表示。

支座位移超限是由于设计及安装不当造成支座聚四氟乙烯板滑出不锈钢板板面范围。

支座转角超限是由于设计及安装不当造成支座转角超过相应荷载作用下最大的预期设计转角。支座转角应由盆式橡胶支座顶、底板之间的最大和最小间隙求出。

其他类型支座的缺陷类型可参照上述支座来确定，例如，球形支座的缺陷类型可以由钢缝、位移及转角超限、聚四氟乙烯板的磨损、锈蚀及锚栓剪切等缺陷来评定。

4.4 桥梁支座养护维修

4.4.1 桥梁支座检查

桥梁支座的正常使用与日常的养护维修和性能检验是分不开的。支座一般可每半年检查一次，并应检查支座附近梁体有无裂缝。支座检查可借助检查小车进行，或修建专用检查梯。

主要检查支座功能是否完好，组件是否完整、清洁，有无老化、变形、锈蚀、行裂、错位和脱空现象。上、下座板与梁身和支座垫石相互之间是否密贴，有无三条腿等不正常现象；支承垫石是否完好，是否有积水或尘埃等。对柔性墩上的固定支座要观测有无变形；活动支座要检查其是否灵活，实际位移量是否正常，变位方向是否与温度变化相符，倾斜度是否在容许限度内，有无限位装置等。各类支座还应重点检查以下内容：

(1)平板橡胶支座应重点检查橡胶支座是否老化、变形；有无不正常的剪切外鼓变形。

(2)盆式支座的固定螺栓有无剪断，螺母是否松动，电焊是否开裂，四氟板位置是否正常。

(3)辊轴(或摇轴)支座和弧形支座应定期测量其位移值和梁温，位移值不允许超过容许值。弧形支座当发现位移超过限值或固定支座不固定时，应起顶梁身，检查活动支座销钉有无损坏、固定支座安装是否符合标准。测量辊轴(或摇轴)支座位移，应安装位移指示标(尺)并检查辊轴有无变形、磨损。对使用年久、铺设无缝线路、位于长大坡道及曲线上的桥梁，应认真检查其上、下锚栓(特别是弧形支座)有无弯曲断裂，如有剪断，还应检查墩(台)有无变位。

(4)混凝土支座有无剥落、露筋、锈蚀、碎裂等。

4.4.2 桥梁支座养护

4.4.2.1 养护的一般要求

(1)支座各部应保持完整、清洁,位置正确,活动支座伸缩与转动正常。清除支座周围的垃圾杂物,保证支座正常工作。

(2)橡胶支座应经常清扫,排除墩帽积水,要防止橡胶支座接触油脂,防止支座因橡胶老化、变质而失去作用。

(3)支座与梁底、支座与砂浆垫层之间的接触面应平整。梁体位移及转角应不受阻碍。座垫板与锚螺栓应紧密接触,并不得有锈蚀。支座垫层上如有积水,应立即清除。

(4)支座或支座组件如有缺陷或产生故障不能正常工作时,应及时予以修整或更换。

(5)梁支点承压不均匀,板式橡胶支座出现脱空或过大压缩变形时应予以调整,板式橡胶支座发生过大剪切变形、老化、开裂等应及时更换。支承垫石空洞、不密实缺陷等应及时处理。

(6)对盆式橡胶支座应设置防尘罩,防止尘埃落入或雨雪渗入支座内。支座外露部分应涂红丹防锈漆进行保护。防尘罩应经常清洁和防蚀处理,防止橡胶老化变质失去弹性。如橡胶老化,剪切变形 $\tan\alpha > 0.7$,橡胶有裂纹、鼓出、钢板锈蚀者应更换;锚螺栓剪断、盆边顶坏发生塑性变形者应更换。

4.4.2.2 盆式橡胶支座养护

盆式橡胶支座在使用期间应每年定期进行一次检查及养护,主要应进行以下养护工作:

(1)检查支座锚栓有无剪断,支座橡胶密封圈有无龟裂和老化。

(2)支座相对位移是否均匀,并逐个检查支座位移量。

(3)清除支座附近的杂物及灰尘,并用棉丝仔细擦净不锈钢滑板表面的灰尘。

(4)松动锚栓螺母,清洗上油,以免螺母锈死。

(5)定期对支座钢件进行油漆防锈,但不锈钢滑动面不用油漆。

(6)校核并定点检查支座高度变化,以便校核支座内聚四氟乙烯板的磨耗情况,当支座度变化超过3mm时,应考虑是否需要更换聚四氟乙烯板。

盆式橡胶支座养护质量要求:

(1)梁底支承部位平整、水平,支承部位相对水平偏差不大于0.5mm。

(2)桥墩支承垫石顶面平整,相对允差1mm;支承垫石顶面高程准确,允差0~4mm,相邻墩(台)上支承垫石顶面相对高差不大于3mm。

(3)支座与支承垫石顶面应紧密接触,局部缝隙不得超过0.5mm。

(4)恒载剪切变形角 $\tan\alpha \leq 0.45$,最大剪切变形角 $\tan\alpha \leq 0.7$。

4.4.3 桥梁支座常见病害诊治

4.4.3.1 支座上、下锚栓折断、弯曲、锈死

下锚栓:在支座底板旁斜向凿去部分混凝土,取出旧锚栓,更换新锚栓,如锚栓被剪断而埋置于垫石内的栓杆仍牢固,也可采用清除剪断的锚栓上部,电焊接上一段新栓的方法处理。

用夹板加固法。每个支座用2块4mm钢板,以2根ϕ20mm螺栓将其置于支座上摆两侧夹紧于梁体上(如支座与梁梗不等宽,则钢夹板与支座间加填板并与钢板焊牢)并在夹板中间钻孔做丝扣,用顶丝顶紧在支座上摆上,使夹板与支座上摆连成一体。

4.4.3.2 支承垫石裂损、梁体有“三条腿”,个别支座出现明显悬空,以及因线路大修需抬高梁体

①采用压力灌浆。适用于抬高量小于30mm者,抬高量很小时,也可采用灌铅法。

②支座下捣垫半干硬性水泥砂浆,适用于抬高量30~100mm者。

③铸入钢板,适用于抬高量50~300m者。

④就地灌注钢筋混凝土垫块,或更换钢筋混凝土顶帽。适用于抬高量在200mm以上者。

实践经验证明,在支座下捣垫半干硬砂浆(也可用环氧树脂配制的砂浆)的办法效果好,并且有使用工具简单、封锁时间短的优点。

支座下捣垫半硬性砂浆操作方法:

(1)凿毛。

①将支座与梁临时连接,用千斤顶架空梁身,比实际需要高程高出1~2mm;在支座四周200mm范围内,将支承垫石支承面凿毛,凿毛应用风镐,使用多种形式钎头进行。

②先凿外侧一半并垫实,再凿内侧一半,全部凿毕用水冲洗干净,临时垫以硬木头,四周顶死才允许放行车辆,并指定专人检查。

(2)捣垫砂浆(现多采用环氧树脂水泥砂浆代替半干硬性砂浆)。

①砂浆质量配合比~水泥比1:1~1:2,水灰比1:4~1:5,拌和砂浆稠度以手捏成团而不松散、不湿为宜。

②捣垫前支座的三面必须牢固地用模壳封妥,用水湿润凿毛面。

③刷水泥浆一遍。

④分次填入砂浆用镐捣实,手工操作每次厚度约50mm,捣固必须认真,以保证强度要求。

⑤捣固完,将捣固的一面用模壳固封(一般用螺栓对拉或加撑头)才能开通桥梁。

⑥一般捣垫砂浆以不高于100mm为好,如需超过,可分两层两次捣固。如一次捣垫在100~200mm,则必须经过养护,等砂浆达到一定强度,才能使其受力。

⑦捣垫完毕,其四周应用水灰比为0.3~0.35的砂浆锤制流水坡,坡度为1:1.5,靠支座边,其高度应比支座略低1~2mm,以利排水。

(3)养护。锤制流水坡后1~2h,用湿草袋覆盖,保持湿润7d。

4.4.3.3 支座陷槽、积水、翻浆、流锈病害

应使支座底板略高出墩(台)支承垫石,并采用细凿垫石排水坡的办法,结合支座下垫沥青麻布或胶皮板进行处理,能取得一定效果。流水坡约为3%,使水能很快排走。

具体细凿方法是:先在离垫石外缘20mm处开始向中心推进(防止损坏边缘),最后将周边的窄条敲下来,稍加修凿即成。细凿完成后用废砂轮打磨光滑。另一种做法是先在垫石四边(桥台为三边)的外侧打上要凿去的线条,用扁凿对准线条朝里敲打,其余方法同前。在细凿过程中,如发现有局部麻坑不平或边缘缺损等,可用环氧树脂砂浆腻补,凝固后一并用旧砂轮打磨平整。

要防止挡砟墙上的水流到桥台，必要时挡砟墙与支座垫石间要凿小槽排水，防止支座底板下面进水。

4.4.3.4　支座位置不正、滑行或歪斜，超过容许限度

应用千斤顶起顶梁身并进行适当的修理或矫正，或移正梁身后重新安装支座。

起顶梁身所用千斤顶的数量和能力，应根据梁和桥面的质量来确定，为了保证施工安全，其起重能力必须超过荷载的 50% ~ 100%；钢桁梁和钢板梁一般在起顶横梁均预留有放千斤顶的位置。在墩（台）顶的排水坡面安放千斤顶，一般不必考虑滑移问题，只要用硬木垫平并保证有足够的安全承压面积即可。但要注意千斤顶位置不要妨碍矫正支座的工作。

钢筋混凝土梁和预应力钢筋混凝土梁可将千斤顶放在支座附近梁下起顶。如梁下净空不够安放千斤顶时，可以凿低一部分顶帽混凝土以便安放千斤顶，或在桥孔内搭枕木垛支承千斤顶。对于双片钢筋混凝土梁，也可以用钢轨做成 V 形扁担放在梁下用两个千斤顶将梁抬起；经过检算认为可以时，也可以将千斤顶安在端横隔板下起顶。

旧式板梁的端横梁下面无起顶横梁时，也可用临时木撑顶紧后起顶。起顶钢梁也可采用这种方法，但这种方法在桥梁质量较大时，顶起后移动钢梁或底板施工较复杂，仅在不得已时采用。

起顶连续梁处理支座病害时，应同时起顶本联内的全部支座，并事先计算各支点的反力，用带压力表的油压千斤顶进行计量，要防止因起顶梁身造成支点高程与设计不符，改变梁跨各杆件受力，从而发生裂纹或损坏。

总之，起顶梁身时要视梁跨结构形式、墩身及周围具体情况的不同选用比较合理的施工方法。在起落过程中，为了保证安全，防止千斤顶发生故障以及千斤顶放松时结构受到突然的中击，必须有保险木垛，并一路调整木垛上的楔子使其顶面保持与梁底不超过 5mm 的空隙。

利用拉紧框架或弹簧整正支座辊轴的方法可以免除起顶梁身的麻烦。框架由两个角钢和两端带丝扣及螺母的拉杆组成，整正时，把一个角钢支承在支座底板上，另一角钢紧贴住辊轴的连接角钢上，上紧拉杆螺栓，利用列车通过时辊轴的滚动及时拧紧拉杆，使列车通过后辊轴不能返回原位，这样经数次整正，就能把辊轴调整过来。

弹簧整正支座辊轴是用千斤顶横向顶住辊轴来移正位置，千斤顶一端支承在固定支座或挡砟墙上，在千斤顶和辊轴间垫上弹簧，把弹簧顶紧，利用列车通过时辊轴的滚动，辊轴会被顶动，再适当上紧千斤顶，经过多次整正也可以把辊轴顶回原来位置

4.4.3.5　摇轴或辊轴活动支座倾斜超限

造成辊轴或摇轴活动支座倾斜超限的原因多为施工安装不正确或墩（台）有位移等。整治的办法是起顶梁身，按照当时钢梁温度计算的位移量矫正摇轴或辊轴的倾斜度，移动底板，重新锚固锚栓。

大跨度钢梁的辊轴支座，由于笨重，移动底板重新锚栓施工困难，且工作量大，故当矫正量不大时，可用带有异形牙板（防爬齿）的辊轴更换原有正常牙板的辊轴，而不再移动底板重新锚固锚栓。异形牙板辊轴可根据矫正支座倾斜超限的具体需要设计。使整正后的倾斜符合计算要求。这样整正后，下摆中心线虽然不会与底板中心线一致，但能使辊轴倾斜正常，保证安全。

4.5 桥梁支座更换

支座是桥梁上、下部结构的连接点，其作用是将上部结构的荷载安全地传递到桥梁墩（台）上去，同时保证上部结构在荷载、温度变化、混凝土收缩徐变等因素作用下的自由变形，以便使结构的实际受力情况符合计算图式，并保护梁端、墩（台）帽梁不受损伤。在早期建设的一些梁式桥中，普遍存在着支座年久失养的问题，橡胶支座日趋老化，钢板锈蚀失效，还有一些跨径较小的简支桥梁原本就没有设置支座，使得上述桥梁在目前的大吨位、大交通量的荷载作用下，出现了一系列问题，急需要进行支座的更换或增设。同时，由于交通运输的需要，不中断或尽量缩短中断交通时间又对支座的更换施工提出了更高要求，因此桥梁支座的整体更换极其重要。

4.5.1 桥梁支座更换方法

在早期建设的一些梁式桥中，以简支梁桥居多，梁体之间横向联系多以横隔板并辅，以钢板间隔连接。即使桥面系可以整体清除，但上部结构仍是一个整体。因此，支座的更换必须建立在各桥跨的整体施工上。为此，应根据桥梁的具体情况，采用一系列起重或顶起设备，在墩（台）顶面或者在预先设置的支架上，选择安全、合适的位置，对已解除纵向约束的桥孔分头进行整体顶起，即可安全从事支座的更换工作。

4.5.1.1 更换前的准备工作

首先，对桥梁进行特殊检查，按基础、墩（台）、主梁、桥面系和附属工程逐一进行全面检查，并做好记录和拍照。对于基础、墩（台）所存在的病害应先进行正规处治，然后再处治主梁。需更换支座的，视桥面系和附属工程的具体情况，再决定是否对桥面系和附属工程予以保留或全部清除；需予以保留的，要事先对各桥孔的所有纵向连接予以解除，最后才能进行支座更换施工。支座更换办法基本可分为以下三类：

（1）T形梁桥、箱梁桥。墩（台）结构无任何病害，可以直接考虑在盖梁顶面和T梁翼缘板（箱梁横隔板）下实施顶升，这是最容易施工的一种类型。

（2）板梁桥或需加固墩（台）的桥。有可以利用的扩大基础或承台，需搭设顶升支架实施作业，但顶升点应尽可能地靠近原支点。

（3）板梁桥或需加固墩（台）的梁桥。没有可以利用的扩大基础或承台，需重新浇筑临时承重基础，再搭设顶升支架实施作业。这种情况多发生在柱桩对接的桥墩或实体式墩（台）结构，遇到深水基础更为困难。

4.5.1.2 更换步骤

（1）承重基础。支座更换前，应首先根据各桥墩（台）处的地质情况考虑临时受力结构。地质情况较好时可修建临时承重基础，当没有承台可以利用，同时地质较差时，可以利用立柱作为顶梁的临时受力结构。

（2）顶梁设施。在梁底设置横梁，横梁分上、下两种，中间安装顶梁的千斤顶，为了保证起顶过程中不致损伤梁底，在梁底和工字钢接触处用木板垫实，确保软接触密合，使横梁不与梁底部位接触。调节高度采用小钢板块。在基础和下横梁间要根据桥下净空高度搭设受支架，同时也要预留一定的操作空间，可采用由多组贝雷架构成支撑架，作为支架。

(3)试顶。支撑架、横梁、千斤顶安装完毕，待临时承重基础强度满足要求后，即可开始试顶。试顶主要是为了消除支撑本身的非弹性变形或沉降，在主梁还没有正式顶起时即可停止，并停放数小时进行观察，无任何变化后才能开始整体顶升。

(4)整体顶升。试顶完成后，在专业人员的统一指挥下所有千斤顶慢慢用力整体顶起梁体，使其离开原支座约2cm立刻停止，并立即在上、下横梁间增设若干个钢筋混凝土预制块，形成临时固定点，以增加接触点和面积，提高顶升系统的稳定性，确保桥梁整体安全。

(5)台帽、盖梁维修。如果台帽、盖梁存有病害，此时应立即进行相应的规范处治。

(6)支座更换。台帽、盖梁处治完成后，即可去除原有支座，支座下方用高强度等级环氧树脂砂浆找平，精确计算出需增加的高度，用合适厚度的钢板来调节，调节施工完毕，重新安装新的支座，就可以慢慢地落梁，去掉混凝土块和千斤顶，拆除临时支撑，整孔梁体在施工过程中相对几乎是不动的，对桥面系结构也基本没有任何影响，支座更换前后支撑反力变化也不大，但梁体的支撑条件可大大改善。

4.5.1.3　施工注意事项

(1)由于整体更换支座一般是在保证正常行车的情况下进行的，所以保证通车和安全工作显得尤为重要：一是确保施工中整个桥梁结构完整且不受损伤；二是施工中要确保人身和设备的绝对安全。这就要求施工前要做好全面检查，根据具体情况确定维修加固范围，按次序依次实施。整体更换支座施工方案，要通过准确的分析和计算，配备足够的机械设备和劳动力；同时，在顶起和落梁这很短时间内，要有专业人员统一指挥，确保所有被顶的梁体同步上升、同步下降，缩短临时封闭交通时间。

(2)要认真做好测量、观察记录工作。要准确计算出原支座和现支座的高度差，以指导施工，确保梁体、桥面系支座更换前后的高程不变。

(3)支座的质量检验及安装是保证支座正常使用的关键。支座安装前应进行检验，根据不同的支座类型按照相关要求进行安装。

4.5.2　桥梁支座安装要求

4.5.2.1　一般要求

正确地安装与定期的养护是保证桥梁支座正常工作的重要措施。

在设计支承垫石时，应考虑使梁底与桥墩顶面之间有30cm的净空，以便对支座的使用状态进行检查和养护，并可在必要时安放千斤顶，进行支座的更换。

支座在出厂时，一般应有明显的标记，注明支座型号、反力和位移，以免在安装时发生混淆。

支座通常在工厂组装好后整件运输到工地，为保证运输过程中支座的整体性，应用临时定位装置将支座各部件连接起来。这些临时定位装置在支座正式工作之前，应予以拆除，具体拆除的时间，应由工地工程技术人员根据支座的形式及结构受力状态决定。例如，活动支座的上、下连接板应在张拉梁体预应力前拆除，以使支座能适应梁体预施应力的变形。

在支座安装之前，应先对支座的安装位置进行测量检验，支座安装平面应和支座的滑动平面或滚动平面平行，其平行度的偏差不宜超过2mm。

支座安装前应对活动支座顶、底板的相对位置进行检查。辊轴支座和滑动支座的预制位多量必须符合设计要求。当受支座安装温度的限制，活动支座的预置位移量必须进行调整时，应在专业工程师的指导下进行支座位移的预调工作。

支座安装后，滚动和滑动平面应水平，其与理论平面的倾斜度不大于2°。支座上、下板中心应对中，其偏差不大于2mm。

为保证支座安装平整，一般应在支座底面与支承垫石顶面之间，捣筑20～50mm厚的干硬性无收缩砂浆垫层（或环氧砂浆垫层）。该砂浆垫层的强度必须和结构混凝土等强。当支承平面较大时，也可以先铺设塑性的砂浆垫层，砂浆层的中间呈凸球形，支座底部采用砂浆压平。如果在支座安装时，采用螺钉或钢模块等措施进行支座调平，在灌注砂浆垫层凝固后，须拆除调平螺钉及钢模块，以便保证使砂浆垫层均匀传力。在安装预制梁体时，一般应先辅助结构支承梁体自重，待支承砂浆凝固并达到要求的强度后，才能承受梁体质量。

4.5.2.2 盆式橡胶支座安装要求

盆式橡胶支座的安装步骤：

（1）检查桥墩（台）支承部位的尺寸、预留（或预埋）螺栓孔的位置、支座的安装高程。要求支座支承平面水平及平整，支承面四角高差不得大于2mm。

（2）支座安装前方可开箱，并检查装箱清单，包括配件清单、原材料检验报告复印件、支座产品合格证和使用说明书。施工单位开箱后，不得任意松动上、下支座连接板，并不得任意拆卸支座。

（3）支座出厂时，应由生产厂家将支座调平，并紧固上、下支座连接板，以防止支座在运输安装过程中改变位置。如支座需要预设位移时，可由生产厂家在装配时预先调整好。

（4）支座安装步骤：

①支座开箱并检查装箱清单及合格证。

②在桥墩（台）支承部位画出中心线位置，并在支座顶底板上标注中心线位置。

③安装支座及地脚螺栓：先在下支座板四角用钢模块调整支座水平，并使下支座板底面高出桥墩顶面20～50mm，找正支座纵、横向中线位置，使其符合设计要求。用环氧砂浆灌注地脚螺栓孔及支座底面垫层。

④支座安装时也可以先把地脚螺栓用M5砂浆或细石混凝土锚固在预留螺栓孔中，待砂浆或混凝土达到强度后，放上支座，上好锚栓螺母，用四角钢楔块调平支座水平，并使下支座底面高出桥墩顶面30～80mm．然后用M5干硬性砂浆，仔细捣入支座底板与桥墩之间，或者用重力压浆法向支座底板与桥墩之间注入M5干收缩砂浆。当地脚螺栓采用套筒螺栓方式时，套筒螺栓必须用模板准确定位，支承垫石灌注的顶面高程应低于设计高程30～80mm，以便安装支座后灌注无收缩砂浆。在安装支座时，宜在套筒螺栓顶面设置一层石棉垫圈，以免钢套筒在拆除支座四周的钢垫块后成为下支座板的刚性支点。在环氧砂浆或无收缩砂浆硬化后，拆除支座四角临时钢楔块，并用砂浆填满抽出钢楔块的位置，以免钢楔块成为下支座板的刚性支点。

⑤在梁体安装完毕后，或现浇混凝土梁体形成整体并达到设计强度后，在张拉梁体预应力

之前,拆除上、下支座连接板,以防止约束梁体的正常转动和位移。

⑥拆除上、下支座连接板后,检查支座外观,并及时安装支座外防尘围板。

⑦当支座与梁体及墩(台)采用焊接连接时,应先将支座准确定位,然后用对称间断焊缝将下支座板与墩(台)上预埋钢板焊接。焊接时应防止烧伤支座与混凝土。

由于盆式橡胶支座各方向的转动性能一样,因此在预制T形梁上使用盆式橡胶支座时,应特别注意安装阶段的侧向稳定性。为此,应在梁端支座两侧附加适当的临时支撑,以防止梁倾斜。特别是在铁路标准混凝土梁上使用时,由于梁体外侧有挡砟槽,梁体自重向外侧偏心,因而在安装阶段必须有适当的临时支撑,只有待两片T形梁之间的横隔板连接件焊成整体后,才允许拆除临时支撑,使两片T形梁整体工作。

4.5.2.3 球形支座的安装要求

有关球形支座的安装要求,基本上与盆式橡胶支座一样,此处不再详述。但由于球形支座转动灵活,在工地无法调整上、下支座板的平行度,因此球形支座需在制造工厂的专用台座上调平,并用连接螺栓固定,在工地上不得任意拆卸,只能在支座安装、梁体混凝土浇筑完成后才能拆除连接螺栓,以使支座能正常转动和位移。

第 5 章　梁式桥跨养护与维修

所谓梁式桥，是指结构在垂直荷载作用下，支座只产生垂直反力的无推力梁式体系的桥梁。其上部结构（也就是梁），以受弯为主；下部结构（也就是桥墩和基础），以垂直受压为主。

5.1　混凝土梁式桥养护维修

混凝土梁式桥跨包括钢筋混凝土和预应力混凝土的简支梁、连续梁、悬臂梁、刚构（架）和 T 构等。其横截面形式主要依据其跨度大小不同而异，有空心板、矩形板、T 梁、工梁和箱形梁等。这些钢筋混凝土和预应力混凝土梁大量用于我国公路、铁路、公铁两用、城市和立交桥中，占桥梁总数的 90% 以上。因此，这部分桥梁的养护维修工作显得格外重要。

5.1.1　简支梁受力特点

简支梁的设计主要受跨中正弯矩的控制。这是一种静定结构，可以只凭平衡条件，将各个支点反力和各截面的荷载效应推算出来。若墩台有沉降，其内力（即荷载效应）不受影响，可放心使用。但遇某些外因容易排水困难，遇到较大的地震，其位置极易走动。

在特大桥，大、中桥和小桥使用了大量的小跨度普通钢筋混凝土和预应力混凝土简支梁。其中，50 ~ 60m 的多为预应力混凝土箱形梁；25 ~ 45m 的为预应力混凝土 T 梁或工形梁；20m 及其以下的为空心板，而 16m 和 20m 为预应力混凝土空心板，低于 10m 则为普通钢筋混凝土空心板。

T 形或工形组合简支梁一般 4 或 5 孔一联形成桥面连续；空心板一般 2 或 3 孔一联形成桥面连续。联与联或联与桥台间均依据跨径的长短设置不同的伸缩缝。

5.1.2　连续梁的特点及采用情况

5.1.2.1　预应力混凝土连续梁桥的特点

（1）当梁跨有 2 跨以上，在梁体全长内无断开处时，就称为连续梁。连续梁的基本特点是：弯矩和剪力沿梁长产生连续不断的效应，一跨受载，邻跨及本联其余各跨均受影响，结果是正弯矩峰值减小，中间支点反力增加，其附近出现负弯矩区。

（2）连续梁是超静定结构。连续梁可以做成 2 跨或 3 跨一联的，也可以做成多跨一联的。每联跨数太多，联长就要加大，受温度变化及混凝土收缩等影响产生的纵向位移也就较大，使伸缩缝及活动支座的构造复杂化；每联太短，则使伸缩缝的数目增多，不利于高速行车。连续梁支座高程的变化会给梁体受力状况带来显著影响。即基础沉降使“反弯点”变化，其转变区段内将有正、负弯矩的较大变化。

（3）公路连续梁桥，较小跨度的常做成钢筋混凝土形式，但也有预应力混凝土形式，其横截面有板、T 形、箱形;但大跨度的均为预应力混凝土,其横截面为箱形。箱形截面是大跨度连续梁最适宜的横截面形式。闭合的箱形截面抗扭刚度大,静、动力性能好,收缩变形小。其顶板和底板具有较大的面积,是结构承受正、负弯矩的主要部位;腹板的功用是承受截面的剪应力和主拉应力;梗腋设在预板与腹板交接处,梗腋可提高截面的抗扭刚度和抗弯刚度,减少扭转剪应力和畸变应力。预应力混凝土连续梁常用范围从 40 ~ 60m,最大跨径已达 240m 左右。

(4)预应力混凝土连续梁设计中的一个特点是:必须以各个截面的最大正、负弯矩的绝对值之和,即按弯矩变化幅值布置预应力筋。例如,一个 3 孔等跨连续梁,其中孔跨中活载正弯矩与活载负弯矩的绝对值之和(弯矩变化幅值)为 $0.125ql^2$,与同跨长的简支梁弯矩相同;而支点上弯矩变化幅值为 $0.133ql^2$。在公路桥上,因恒载弯矩占总弯矩的比例较大,实际上支点控制设计的是负弯矩,跨中控制设计的是正弯矩(因支点上的活载正弯矩与恒载负弯矩之和为负弯矩;跨中活载负弯矩与恒载正弯矩之和为正弯矩)。在梁体全长,弯矩有正、负变号的区段,仅在支点到跨中点的某一区段。这样,布置预应力筋并不增加太大的用量,就很容易满足设计要求。反之,在活载较大的铁路桥上,小跨连续梁的材料节省有限,而施工不及简支梁简单,因经济效益不显著而较少采用。

5.1.2.2　预应力混凝土连续刚构桥特点

(1)连续刚构桥是墩梁固接的连续梁桥。因为这种体系利用主墩的柔性来适应桥梁的纵向变形,所以在大跨高墩中比较适合。一般均采用变高度梁,且多用箱形截面。结构整体性能好,抗扭潜力大,桥体简洁明快,维护方便。

(2)既保持了连续梁无伸缩缝、行车平顺的优点,且具有较大的顺桥向抗弯刚度和横向抗扭刚度,能满足特大跨度桥梁的受力要求。

(3)由于梁墩固结,对温度变化、混凝土收缩徐变及施工误差等因素比较敏感,不仅要求设计计算尽可能精确,同时对施工工艺的要求较高。

(4)连续刚构与连续梁相比,在受力方面,上部结构仍具有连续梁的特点;但由于连续刚构为墩梁固结,免去了墩顶上的支座,所以必须考虑由于桥墩受力及混凝土收缩、徐变、温度变化引起的弹塑性变形对上部结构内力的影响;且桥墩须有一定柔度,以形成摆动支撑体系,墩所受弯矩有所减少,而在墩梁结合处仍有刚架受力性质。

(5)目前,我国大跨度预应力混凝土连续刚构桥已建造了很多。其中有代表性的有:广东虎门大桥辅航道桥采用 150m + 270m + 150m 三跨连续刚构;湖北黄石长江公路大桥采用 162.5m + 3 × 245m + 162.5m 五跨连续刚构;四川江津长江大桥采用 140m + 240m + 140m 三跨连续刚构。它们均采用变高度箱形截面,三向预应力,挂篮悬臂施工。

广东虎门大桥辅航道桥连续刚构纵向预应力取消了弯束的配索方式。在广东洛溪大桥建成以前,国外连续刚构和连续梁的配索方案完全是根据钢筋混凝土结构的配筋原理设置的,没有考虑到预应力混凝土结构与钢筋混凝土结构的巨大差异。对连续梁而言,采用了顶板索、底板索、下弯索和弯起索,对连续刚构又增加了连续索。洛溪大桥设计时,考虑到上述配索方案的缺陷,取消了弯起索,而下弯索只象征性地设置了极少部分。经过洛溪大桥的实践并认真地分析研究之后,在云南某连续梁桥设计中,只采用了顶板索、底板索,仅在边跨的端部由于受力的特殊要求设置了部分弯起索。之后,又将该配索方案应用到跨径 70、80、107、120、140、190、206(m)等不同跨径的连续刚构桥,均获得成功,从而使得该配索方案迅速在国内全面推广应用。虎门大桥辅航道桥 270m 连续刚构也采用了该配索方式。此种配索方案的显著的优点是：

①腹板长度的部分范围内均无纵向预应力管道，从而给腹板混凝土的浇注带来了极大的方便。

②由于预应力钢束设置在结构的最大受力部位，充分发挥了作用，从而可节约预应力钢材 20% ~30%，带来了显著的经济效益。

世界最大跨度预应力混凝土连续刚构桥是挪威的斯托尔马桥，跨度组成为 94m + 301m + 72m，预计于 2018 年 11 月建成。

5.1.3 悬臂梁和 T 型刚构的特点及采用情况

将简支梁梁体加长，并越过支点就成为悬臂梁桥。仅梁的一端悬出称为单悬臂梁，两端均悬出称为双悬臂梁。使用悬臂梁的桥型至少有 3 孔；或是采用一双悬臂梁结构；或是采用单悬臂梁，中孔采用简支挂梁组合成。在较长桥中，则可由单悬臂梁、双悬臂梁与简支挂梁联合组成多孔悬臂梁桥，习惯称悬臂梁主跨为锚跨。

与简支梁相比较，悬臂梁可以减小跨内主梁高度和降低材料用量。悬臂梁一般为静定结构，可在地基较差的条件下使用。在多孔桥中，墩上均只需设置一个支座，减小了桥墩尺寸，也节省了基础工程的材料用量。悬臂梁将结构的伸缩缝移至跨内，其变形挠曲线的转折角比简支梁变形挠曲线在支点上的转折角小，对行车的平顺较有利。

在实际桥梁工程中，钢筋混凝土和预应力混凝土悬臂梁桥均较少采用。这是因为：前者支点负弯矩区不可避免地将产生裂缝；后者虽无此问题，但其施工比较麻烦。与连续梁相比，悬臂梁跨中还要增加悬臂与挂梁间的牛腿、伸缩缝的构造；在使用时，行车又不及连续梁平顺。

国内箱形钢筋混凝土悬壁梁桥最大跨径为 55m，国外一般在 70 ~80m 以下。

我国有代表性的混凝土悬臂梁桥有：

(1)南宁邕江大桥。1964 年 7 月建成通车，是我国最早采用闭口薄壁杆件理论设计的一座悬臂式钢筋混凝土箱形城市桥。两端跨径各为 43m 的单悬臂梁，中间 5 孔跨度各长 55m，采用 23m 中间挂梁的双悬臂梁，桥全长 3.6m，桥宽 2 ×3m + 18m。上部结构的横截面由两组独立的三室箱梁组成，两组箱梁之间用简支板支撑于箱梁的悬臂上；在墩台处设置刚构的连续横隔梁，其余横隔梁均为简支，用以支撑水管管道等。桥墩采用双柱式、沉井基础。

(2)天津市海河狮子林桥。2014 年 5 月竣工，为我国公路上最早采用的一座预应力混凝土悬臂梁桥。分跨为 24m +45m +24m，全长 96m。由单悬臂梁和 8m 长挂梁构成，桥宽 2 ×3m + 18m。上部结构采用变高度的两组箱形梁。

(3)四川省喜德县境内成昆铁路上的孙水河五号桥，1970 年 7 月竣工。主跨为 32.3m + 64.6m +32.3m 铰接悬臂梁，中跨跨中设计筒式铸钢球座剪力铰，边跨支撑采用固定式支座承受竖向压力和制动力，另设预应力钢锚杆连接梁端和桥台，以承受负反力。

(4)T 型刚构桥是一种具有悬臂受力特点的梁式桥，从墩上伸出较短的悬臂，跨中用简支挂梁组合而成，因墩上在两侧伸出悬臂，形同 T 字故得此名。由于钢筋混凝土梁式结构承受负弯矩，不可避免地会在顶面出现裂缝，因而钢筋混凝土 T 型刚构桥不可能做成较大跨径。

而预应力混凝土则适宜做成长悬臂结构。20 世纪 50 年代后,预应力混凝土 T 型刚构获得了长足的发展。

预应力混凝土 T 型刚构分为跨中带剪力铰和跨中设挂梁的两种基本类型。带铰的 T 型刚构桥的上部结构全部是悬臂部分,相邻两悬臂通过剪力铰相连接。所谓剪力铰就是只能传递竖向剪力,但不能传递水平推力和弯矩的连接构造。当在一个 T 型结构单元上作用有竖向力时,相邻的 T 型单元将因剪力铰的存在而同时受到作用,从而减轻了直接受荷 T 型单元的结构内力。带铰的 T 型刚构桥由于日照、混凝土收缩徐变和基础不均匀沉降等因素的影响,剪力铰两侧悬臂的挠度不会相同,必然产生附加内力。这些情况事先难以准确估计,又不易采取适当措施加以清除或调整。其次,中间铰结构复杂,用钢量和费用增加。

带挂孔的 T 型刚构是静定结构,与带铰的 T 型刚构相比,虽由于各个 T 型刚构单元单独作用,而在受力和变形方面略差一些,但它受力明确。此外,带挂孔 T 型刚构在跨内因有正负弯矩分布,其总弯矩图要比带铰的 T 型刚构要小一些,虽增加了牛腿的构造,但免去了剪力铰的复杂结构,主要缺点是桥面上伸缩缝增多。

我国有代表性的预应力混凝土 T 型刚构桥有:

①广西柳州跨柳江的柳江大桥。1968 年底建成,是我国采用悬臂浇筑法建成的第一座预应力混凝土 T 型刚构城市桥。主桥长 608.04m,由 3 个 T 型刚构和挂梁等组成,最大跨度 124m,挂梁长 25m。桥宽 20m,采用双箱双室截面与三向预应力配筋。

②福州市乌龙江桥。1971 年 9 月竣工,是我国较早建成的一座大跨度预应力混凝土 T 型刚构桥。总长 552m,分跨为 58m + 3 × 144m + 58m,各 T 构间采用 33m 简支挂梁连接。桥宽 12m,采用 8m 宽双箱断面,两侧挑出悬臂板各 1.25m。T 构与桥台间采用 6m 长搭板连接。

③河南省汤阴县五陵卫河桥,2005 年 4 月建成通车。桥全长 105m,分跨为 25m + 50m + 25m,两个 T 构之间用剪力铰连接。上部结构横截面采用单箱单室,箱底宽 2.72m,桥面宽 4.5m。

5.1.4 钢筋混凝土及预应力混凝土连续梁桥缺陷的危害性及养护要点

5.1.4.1 混凝土桥结构缺陷的危害性

混凝土桥梁结构缺陷,有表层缺陷和内部缺陷两大类。前者主要有蜂窝、麻面、露筋、孔洞、磨损、表面腐蚀、碳化、剥落、裂缝、缺损、构件变形;后者主要有混凝土的强度不足,抗渗和抗冻指标不满足要求,内部空洞和蜂窝,钢筋及预应力不满足设计要求,混凝土保护层不足,钢筋及预应力筋锈蚀。

这些缺陷有的是施工不当造成的,有的则是在使用过程中因为自然的原因或人为的原因所造成的,还有的则是因为原材料质量不良所造成的。例如,因锚具夹片质量不好,而造成预应力束松弛,导致预应力损失过大。

表层缺陷受外界各种因素的影响,加上长年累月地发生变化,往往会扩大,有时还会向构件内部发展,造成构件强度降低,危及安全使用,从而缩短桥梁结构的使用寿命。

内部缺陷的危害性更大,严重的会造成结构的直接破坏。因此,对这类缺陷,一旦查清就必须及时处理。

5.1.4.2 钢筋混凝土及预应力混凝土连续梁桥的养护要点

(1)经常检查、定期检查及特殊检查时,应针对上面指出的混凝土桥结构常见的一些缺陷进行观察测试。

(2)连续梁桥建成三年内每半年或每年,其后每年应检查受拉区的裂缝和其他缺陷。连续梁受拉区主要是:

①各中间支座及其附近区段的上翼和中性轴以上的腹板;对箱形梁而言,就是顶板和中性轴以上的腹板。

②各跨跨中及其附近区段的中性轴以下的部分;对箱形梁而言,就是底板和中性轴以下的腹板。

(3)建成三年内,每季度于平均最高及最低温度时,检测连续梁各跨跨中挠度、整体线形及高程的变化,有异样变化或承载力不足时,应了解和分析原因进行处理。而建成后第四年起,则可每年于平均最高与最低气温时各检测一次。

当挠度及整体线形变化过大时,应引起警觉。其直接影响是行车面不平顺,有时还会导致桥面铺装层损坏;且可能有更深层的原因:

①设计者对该桥梁体收缩徐变计算的误差较大,即梁体实际发生的收缩徐变远比计算值大。

②因施工和设计原因,造成预应力损失大。

③施工预应力张拉不足。

④地基基础发生了不均匀沉降。

⑤锚具和预应力筋质量有问题。

(4)应保持预应力混凝土箱梁内通风,减少因箱体内外温差过大可能引起的裂缝。

(5)须保持箱梁泄水孔道畅通,以免箱梁体内长期积水造成混凝土侵蚀和钢筋锈蚀。特别是各中间支座处,因其箱梁底板高程较低,更易积水。

(6)不允许预应力混凝土连续梁发生竖向裂缝。裂缝发生后,应首先检测裂缝的宽度、长度,对宽度大于0.2mm的裂缝还需检测其深度。根据裂缝的不同情况分别采取下列办法:

①裂缝小于或等于0.2mm时,应进行封闭处理。

②裂缝大于0.2mm时,应采用压力灌浆(环氧树脂胶)。

③如裂缝发展严重,则应根据其发生的部位采用相应合适的加固措施。

(7)裂缝观测方法,裂缝封闭、压力灌浆和其他加固措施(粘贴CFRP、粘贴钢板、锚喷混凝土、体外预应力)可分别参见前面的简支梁的养护维修有关条款。

①对常见缺陷的观察测试

钢筋混凝土及预应力混凝土连续刚构的常见缺陷与一般混凝土桥梁结构的常见缺陷相同,有表层缺陷和内部缺陷两大类。

②观察测试要点

对连续刚构桥裂缝、缺陷及线形检测的周期与连续梁桥的相同。

a.应注意观察连续刚构的受拉区是否有裂缝和其他缺陷发生。连续刚构的受拉区主要是:各墩(柱)梁固结区段及其附近的梁顶板、中性轴以上的腹板;与梁相固结墩(柱)的顶部(3~5m范围内);与梁相固结墩(柱)的底部(3~5m范围内),但此处常常在水中或覆盖层中,难以观察测试到整个部分;各跨跨中及其附近区段的底板和中性轴以下的腹板。

b. 应注意观察墩(柱)梁固结区段内梁的模隔板有无裂缝及其他缺陷发生。

c. 应注意观察连续刚构因主拉应力过大产生的裂缝和其他缺陷,主要部位是:边跨支撑附近梁的腹板。

d. 应保持预应力混凝土箱梁内通风,减少因箱体内外温差过大可能引起的裂缝。

e. 须保持箱梁泄水孔道畅通,以免箱梁体内长期积水造成混凝土侵蚀和钢筋锈蚀。特别是箱梁与墩(柱)固结处,因箱梁底板高程较低,更易积水。

5.2　梁 体 检 查

5.2.1　梁体检查周期

除了日常的检查工作外,桥梁建成三年内每半年,其后每 1 ~ 3 年对梁体进行一次裂缝检查。

桥梁建成一年内每季度平均最高及最低温度时各进行一次线形观测,第二年起每年在年平均最高及最低温度时各进行一次线形观测。当这些观测发现问题时则应加大观测密度,并分析发展变化趋势。

5.2.2　梁体检查内容

(1)简支梁的受力特点为:跨中截面弯矩最大、端支座处剪力最大,因此,在进行梁体检查时应特别注意此处截面及其附近的梁体状况。

(2)对于混凝土简支梁,定期或在超载重车造成损伤后进行梁体线形的检查,以判断其承载力是否变化,以及支座是否沉降带来竖曲线的变化,是保证桥梁正常运营的重要内容。预应力简支梁有时还会由于徐变不断发生而使拱度不断加大,影响桥梁的线形。

可在桥上建立永久性水准点,使用精密水准仪或全站仪检测墩台顶、梁体支座顶及跨中选定固定点的高程。整理并画出每一联梁的线形。当定期或突发事件后检测结果与该桥初竣工时线形有明显不可恢复的变化时,如大于 20% 的塑性变化,应当进行全面检查和荷载试验,以进一步判断是否有影响承载力及病害发生的原因。否则,可采用调整桥面铺装层厚度或在支座处铺垫的方法保持正常线形。

(3)对梁体的另一类检查是关于影响耐久性的病害检查。这包括梁体裂缝、保护层病变及钢筋锈蚀。

混凝土梁的裂缝,不论是钢筋混凝土还是预应力混凝土都是普遍存在的。对于钢筋混凝土梁,当钢筋应力达 20 ~ 30MPa 时,混凝土拉应变即达到极限值;而梁在运营活载下钢筋应力可达 100MPa 以上,因此,裂缝出现是必然的。问题的关键在于,这些裂缝的宽度和深度必须在有关规范允许的范围内,否则会影响梁的耐久性,甚至影响承载力。

裂缝检查时首先应注意下述几点:裂缝开始出现的时间,裂缝在梁体上的位置,裂缝的宽度、深度、长度和形状。

裂缝成因复杂而繁多,故其形式也多种多样。从不同的角度可将裂缝分成不同的类别,换言之,可从不同角度来描述裂缝的性质。

①按裂缝活动性质分三种类型。

稳定裂缝:其开度和长度不再变化。如结构的初始裂缝,在后期荷载作用时,有可能在压应力作用下闭合,裂缝仍然存在,也是稳定的。

准稳定裂缝:它的开度随季节或某种因素呈周期性变化,长度不变或变化缓慢,这种运动是稳定的运动。

不稳定裂缝:其开度和长度随外界因素的变化而增长,特别是荷载裂缝产生的不稳定扩展,又称动态缝。

②"宏观裂缝"和"微观裂缝"。

宏观裂缝指肉眼可见的裂缝,一般肉眼可见裂缝最小的宽度为0.02~0.05mm,通常取0.05mm为可见宏观裂缝的起始宽度;小于0.05mm的裂缝为微观裂缝,所谓"无裂缝的混凝土"即指裂缝小于或等于0.05mm。

③按裂缝形状分三种类型。

贯穿裂缝:裂缝延伸至整个结构断面,将结构分离,往往会严重地破坏结构的整体性和防渗性。

深层裂缝:裂缝延伸至部分结构断面,对结构也有一定的危害性。这种裂缝一般是在混凝土内部温度比稳定温度高得多的情况下产生的。这种裂缝一般都要影响结构的安全,应进行必要的处理。

表面裂缝:是指在混凝土表面上出现的浅层裂缝。例如,混凝土表面由于温度变化产生的干缩裂缝。

④按裂缝的成因分。

由外荷载(包括静、动荷载)的应力引起的裂缝。

由变形变化引起的裂缝,即主要由温度、干缩、不均匀沉陷或膨胀等变形变化产生应力而引起的裂缝。此外,还有碱集料反应、钢筋锈蚀等引起的裂缝。

裂缝的长度常用钢尺分段测量然后相加得到;裂缝的宽度通常用刻度放大镜或裂缝测量卡尺进行测量;裂缝深度测量,较深者用超声波,较浅者一般在裂缝中注入酚酞溶液,然后小心开凿至不显红色为止,测量其深度,并以环氧胶泥修复。

普通钢筋混凝土简支梁常见裂缝见表5.1;预应力混凝土简支梁常见裂缝见表5.2。此外,对于桥面连续的简支梁,在现浇混凝土纵向接缝及负弯处均可能分别出现纵向与横向裂缝。

普通钢筋混凝土简支梁常见裂缝病害表 表5.1

种类	状态	原因
网状裂纹	(1)裂纹多属表面龟裂,无固定规律,其深度不致触及钢筋; (2)宽度很小(0.01~0.05mm),宽度在0.05m时肉眼可见,以手触之有凸起之感	混凝土梁表面与内部收缩不均匀

续上表

种　类	状　态	原　因
下翼缘受拉区的短细竖裂纹	(1)裂纹在跨中分布较密(间距0.1~0.2m),两端逐渐减少; (2)裂纹大致与主筋垂直,由下翼缘向上发展,至下梗腋即告终止; (3)宽度较细,一般在0.03~0.1mm,跨度在10m以下的梁,裂纹宽度多在0.03m以下; (4)一般在动载作用下变化不大,经过较长时间运营已趋稳定	梁受力产生挠曲
横隔板处竖向裂纹	(1)在梁端及腹板变断面的梁上均有发生,由棱角边缘向上延伸,焊缝焊趾开裂; (2)宽度0.2~0.3m	由于偏载、扭转(支座不平)等两片梁受力不匀;竖直剪力及腹板厚度剧变处应力集中
人行道长悬臂上平面顺梁长纵向梁纹	(1)一般裂纹由梁端向跨中延伸; (2)裂纹宽度0.2mm以上	由于振动所引起,如该处钢筋位置放得过低,也会发生裂纹
腹板上竖向裂纹	(1)运营线上最常见、最严重的一种,梁的跨度越大,裂纹越宽越长; (2)跨度12~20m变截面梁普遍存在于腹板较薄部分,在梁半高线附近裂纹宽度较大;跨度6.7~10m等截面梁裂纹较少,多分布在跨间1/4跨长范围内,最宽裂纹在主筋以上部位附近;跨度5.5m以下的梁则少见; (3)裂纹宽度一般0.2mm,最大0.5mm,间距无一定规律; (4)Ⅱ形梁一般以外梗外侧为多,当外梗外侧裂纹宽超过0.2~0.3mm时,其内侧均有相应裂纹; (5)裂纹在混凝土灌注两三个月陆续发生,经荷载作用裂纹发展,数量增多(质量好的梁则变化不大)随梁的使用时间增长而逐渐停止发展; (6)变截面梁裂纹由中间向上下两端延伸,等截面梁裂纹由主筋以上向上延伸,上端未到达腹板顶部,外梗外侧面裂纹随使用期增长而增多,其他面变化不大,如外侧侧面裂纹发展过甚,可使内侧重新开裂形成环状或对裂	是混凝土收缩和外力作用的综合产物。施工不良者以外力为主,正常情况下以收缩
腹板斜裂纹	(1)也是钢筋混凝土梁中最多的一种裂纹,各种跨度均有发生,但10m以下裂纹较少,其倾斜角也较小; (2)跨度12~20m梁裂纹分布在距支点1m至1/4跨度处,最宽0.4mm(少数)一般0.2~0.3m与水平轴呈45°~60°;跨度8~10m梁端部腹板虽较厚,但有时也有发现; (3)变截面梁斜裂纹在梁半高线附近宽度最大,向两端发展形成枣核状;等截面梁斜裂纹在主筋附近宽度最大; (4)外梗斜裂纹比内梗为多,宽度超过0.2m者两侧多形成对裂; (5)裂纹间距为0.5~1.0m,裂纹由几条至几十条不等; (6)斜裂纹在梁的每个侧面的分布规律与剪力分布相符	(1)主拉应力作用; (2)混凝土收缩作用; (3)外力产生的扭转作用; (4)斜裂纹多的梁,施工质量一般有问题

续上表

种　类	状　态	原　因
顺主筋方向的纵向裂纹	(1)裂纹顺主筋方向延伸,长度可发展得很长,最严重的长达跨度之半,宽达4mm; (2)这种裂纹对结构有很大的危害,它破坏钢筋和混凝土的共同作用条件(黏着力),可使钢筋应力骤增,以致突然破坏	(1)主要是混凝土中掺用了氯化钙。因氯化钙的存在,水分渗入钢筋发生电化学锈蚀作用,锈蚀膨胀将混凝土胀裂; (2)施工不良,保护层过薄或有蜂窝,钢筋锈蚀混凝土被胀裂

预应力混凝土简支梁常见裂缝　　表5.2

裂纹种类	裂纹状态	原因分析
桥面板横向裂纹	(1)发生在断面削弱部位(中间几个泄水孔)。一般比较轻微,严重的可达上梗腋外,个别可裂到腹板中部; (2)有时在1/4跨度附近出现,多数贯通上翼,有些则仅出现在上翼一侧,裂纹状如刀切,一般宽度0.1~0.2mm,个别达到0,8mm; (3)在无外荷载作用的情况下,随着徐变上拱,此种裂纹将继续发展或产生新的裂纹; (4)当桥面铺设上部结构物之后,即处于受压状态,这类裂纹在经过环氧树脂修补之后,在使用过程中不再开裂	(1)上翼缘拉应力设计值过大; (2)桥面断面局部削弱处应力集中; (3)存梁起吊运梁时支点位移,加大上翼缘拉应力; (4)横移拖拉,不均匀移动使桥面横向受拉; (5)桥面混凝土强度不足
沿梁端钢丝束的裂纹	(1)裂纹与钢丝束方向一致,在后张法中通常在端部在扩大部分,裂纹比较细小,长度2m及以上,宽度0.1~0.2mm,深度约35mm。在厂内时裂纹很少发现,但可能已有微裂,在运营中受各种因素作用而逐渐显露; (2)先张法预应力梁有直线配筋的单向预应力与双向预应力两种,由于钢丝束布置方式的不同,端部裂纹亦不同,裂纹始于张拉端面,近水平状向跨中延伸,通常位于自梁底起50~130cm高度范围内,一般有1~5条,宽度为0.1mm,长度延伸至扩大部分变截面处	(1)后张法梁多由于端部集中应力所致。张拉时垂直应力达2.17MPa; (2)垂直21.7MPa(21.7kgf/cm)应力主拉应力达2.75MPa; (3)先张法由于采用直线配筋,无后张法梁中的弯起钢丝束,全部钢丝束均集中在下缘,上缘仅1、2根钢丝束,且两组钢丝束相距很远,而预应力在梁端传递有一定范围,由于局部应力在两组钢丝束的中间部分的梁端混凝土处于受拉区,从而发生水平裂纹; (4)先张法采用埋在混凝土内部的锚头时,因锚头处应力集中和锚头的楔形作用,致该处附近产生细小的水平裂纹; (5)端部混凝土质量差(砂浆过多)

续上表

裂纹种类	裂 纹 状 态	原因分析
下翼缘的纵向裂纹	(1)早期生产的预应力梁,沿管道的裂纹相当普遍。1年后,由于改善梁体的构造以及采用底模振捣和胶管制孔等工艺,梁体质量提高,但仍有不同程度的较细小的纵向裂纹; (2)裂纹多发生在端部第一、二节间的下翼缘侧面及梁底或腹板与下翼缘交界处,但也有少数在腹板上; (3)裂纹一般都位于最外一排的钢丝束部位。通常在锚头后面或压浆孔附近首先开裂,然后沿钢丝束走后向,继续延伸至第二横隔板为止,个别向跨中延伸	(1)下翼缘受过高的纵向预压应力,导致梁体产生过大的横向应变; (2)管道处保护层较薄,压浆时又受近1MPa的压力,故易沿管道发生裂纹
腹板竖向裂纹	(1)厂制过程中的一种主要裂纹,一般出现数量不多,大多在脱模后第二天发生; (2)裂纹长一般在50cm以上,发生在两隔板的中部较多,裂纹宽度为0.05~0.2mm。呈枣核状,中间宽两端窄,裂纹大致由腹板的半高线向上下延伸; (3)有的裂纹通常从上梗腋至下梗腋,个别严重的桥面及梁底部都会裂断,宽度0.2~0.4mm; (4)预施应力后,裂纹大部分闭合,但孔道压浆时还会从裂纹中挤出浆来; (5)仅限于腹板部分的竖向裂纹在静载试验中证明对梁体结构性能无多大影响,但梁底裂通的梁,尤其裂纹处于跨中附近时,则由于丧失下翼缘混凝土本身的抗拉强度,将导致梁体挠曲抗裂性有显著降低	(1)混凝土收缩,这与水泥品种、混凝土用水量及养护等因素有关; (2)温差。即梁体制造时内外温度不一致(梁体内混凝土温度最高可达60℃左右);纯熟料水泥水热高,产生的温度应力也比较大,裂纹也较为严重
桥面板及下翼缘斜面上的龟裂	(1)裂纹的方向无一定规律,长度不大,但裂纹有的很宽,达1~2mm; (2)下翼缘斜面上,由于水泥砂浆容易聚积该处,龟裂现象较普遍	主要是表面有浮浆,由于干缩所造成
上翼缘底面竖向裂纹	有这类裂纹的梁片不多。裂纹宽度在0.1mm左右,裂纹不延伸至梁面	蒸汽养护,钢模升温较快,因钢模伸长多于混凝土而拉裂

续上表

裂纹种类	裂 纹 状 态	原因分析
上梗肋桥面板底部的纵向裂纹	在第一个节间出现的机会较多,常发生在桥面板底部变坡的折线处,桥面板上却看不到这种裂纹	脱模时顶裂,因端部梁形较复杂,故出现机会较多
横隔板裂纹	(1)在厂制过程中已发生一些不规则的裂纹,在拆模过程中往往也有发生。有的出现在横隔板与腹板交接处,长度甚至延伸至隔板与翼底面交接处。裂纹宽0.05~0.2mm,多出现在隔板一侧; (2)运营中的预应力梁有两种横隔板裂纹:一种是横隔板留方孔的,裂纹在方孔下角处的垂直方向,有的裂通,宽度约0.1mm;另一种是整体式横隔板,裂纹由隔板底部垂直向上,运营中有所发展,最长至桥面板交界处,宽度一般小于0.1mm; (3)此种裂纹与普通钢筋混凝土梁的隔板裂纹性质完全一样,由于预应力梁的隔板未受到预应力的作用	(1)收缩和拆模顶裂; (2)中间隔板裂纹多。由于运营中偏载和扭转(线路和主梁轴线不重合)产生垂直剪力所造成。端横隔板的裂纹还与支座不平及活动支座转动不灵活有关(如以往采用活动支座的摇轴上下圆弧的圆心不在同一点上,在荷载作用下转动不灵活,在温度影响下,还可能出现摇轴突然转动现象); (3)内外侧梁体受太阳照射的程度不同,向阳的梁因温升膨胀,使隔板承受弯矩
端部斜向裂纹	(1)这种裂纹近年来发现不多,早期预制梁则较普遍。一般发生在具有梨状内锚的先张法梁内; (2)端部腹板上的斜裂纹少则两条,多则4~5条; (3)裂纹倾斜度以靠近梁端者较大,近跨中者较小,与水平轴倾角呈25°~45°; (4)裂纹中间宽两头窄,宽一般0.1mm,严重者0.3mm,长0.5~1.1mm,个别严重者延伸到上梗腋,继续向跨中延伸至第一横隔板以后,方渐趋稳定	(1)主拉应力过大; (2)内部锚头产生局部应力

影响混凝土梁耐久性的缺陷除裂缝外,还有梁体表面渗漏、风化、保护层剥落、露筋及钢筋锈蚀等。这些表观病变与钢筋锈蚀病害的一般情况见表5.3。关于保护层剥落或露筋的检查可以用小锤轻击,当有这些病害时,则会有分层和空洞声或脱落。图5.1为由于钢筋锈蚀引起混凝土保护层胀裂或脱落的情况。

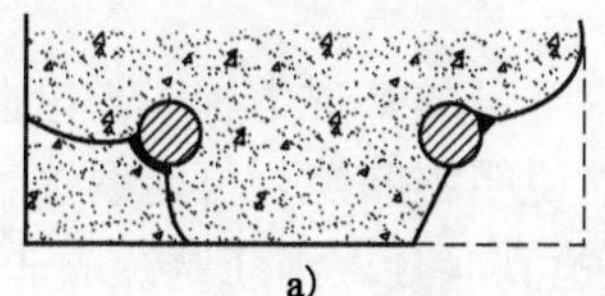

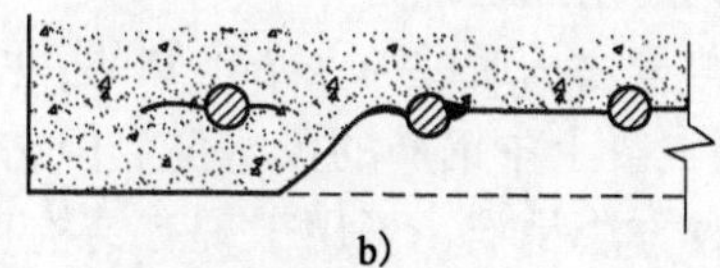

图5.1　保护层胀裂、掉角和脱落示意

a)混凝土保护层胀裂与掉角;b)混凝土保护层层裂与剥落

桥梁表观和锈蚀病害表　　表5.3

表观病特征	病变形态	病变产生原因	病变产生时间	锈蚀病害程度	备　注
施工冷缝	与构件厚度、高度垂直、表面呈羽状多孔	混凝土浇筑间歇时间超过初凝时间	早期	钢筋可能锈蚀	
露筋	钢筋局部露在混凝土表面	钢筋错位或局部无保护层	早期	钢筋锈蚀	
变形裂缝	与主钢筋垂直的裂缝	因超载、温度变化、地基沉陷所引起	早、中、后期	钢筋锈蚀(一般局限于裂缝附近)	
空鼓层断裂	敲击混凝土表面有空鼓声	表层混凝土因钢锈内部裂开分层; 表面蜂窝及空洞	中后期 早期	钢筋锈蚀; 钢筋可能锈蚀	
锈斑	棕色点状或块状锈斑	混凝土密实性低或钢筋保护层厚度不足	中、后期	钢筋锈蚀	
暴筋	混凝土保护层沿钢筋局部脱落露筋	钢筋保护层过薄	中、后期	钢筋锈蚀或严重锈蚀	病变多产生在箍筋处
筋裂裂缝	沿主筋、分布筋、箍筋位置出现与钢筋平行的裂缝	混凝土密实性低、钢筋保护层厚度不足、盐污染或碱集料反应开裂	后期	钢筋锈蚀或严重锈蚀	也可能为变形裂缝,先产生裂缝后引起钢筋锈蚀
胀裂脱落	混凝土保护层呈碎片状胀裂、脱落或露筋	混凝土密实性低或钢筋保护层厚度不足	后期	钢筋严重锈蚀	

混凝土的密实度、渗水性、含水率、含氯盐量、碳化深度、保护层厚度不足和开裂等缺损，是导致钢筋锈蚀的诸多因素。图5.1所示预应力混凝土梁端部裂纹钢筋锈蚀又促使混凝土进一步破损。

对钢锈蚀的评定技术可分为直接评定和间接评定。

①直接评定钢筋锈蚀技术

半电池电位测量法是通过与一个已知的，并保持常量的基准电池（半电池）的极电位相比较，以有效地测量混凝土中钢筋的极电位。但它只能说明钢筋是否可能锈蚀，而不能提供锈蚀速率的数据。这种方法是唯一可用于现有结构直接检测混凝土钢筋锈蚀的非破损技术。其设备简单，便于现场原位检测。在混凝土结构耐久性评定中被广泛应用。

电阻探测器技术和线性极化探测技术这两种方法必须在新结构施工中实施，不能用于旧结构。

质量损失法和截面损失法（或凹痕深度测量法）均需在构件上截取已锈蚀的钢筋试件进行检测，都是局部破损试验，而且仅表示局部的锈蚀率。

②间接评定钢筋锈蚀技术

用保护层测定仪检测钢筋的混凝土保护层厚度是否足够。目前，有关产品的探测深度达220~250mm，精度为±5%。这种方法也经常用来探测钢筋位置，估测钢筋直径。

测定混凝土电阻率，通常用四电极法测量。混凝土电阻率与含水率有关，是控制钢筋锈蚀的因素之一，电阻率越高，锈蚀电流就越弱。当电阻率超过12mΩ·cm时，不可能锈蚀；低于500Ω·cm时，肯定锈蚀。

测试混凝土中氯离子的含量。

测试混凝土碳化深度。详见下述：

气透性检测，主要用于原位评定混凝土对碳化和有害离子侵蚀的抵抗力，从而间接评定钢筋锈蚀的可能性。英国运输道路研究试验所（TRRL）已在十余座后张预应力混凝土桥梁中采用真空压力法进行气渗透性检测，以评定预应力管道灌浆中空隙体积及预应力索锈蚀的可能性。

关于碳化深度的检查。所谓混凝土碳化，指的是空气中的 CO_2 与水形成弱酸性液体渗入混凝土表面，与混凝土的碱性水化物进行中性化反应，即碳酸与氢氧化钙反应生成碳酸钙，使保护层失去对钢筋的保护作用，进而使钢筋钝化膜消失，加快钢筋的锈蚀进程。

检残的方法是：将混凝土表面形成直径约15mm的孔洞，其深度应大于混凝土碳化深度。孔洞中的粉末和碎屑应除净，并不得用水擦洗。同时，应采用浓度为1%的酚酞酒精溶液滴在孔洞内壁的边缘处，当已碳化与未碳化界线清楚时（由于现在所用水泥掺和料品种繁多，有些水泥水化后不能立即呈现碳化与未碳化的界线，需等待一段时间方才显现。pH>10时显示红色，未碳化；pH<10时保持无色，已碳化），再用深度测量工具测量已碳化与未碳化混凝土交界面到混凝土表面的垂直距离。测量不应少于3次，取其平均值。每次读数应精确至0.5mm。

经过对梁体全面检查和缺陷的判断后，便可规划养护维修范围、规模，制定修补的目标和目的，以及具体项目等。这是一个技术性很强的工作，必须考虑：桥梁设计和竣工时的初期性能，桥梁耐久性设计年限、开裂及病害原因，病害及劣化程度与范围。

梁体的养护、修补和加固,可按病害的程度和范围采用下述方法:

①表面封闭和注浆。

a. 表面封闭。当裂缝宽度小于0.2㎜,或细状不继续发展的裂缝,或为了阻止混凝土碳化发展,或防止海洋大气和其他腐蚀环境时,对混凝土及钢筋的腐蚀采用表面处理。以树脂或涂料在需处理的局部或整个梁体形成封闭膜,将混凝土与空气和水隔断。

做封闭处理时,首先以钢丝刷将混凝土面刷毛,清除附着物。如果用水冲洗,则必须充分干燥。涂覆工艺由所采用的涂料类型决定,涂膜厚度一般不大于300μm。

b. 注浆。当裂缝宽度在0.2mm,裂缝较深,漏水,既对结构耐久性有影响,又会影响结构强度和刚度时,需采用注浆的办法向裂缝内灌浆,以使混凝土梁被胶黏为一体。浆液为黏度较低的环氧胶或其他高分子系列。要求其抗拉强度高于被灌注的梁体混凝土的抗拉强度,且在压力作用下易于渗入混凝土裂缝内。

②填充。当混凝土梁体表面有麻面、剥落、空洞等缺陷且混凝土局部劣化较多时,应采用向缺陷处填充环氧树脂胶泥,环氧树脂砂浆、聚合物水泥砂浆等办法,使之与老混凝土黏结成为一体,以恢复原断面、防水和防止钢筋锈蚀。

③粘贴CFRP。CFRP是碳纤维增强塑料的英文缩写。目前用于修复混凝土结构的碳纤维增强塑料片材有碳纤维布和碳纤维板两种。当梁体结构发生了影响刚度和应力(主拉应力、剪应力、弯曲应力)的裂缝时,为提高梁的抗力和防止钢筋进一步锈蚀,可在开裂区相应部位粘贴碳纤维布数层。

5.3　混凝土桥梁上部结构加固技术

5.3.1　锚喷混凝土

所谓锚喷混凝土,就是先将锚杆拟补强部位的梁体内,挂设计强钢筋网,然后再喷射一定厚度的混凝土,形成与原梁体共同承受外荷载作用的组合结构。所以,锚喷混凝土是借助喷射机械,利用压缩空气将新混凝土混合料,通过管道高速喷射到已锚固好钢筋网的受喷面上,所以新旧混凝土结合面上能够传递拉应力和剪应力。

5.3.1.1　锚喷混凝土强度

1)补强钢筋

补强钢筋主要弥补原结构抗弯能力不足,一般采用11级螺纹钢。

2)喷射混凝土

抗压强度。这是评定喷射质量的主要指标。其抗压强度是指用喷射法将混凝土混合料,喷射在450mm×350mm×120mm的模型内,当混凝土达到一定强度,用切割机锯掉周边,加工成100mm×100mm×100mm的试件,在标准条件下养护28d(或在28d龄期时从实际喷射面上钻芯取样做成标准试件),所测得的抗压强度值乘以0.95的尺寸换算系数。

影响喷射混凝土抗压强度的因素很多,如原材料的品种和质量、混合料的设计(水灰比、水泥用量、砂率、粗集料粒径、外加剂品种与用量等),以及施工工艺和施工人员的操作方式(喷射压力、喷嘴与受喷面的距离、角度以及混合料的停放时间等)。

试验资料表明,分层喷射的混凝土对抗压强度没有影响,因此,在锚喷混凝土加固旧桥时,对于较厚的喷射混凝土,可采取分层喷射的方法施工。

黏结强度。一般需分别考虑其抗拉黏结强度与抗剪黏结强度。

抗拉黏结强度是衡量锚喷混凝土在受到垂直于结合界面上的拉应力时保持黏结的能力;抗剪黏结强度则是抵抗平行于结合面上作用力的能力。实际上,作用在结合面上的力,常常是多种力的结合,而不能简单区分。

由于喷射时混凝土混合料高速连续冲击受喷面,而且要在受喷面上形 5 ~ 10mm 厚的砂浆后,粗集料才能嵌入。这样水泥颗粒会牢固地黏附在受喷面上,因而喷射混凝土与原结构表面有良好的黏结强度,同时锚入原结构内的锚杆亦加强了新、旧混凝土的黏结。

5.3.1.2 锚喷混凝土加固旧桥的设计要点

新喷上的混凝土恒载(重量)作用于原构件上,即新喷的混凝土不承担恒载。

计算活载产生的应力时,将新、旧混凝土作为一个整体考虑。对不同的混凝土强度等级和新增的补强钢筋,按其弹性模量进行截面换算。

仍按弹性理论进行计算。

进行加固设计前,应弄清旧桥的原始情况以及病害原因,对旧桥的基本承载能力作出评价。

采用的喷射混凝土与钢筋的强度等级,不应低于原结构的强度等级。对于结合界面处两种不同强度等级的混凝土共同作用时,应以较低强度等级作为计算标准来进行换算。

5.3.1.3 锚喷混凝土加固旧桥的施工工艺

喷射混凝土一般有干式和湿试两种方式。湿式喷射混凝土有明显的优点:它所采用的喷射机允许混凝土混合料在进入喷射机前或在喷射机中加入足够的拌和水,拌和均匀,然后再通过送料软管送至喷嘴喷射到受喷面上。所以,混凝土的水灰比能准确控制,有利于水和水泥的水化,因而粉尘较小,回弹较少,混凝土均质性好,强度易于保证。但设备较干喷机复杂,速凝剂加入也较困难。

施工工艺:

(1)打毛并清洗被加固梁体的表面。

(2)按设计要求在梁体表面安设锚固钢筋。

(3)安设补强钢筋网。钢筋周围应有足够的间隙,以便喷射混凝土能完全包裹钢筋。注意将钢筋网牢固地绑扎或点焊在锚固钢筋上,以免喷射混凝土混合料时位置产生移动。

(4)喷射混凝土。首先检查喷射机是否正常,同时用高压水冲洗掉打毛时剩余的碎渣,并充分润湿受喷面。

①干喷法:将水泥、砂、集料按试验配合比在干燥时充分拌和,内掺一定比例的速凝剂(一般按水量用量的 2%、5%),然后送进干喷机。

②湿喷法:按试验配合比将材料加水拌和成混凝土混合料,然后送进湿喷机内。

喷射混凝土时喷嘴与受喷面的最佳距离一般为 0.8 ~ 1.5m,距离过大将增加回弹量,并降低密实度,从而也降低了强度。喷嘴应尽量与受喷面垂直,否则会降低混凝土密实度。当对配有钢筋网的受喷面进行喷射时,喷嘴应更靠近受喷面一些,且与垂直方向稍偏离一个小角度,以便获得较好的握裹效果,同时便于排除回弹物。

向顶面喷射混凝土时,喷射混凝土下垂甚至脱落和回弹量过大是常发生的两个问题。因此,较厚的喷射混凝土应分层喷射,前后层喷射的间隔时间应为 2 ~ 4h。一次喷射厚度以喷射混凝土不滑移、不坠落为宜。既不能因喷层太厚而影响喷射混凝土的黏结力和凝聚力,又不能因喷层太薄而增加回弹。喷射层每层厚度控制的数值为:仰喷时每层最大厚度为 20 ~ 30mm,侧喷时每层最大厚度为 30 ~ 40mm;俯喷时每层最大厚度为 50 ~ 60mm。

回弹物中水泥含量很少,主要为粗集料;凝结硬化后则是一种松散、多孔隙的块体,因此,应及时予以清除。

(5)表面修整。

对于要求表面光滑和外形美观的桥孔,喷射混凝土的表面应及时修整。一般可在喷射混凝土初凝后(即喷射后 15 ~ 20min)用刮刀将设计线以外多余的材料刮掉,然后再喷或抹一层砂浆;或在喷射面上直接喷或抹一层砂浆。

(6)喷射混凝土的养护。

喷射混凝土终凝 2h 后,应及时喷水养护。养护时间应不少于 7d。

5.3.2 用体外预应力加固

钢筋混凝土梁式桥,通常包括简支梁(T 型梁、少筋微弯板组合梁)、悬臂梁、T 构、连续刚构和连续梁等,存在结构缺陷,尤其是承载力不足或需要提高荷载等级,即需要对梁体进行加固时,可在梁体外设置粗钢筋、钢丝束、钢杆,并施加预应力。

体外预应力加固法,与梁底增焊或粘贴钢筋或钢板的加固方法相比,不需清凿混凝土保护层,且损伤梁体程度小,加固时不影响或少影响交通,能恢复或提高桥梁的荷载等级,经济效果较明显。但对于体外筋和有关构件应采取切实有效的防护措施,否则,在温度、腐蚀等外界条件作用下,容易造成预应力筋等断裂、松弛,而使加固工作失败。

5.3.2.1 加固机理

通过在梁体外布设预应力筋,或在梁体外布设钢拉杆或钢撑杆,并与被加固的梁体锚固联结,然后施加预应力,强迫后加的预应力筋、拉杆或撑杆受力,从而改变原梁体的内力分布,并降低原梁体的应力水平,使梁体总承载力显著提高,且可减少梁体的变形、缩小裂缝宽度甚至完全闭合。这就是体外预应力加固梁式桥梁提高承载能力的机理。

5.3.2.2 加固种类

1)预应力水平拉杆加固补强法

对于钢筋混凝土 T 梁或工字梁,可采用在梁的受拉区,即在梁底增设水平的预应力拉杆的补强方法进行加固。当安装好拉杆并通过一定的装置进行收紧张拉,使得拉杆产生较大的纵向拉力并传至梁体底,使梁体底受拉区受到拉杆顶压应力的作用,梁体受拉应力也就相应减小。

这种补强加固法可提高梁体正截面抗弯承载力,但不能提高支座附近斜截面抗剪承载力。

2)预应力下撑式拉杆加固补强法

将水平的补强拉杆在接近支座处向上弯起,然后将拉杆锚固于梁体支座的上方,弯起点处设置传力构造,再施加预拉力。补强拉杆一般用粗钢筋做成,也有用型钢的。

这种下撑式预应力补强拉杆布置较为合理,拉杆中施加预应力后,通过拉杆弯起点的支托构件传力,对梁体产生作用力,起到卸载的作用。这种加固方法的优点是对受弯构件垂直截面上的抗弯强度和斜截面上的抗剪强度同时起到补强作用。构造做得妥善时,可较大提高原结构的承载能力。

5.3.3 预应力组合式拉杆加固补强法

这种加固方法既布置有水平补强拉杆,又布置有下撑式补强拉杆,使之能够同时提高梁体的抗剪和抗弯强度,从而可更大幅度地提高梁体的承载能力。

在大跨度连续梁、连续刚构需用体外预应力加固时,则常采用预应力钢丝束或预应力钢绞线及其相应的预应力锚具和张拉设备。采用这种体外预应力筋,关键问题有:预应力束两端头的锚固支撑块体要牢靠,要与被加固的梁体结成一体,需因地制宜,可做成类似于锯齿块、横隔墙,也可利用已有的横隔墙;如果预应力束是折弯形的,则需在设计指定的位置设牢固的转(导)向装置,且其与预应力束间的摩擦应尽量小。

这些为体外预应力所增设的锚固支撑块和转(导)向装置,与梁体连接界面的局部应力状况应引起设计者的特别关注。

若梁的正弯矩区预应力不足,可将体外预应力筋布置在箱内,靠近底板;若梁的负弯矩区预应力不足,则将体外预应力筋布置在箱内,靠近顶板。

为解决体外预应力筋的竖弯,可设钢筋混凝土隔板;而体外预应力筋的端头锚固则常采用后设钢筋混凝土锚块的方式。

这些增设的隔板及锚固块均需采用在原结构上钻孔埋设钢筋的方式,使新、旧混凝土连接牢固可靠。

大跨度梁采用的体外预应力筋基本上是平行预应力钢丝束或钢绞线,它们的防腐可用 PE 防护套;锚具采用相应的夹片锚;通过隔板的转向处,采用双重钢管的形式,外管埋设于隔板内,体外预应力索从内管通过,内管与体外索之间注环氧砂浆(该处的 PE 护套剥除);体外索张拉应力一般应控制为 $0.5R_y^b$。

当梁的腹板出现较多的斜裂缝,有些裂缝方向较平缓,仅靠纵向体外预应力减少主拉应力是不够的,因此需设竖向体外预应力。

竖向体外预应力布置在箱内,紧靠腹板内侧,对腹板作用为偏心受压。竖向体外预应力布置在需要布置的节段,沿顺桥向每隔一定的间距(如 80cm)。体外预应力一般采用 32mm 粗钢筋,两端用 YGM 锚,分别锚固在箱梁顶、底板上。其张拉应力采用 $0.5R_y^b$。

其孔道可采用在原梁体混凝土内钻孔加设钢管的方式,在箱梁顶、底板范围内采用钻孔,在箱内采用钢管。

体外预应力筋及其锚具等,抗疲劳性能必须满足有关规范的要求。

在进行体外预应力加固梁时,根据被加固梁的实际情况,常常还需要辅以贴碳纤维布、封闭及注浆等方法,进行综合治理,确保被加固梁体的整体性,防止钢筋进一步锈蚀。设置竖向体外预应力筋相对于腹板为偏心布置,对腹板外侧压应力有减小作用。因此,为安全起见,在相对应的腹板外侧粘贴 2 ~ 3 层碳纤维布。

5.3.4 粘贴钢板加固设计

采用环氧树脂黏结剂将钢板粘贴在钢筋混凝土梁的受拉边缘或薄弱环节,使之与原结构共同受力,以提高刚度,改善原结构钢筋及混凝土的应力状态,从而提高承载力。

5.3.4.1 黏结钢板加固设计

(1)一般将钢板粘贴在被加固梁的受力部位的外边缘,以便充分发挥粘贴钢板的强度与作用,同时封闭粘贴部位的裂缝和缺陷,约束混凝土变形,从而有效地发挥粘贴钢板梁的抗弯、抗剪等性能。

(2)为了提高梁的抗弯能力,一般在其受拉缘表面粘贴钢板,使钢板与梁形成整体来受力,此时以钢板与混凝土黏结处的混凝土局部抗剪切强度控制设计。合理与安全的设计应控制在钢板发生屈服变形前,黏结处混凝土不出现剪切破坏。

(3)当梁的主拉应力区斜筋不足,为了加固和增加梁的抗剪切强度时,可将钢板粘贴在梁体的侧面,并垂直于剪切裂缝的方向斜向粘贴(斜度一般为45°),以承受主拉应力。

(4)补强设计时,钢板可作为钢筋的断面来考虑,将钢板换算成钢筋,但此钢板仅承受原梁承受不了的那部分活载。

(5)在构造设计时,加固用的钢板可按实际需要采用不同的形状,但钢板的厚度必须比计算出的厚度大些。用于抗弯能力补强的钢板尺寸应尽可能薄而宽、厚度一般为4~6mm,较薄的钢板可有足够的弹性来适应梁体表面形状。用于抗剪能力提高的钢板厚度宜厚点,可依设计而定,一般采用10mm。

(6)设计钢板长度时,应将钢板的两端延伸到低应力区,以减少钢板锚固端的黏结应力集中,防止黏结部位的混凝土出现裂缝或粘贴钢板被拉脱现象的发生。

(7)如何确保钢板和被加固的梁体形成整体受力是加固成功与否的关键。所以,在进行补强设计时,除应考虑钢板具有足够的锚固长度、黏结剂具有足够的黏结强度和耐久性外,为避免钢板在自由端脱胶拉开,端部可用夹紧螺栓固定,或设置U形箍板、水平锚固板等;并在钢板上按一定的距离用螺栓固定,确保钢板与混凝土之间的黏结力满足抗拉或抗剪强度的需要。

5.3.4.2 对材料与构造的要求

(1)加固所用的黏结剂,必须是黏结强度高、耐久性好、具有一定弹性。

(2)加固使用的钢板,一般以Q345钢为宜。钢板尺寸、连接螺栓及焊缝的设计均应按现行的公路桥涵设计规范和其他有关标准执行。

(3)粘钢加固结合面的黏结强度,除黏结剂本身强度应确保外,主要取决于被加固梁体的混凝土强度。

(4)黏结钢板在加固区外的锚固长度,除满足计算值外,尚应保证一定的构造要求:对于受拉区,不得小于,不得小于200δ(δ为钢板厚度),亦不得小于600mm,对于受压区,不得小于160δ亦不得小于480mm;同时,锚固区尚宜增设U形箍板或螺栓等附加锚固措施。

(5)为防止钢板锈蚀,延缓黏结剂的老化,钢板表面应做密封防水防腐蚀处理。

5.3.4.3 粘贴钢板施工注意事项

(1)待黏结部位的混凝土表面应清凿平顺、坚硬干净。

(2)钢板除锈要彻底,且表面应有一定的粗糙度。

(3)慎重选择胶粘材料,配合比要准确。

(4)粘贴前在梁体混凝土上钻孔并安装锚固螺栓(兼作固定件和压紧件),要求埋设牢固,具有可靠的抗拔力,以保持粘贴钢板时有效加压,同时还可帮助钢板克服剪切,有利于粘贴的耐久作用。

(5)粘贴时应注意粘贴料的饱满。

(6)对钢板外表进行防锈处理和被加固部位梁体的外观处理。

5.3.4.4 配制黏结剂时必须遵守的安全规定

(1)配制黏结剂用的原料应密封储存,远离火源,避免阳光直接照射;

(2)配制和使用场所,必须保持通风良好;

(3)操作人员应穿工作服,戴防护口罩和手套;

(4)工作场所应配备各种必要的灭火器以备救护。

5.3.4.5 质量检查

粘贴钢板完毕并撤除临时固定设备后,应用小锤轻轻敲击黏结钢板,从音响判断黏结效果或用超声波法探测黏结密实度。如锚固区黏结面积少于90%,非锚固区黏结面积少于70%,则此黏结件无效,应剥下重新黏结。

对一些特别重要的桥梁,也可做荷载试验。但一般仅做标准使用荷载试验。其变形(挠度)和裂缝开展应满足设计使用要求。

5.3.5 加大截面加固法

混凝土截面补强加固又可采用两种方式,一种是直接加厚桥面板,另一种是增大主梁梁肋的高度和宽度。当采用加厚板补强加固时,先将原有桥面铺装层凿除,在桥面上浇筑新的钢筋混凝土补强层,使其与原桥跨结构形成组合断面,以提高抗弯刚度达到的补强效果。该法虽施工简便,但增加了结构物的自重,并未真正加强下缘受拉区,因此仅适用于跨径较小的T梁桥或板型梁桥。而增大主梁梁肋高度和宽度一般在加大的下缘混凝土中加设主筋,并且为避免因起吊主梁加固而增加施工难度,在靠近梁端部位仍保持原貌,与加大部分做一斜面过渡。

采用增大截面法补强加固的设计要点是:首先应充分考虑结构分阶段受力,所有恒载(原结构和新加部分)由原结构承受,活载由最后形成的组合截面承受,然后根据规范的要求进行详细的设计验算。

5.4 钢结构桥梁养护

钢结构桥梁由于跨度大、自重轻及施工简便的优点被广泛应用于桥梁的上部结构,如钢拱结构、钢桁架梁、钢箱梁及钢板梁等。针对钢结构桥梁的广泛使用,本节着重对钢结构桥梁的养护及维修加固进行探讨与研究。

结合钢结构桥梁的实际工况,钢结构桥梁主要受到的退化损伤形式有:

(1)钢构件防腐涂层失效。

(2)钢构件的腐蚀。

(3)钢构件的开裂。

(4)钢构件异常变形。

(5)钢构件之间连接松动。

5.4.1 防腐涂层

5.4.1.1 概述

钢结构桥梁在空气中容易由于钢材的锈蚀而导致桥梁损坏,所以桥梁防锈系统被广泛应用于钢结构桥梁中。防锈系统的应用可以有效地防止钢材锈蚀,延缓钢材锈蚀速度。目前,防锈系统的作用主要有:

提供保证耐久性的防护层,阻止钢材与水和氧气接触(油漆、包裹、电镀等)。

阻止钢基材被侵蚀(防腐底漆)。

根据原电池原理,提供牺牲阳极装置(电镀、富锌油漆等)。

提供附加电流抑制钢材发生阳极反应(阴极防护等)。

降低空气湿度,防止钢材锈蚀(除湿机等)。

钢结构桥梁中常用的防锈系统为油漆与电镀。一般情况下采用油漆防锈,当钢构件由多个小型构件组成无法油漆时,应当采用电镀方式进行防锈处理。

5.4.1.2 防腐涂层恶化的种类及原因

钢结构桥梁中防腐涂层恶化会导致桥梁钢构件锈蚀速度加快。防腐涂层恶化可以分为内部及外部两方面原因,见表5.4。

涂层恶化因素　表5.4

内部因素	外部因素
调漆料(干性油与树脂)的化学组织结构颜料的影响	紫外线; 水分; 温度与湿度; 海盐微粒; 大气污染物质

由于防腐涂层恶化通常由多种原因组成,所以在进行现场判别时较为困难。具体原因及现象参见表5.5。

油漆退化现象及原因　表5.5

油漆退化	现象	主要原因
变色	涂层原来的颜色变化	颜料的种类; 紫外线、热、酸、碱和污染物影响; 铅元素防锈涂料在硫化氢气体中(变黑)

续上表

油漆退化	现　　象	主要原因
退色	有光泽色颜料变淡,失去本来颜色的状态	有机颜料与紫外线的影响; 硫化氢气体(对淡色影响较大)
白垩化	构成涂层表面的展色剂风化、失去黏结颜料的力,表面出现白粉状化合物,逐渐消耗下去的状态	颜料和展色剂的种类; 紫外线、热和风雨的影响
膨胀	涂层下的水分或浸透的水分膨胀,当它比涂层的黏结力和凝聚力等大时,就将涂层膨胀起来	涂层下面含锈; 水分及粘在被涂面的溶水性物质
开裂(大裂缝及小裂纹)	随涂层脆化,由于应变和冲击产生裂缝,小裂纹为涂层表面的轻微裂纹,大裂缝为达到被涂底面的裂缝	厚涂料; 涂层干燥不充分; 涂料系列(涂层的硬度有关)
剥离	涂层的黏结性能降低,从底面或从涂层间的剥离的状态	涂料的种类; 涂上层涂料的间隔时间(长期放置); 大气污染物质(SO_2 等); 风向、温度、湿度和结露的影响; 焊接处附近残留碱性物质
因碱性引起的涂层恶化(主要在桥面板漏水处附近)	由于从桥面板混凝土裂缝处漏水,其附近涂层局部剥离或生锈的状态(在边梁部位反梁端部位较多)	桥面板漏水; 混凝土的碱性; 涂料的黏结性; 基体表面不良

5.4.1.3　涂层退化的检查

依靠外观检查很难掌握钢材外部涂层的实际退化情况。使用脚手架对钢桥涂层进行详细观察可以较为详细地掌握外部涂层的退化情况。但是由于造价较高,不具有普遍性。根据钢桥的维护经验,及时检查、掌握涂层退化情况,采取相应的措施,可以有效地保护外表涂层,减少维修费用。

对钢结构桥梁的检查可以分为三个层次:日常巡回检查、定期检查和特殊检查。

1)日常巡回检查

日常巡回检查采用目测及简单工具对涂层进行检查巡视,重点检查对象为钢结构桥梁的涂层恶化状态,其中包括对钢梁、桁架腹板、栏杆、排水附属物及桥面板局部等的检查。日常巡回检查主要为检查涂层是否有明显变色,是否有膨胀、剥落及钢结构锈蚀等现象的发生。如果发现异常,对缺陷处进行判定,判断是否有进行特殊检查的必要。

2)定期检查

定期检查主要分为常规定期检查与结构定期检查。具体检查方法参见表5.6。

涂层定期检查方法 表5.6

项 目	常规定期检查	结构定期检查
方法	从桥梁检测支架或船只等处目视(或用望远镜)近距离观察	目视检查; 划格试验; 对于膨胀、开裂和剥离,除用肉眼观察外,还用放大镜(8~10倍)观察可能漏掉的小裂纹; 对于锈蚀状态,依据点锈、鼓包锈和板锈等,破开涂层进行检查,以区分点锈与涂层下夹砂粒和灰尘等异物的情形
周期	田园、城市道路地区,规定每年一次; 河流上、海滨工业地区和强烈污染地带,规定每年两次	从上一次涂刷经过七年后; 不到七年,但当巡回检查发现恶化显著
重点部位	梁端四周(伸缩接缝附近); 箱梁和板梁的下面; 边梁上翼缘下面; 桥面板漏水部位四周	常规定期检查的重点部位; 巡回检查发现恶化的部位; 下翼缘上面及角隅部位; 箱梁和桥墩等里面的漏水和积水部位的四周; 有撞击等磨损的部位; 焊接部位的四周

3)特殊检查

钢结构桥梁在受到火灾、撞击等意外灾害时,应当对桥梁进行特殊检查。钢结构桥梁的具体使用情况决定,不需要按照周期进行检查。由于在发生火灾后桥梁外表涂层替换部位难以限定,所以在火灾时,对于判断为涂层缺陷者,其变色、炭化、膨胀、皱纹、开裂、剥离和烧掉等,可从外观上查明,也可做试验确定,将其残存程度较少部位按受热恶化引起的缺陷涂层处理。

5.4.1.4 涂层维修

在进行检查评定后,根据涂层退化状态,对相应涂层进行维护。在涂层维护之前应当涂层退化原因,判断涂层退化原因类型。根据涂层退化原因与退化状态确定底层涂的处理程度、涂料类型及新旧涂层适应性等因素,并根据实际现场条件制订有效的涂层维修计划。

1)选定修补方法

根据涂层的退化情况、使用时间及使用环境选择涂层修补方法。涂层修补方法主要分为全面修补与局部修补。

(1)全面修补方法。

全面修补方法主要是进行全面重新涂刷,常用于涂层出现初期退化时。由于全面修补方法成本较高,所以在选择使用全面修补方法时应当考虑经费状况。

(2)局部修补方法。

局部修补方法主要是对退化部分进行局部涂刷,防止涂层进一步退化。涂层退化部分位于梁下缘时,应当注意在进行维修前首先对钢桥的涂层时间和涂层范围等情况进行详细的调查,通过调查及研究确定维修方案。

2)涂层基底处理

(1)选择清底方式。

根据旧涂层退化程度与生锈状态,选定与实际状况相称的清底方式。涂层基底清理必须处理到将来再次涂刷时不会发生问题的程度,具体清底方式可以参见表5.7。

基底处理类别及标准 表5.7

旧涂层状态	处理程度	处理工法	适用的清底标准
腐蚀特别显著部位(桥面板龟裂、由该处漏水等原因引起的腐蚀部位之类的小范围严重生锈;)	将腐蚀物和旧涂层等全除掉,显露出基底,并把它清理干净	喷砂法	第一种
涂层恶化,腐蚀太重的状态	将旧涂层及锈除掉,显露出基底,并把它清理干净	兼用旋转钢丝刷和旋盘喷砂机等动力工具及刮刀、钢丝刷和砂纸等手工工具	第二种
涂层几乎全部是完好有效的活性涂层,但看出部分损伤和生锈等现象	留着活性涂层,但除掉锈和破坏的涂层等处		第三种
涂层是活性涂层,但变色和白垩化附着物等较多的状态	除掉表面的粉化物及污秽,并把它清理干净	使用钢丝刷和砂纸	第四种

第一种清底方式:适用于工厂作业,现场施工会引起环境污染与阻碍交通等问题。

第二种清底方式:采用喷气式钢凿、真空管式除垢器、旋盘式研磨机和旋转钢丝刷等动力工具,清除恶化涂层和浮锈等。在使用动力工具有困难的角隅部位、缝隙部位和铆钉头等处,可采用锤子、敲打棒、刮刀、细凿子、搔子和金刚石等手工工具进行清底处理。

第三种清底方式:采用手工工具和动力工具等,在不太损伤活性涂层的条件下,去除损坏的涂层和浮锈,并清除污垢和附着物等。

第四种清底方式:使用钢丝刷、砂纸和有机溶剂等,在不损害涂层(底涂)条件下,清涂层表面的粉化物和附着物等。

(2)基底处理与涂料的适应性

被涂刷的钢材表面处理得当,适应于所使用的涂料,涂刷的涂层则不能充分发挥其效果,因而有必要在判断基底处理可能达到的程度之后,再选定涂料,并且应该考虑钢材底漆的防锈效果、湿润性、干燥时间和个别种涂料的关联性等因素,并做好钢材清底的相关工作。对清底程度和可以涂刷的涂料的要求具体参见表5.8。

清底方式及相关材料 表5.8

清底方式	可使用的涂料	清底方式	可使用的涂料
第一种	氯乙烯系列 氯化橡胶系列 环氧树脂系列	第三种	酞酸树脂系列 酚醛树脂系列 油性系列
第二种	酚醛树脂系列 酞酸树脂系列 氯化橡胶系列	第四种	油性系列

3)选定涂料类型

表层涂料大致分为表层用涂料、中层用涂料和底层用涂料。在涂料重叠涂刷时,各层之间所要求的机能大致如下:

(1)表层用涂料:对涂层所处的外部条件具有较大的抵抗力,在保护底层的同时呈现出必要的色彩和美观等,以及较好的耐候性能。

(2)中层用涂料:补助底层涂料的防锈效果,帮助底层涂料密结。

(3)底层用涂料:保证与钢本身牢固地黏结,以发挥较大的防锈效果。

上、下层涂料是否适合,可以参照表5.9选用。

涂料组合使用情况 表5.9

上层涂料 下层涂料	油性系列	酞酸树脂系列	酚醛树脂系列	环氧树脂系列	氯化橡胶系列
油性系列	Θ	Θ	⊿	×	⊿
酞酸树脂系列	Θ	Θ	Θ	×	⊿
酚醛树脂系列	⊿	Θ	Θ	×	⊿
环氧树脂系列	⊿	⊿	⊿	Θ	×
氯化橡胶系列	×	×	×	×	Θ

注:Θ-适当的组合;⊿-在一定条件下可能相互组合;×-不可行或不适当的组合。

5.4.2 锈蚀

5.4.2.1 概述

锈蚀作为影响钢桥健康状况的最主要因素,其主要作用机制为:降低钢结构构件的截面面积,导致钢构件承载力下降。由于锈蚀会导致钢构件大量产生“锈坑”,从而导致钢构件发生脆性破坏的概率增大,而且锈蚀会影响钢构件的耐久性,产生大量的维修费用。

锈蚀是钢材与外界介质相互作用所产生的损坏。钢材暴露在空气、水汽、工业烟尘及外界其他化学污染物时,会由于化学反应或者电化学反应导致其性能出现大幅度的下降。在钢材外部保护层薄弱或者没有外部保护时,钢材易产生腐蚀与锈蚀。根据锈蚀的产生原因可以分为以下两种类型:

(1)电化学反应:由于钢材内部有多种金属杂质,这些金属杂质具有不同的电极电位,在与电介质、水或者潮湿气体等接触时会产生原电池作用,直接导致钢材腐蚀。

(2)化学反应:当钢材直接与大气或者工业废气中的氧气、碳酸气体或者非电介质液体接触时,会导致钢材表面发生化学反应,进而产生钢材的锈蚀。

钢桥梁结构在实际工作过程中,绝大多数钢材锈蚀原因是电化学腐蚀与化学腐蚀相互作用的。钢材发生腐蚀的必要因素为水汽和氧气。两块钢材之间表面状态与环境发生蔓化,以及水汽电解作用会在两者之间建立电解电池反应。当不同的金属相互接触或者相互连通时也会形成电解电池,从而导致锈蚀的产生。

于钢构件的锈蚀,关键是评价锈蚀部位大小、位置和所取形式。调查结束后应进一步评定由于锈蚀引起结构有效截面的损失并识别锈蚀原因。当钢结构与混凝土、圬工和其他结构材料产生连接时,应给予重点注意。衬垫和摩擦面之间由于其接触面不可见,需特别关注。对于耐候钢质量检查的内容包括锈蚀保护膜的附着与不透水性。

5.4.2.2 钢结构锈蚀处理措施

1)锈蚀程度等级

钢结构桥梁锈蚀程度等级为五级,具体分级方法参见表5.10。

钢桥锈蚀分级　　表5.10

锈蚀程度		症状描述
A级	良好	构件基本没有锈蚀,涂层漆膜还有光泽;构件可有少量锈点
B级	局部锈蚀	构件基本没有锈蚀,面漆有局部脱落,底漆完好;个别构件有少量锈点,或构件边缘、死角、缝隙、隐蔽部分有锈蚀
C级	较严重	构件局部锈蚀,面漆脱落面积达20%左右,底漆也有局部锈透,其基本金属完好,应进行维护准备工作
D级	严重	构件锈蚀面积达40%左右,面漆大片脱落,但基本金属没有破坏,应立即进行维护工作
E级	特别严重	基本金属已有锈蚀,应立即测量构件断面削弱程度,计算是否需要更换或采取加固等措施

2)锈蚀处理

对于钢结构桥梁锈蚀病害,如果锈蚀程度较低,可以采用除锈、重新涂装的方法进行简单处理,具体过程为旧漆膜处理和表面处理等。

(1)旧漆膜处理。

漆膜处理方法主要有火喷法、涂抹脱漆剂、碱水清洗(5% ~10% NaOH 溶液)、涂抹脱漆膏(碳酸钙6~10份,碳酸钠4~7份,水80份,生石灰1~15份混成糊状,或清水1份,土豆粉1份。50%浓度氢氧化钠水溶液4份,边搅拌边拌和,再加10份清水搅拌5~10min)等。

(2)表面处理。

表面处理决定了涂层质量,表面处理包括除锈与控制钢材表面的粗糙度。除锈可以采用手工工具处理、机械工具处理、喷砂处理、化学剂处理(酸洗、碱洗等)。桥梁钢结构主要采用喷砂处理,辅以手工和机械工具除锈。

①手工除锈:用铲刀、刮刀、钢丝刷、砂轮、砂布和手锤,靠手工敲铲、砂磨除去钢材表面旧漆膜和铁锈、油污和积灰。手工除锈操作方便,不受结构尺寸条件所限;但劳动强变大、效率低、质量难以保证。

②机械除锈:采用风动和电动工具——磨光机、风枪(敲铲)、风动针束除锈机。机械除锈比手工除锈的质量和效率都有提高,劳动强度有所降低。

③喷砂除锈:喷砂是利用空气压缩机将石英砂喷射于钢材面上除去黑皮和铁锈。用钢砂、钢丸喷射(投射)于钢材面上,效果更好,且能减少砂尘。喷砂除锈质量可靠,除锈较为彻底,但劳动条件较差。

表面除锈的质量标准有美国SSPC、英国BS4232、德国DIN18364、瑞典SIS等。国际上常用瑞典SIS标准,SIS标准中表面处理方法为两类,St为手工或电动工具处理,手工除锈之前应清除表面污垢油脂,铲除厚锈;Sa为喷砂处理。将处理程度分0(未处理表面)、1(轻度处理表面)、2(中度处理表面)、2.5(近完整处理表面)、3(完整处理表面)五种,并制定标准彩色样品图做对照。具体操作及要求参见表5.11。

SIS 操作及要求　　表5.11

除锈方法	等级	操　作	要　求
手工或电动工具处理	St1	用钢丝刷清理	
	St2	用铲、刷、磨工具将疏松氧化皮、浮锈及污垢除去后,再用毛刷、压缩空气等清理表面	处理后表面具有淡淡的金属光泽
	St3	同上处理,但更为彻底	处理后表面具有较明显的金属光泽
喷砂处理	Sa1	采用快速轻度喷砂,将疏松氧化皮、浮锈及油、污垢、异物除去	
	Sa2	采用中度喷砂,除去绝大部分氧化皮、浮锈及污垢异物,再用毛刷、压缩空气清理表面	处理后表面呈金属灰色
	Sa2.5	采用较彻底喷砂,完全除去氧化皮、锈和油、污、异物,再用毛刷、压缩空气彻底清理表面,仅允许有极少量点锈或纹锈存在	处理后表面呈近似灰白色金属面
	Sa3	经常彻底喷砂处理,完全除去氧化皮、锈和异物,再用毛刷、压缩空气彻底清理表面	不留任何异物,处理表面呈均匀白色金属光泽

手工除锈表面处理不宜低于 St3 级,对附着力强的油漆涂层允许放宽到 St2 级;喷砂除锈在无腐蚀性环境下不低于 Sal 级,一般除锈处理要达到 Sa2 级,重腐蚀环境下表面除锈处理最低达到 Sa2.5 级。

表面处理后的钢材,表面会产生凹凸面,称为表面粗度。表面粗度与表面处理方法和喷砂材料有关,粗度大小会影响涂层漆膜防腐蚀的能力。粗度大,有利于涂层膜的附着性,但会减小钢材表面凸点之间的涂层厚度,易导致针孔产生,减小涂层防锈能力;粗度小,会降低涂层的附着性,喷砂材料愈细,表面粗度愈均匀,除锈率也愈好。

(3)涂层选择。

涂层选择主要包括涂层材料品种选择、涂层结构选择和涂层厚度确定。

涂层材料品种选择需参考使用条件。一般大气条件下及工业大气侵蚀情况下选用防锈漆;在腐蚀性介质环境中选用防腐漆,并要求涂层有较好的抗腐蚀性能。

防腐涂料(油漆)分为底漆和面漆。中涂漆成分介于两者之间,较少使用。可将面漆直接涂刷于底漆之上。底漆中粉料多,基料少,成膜粗糙,与钢材表面黏结附着力强,与面漆结合性好。面漆中粉料少,基料多,成膜有光泽,既能保护底漆和抵抗大气及有害介质之间发生反应,又有美观效果。目前主要使用更多的合成树脂来提高涂层的抗蚀能力。现在防腐涂料品种繁多,性能用途差异巨大,在选择时应保证底漆和面漆配套使用。

底漆主要是使漆膜与基层结合牢固,并保证表面易于被面漆附着,底漆渗水性较小。底漆要有防锈性能好的颜料和填料,以防止锈蚀发生。此外,有简化钢材基层处理方法,即在带锈钢铁表面上直接涂刷带锈底漆(不去锈涂料)。带锈底漆有稳定型和转化型。

面漆主要功能是保护下层底漆。面漆要具有良好的耐气候作用、抗风化、不起泡、不易粉化和渗透性小等作用;面漆尚应与底漆有良好的结合性能,保证配套使用。防锈面漆性能和适用范围参考表 5.12。

防锈面漆性能及要求 表 5.12

名称	型号	性能	适用范围	配套要求
醇酸磁漆	C04-42 C04-2	耐候性和附着力较好(C04-42 较 C04-2 好),漆膜坚硬,有较好光泽和机械温度	适用于室内外钢结构	先涂 1-2 道 C06-1 铁红醇酸底漆,再涂 C06-10 醇酸底 2 道,后涂面漆
灰醇酸磁漆“66”灰色户外面漆	C04-45	耐候性强,比 C04-42 使用年限长 1~2 倍。透水、透气性低,漆膜呈现美术花纹,坚韧	适合大型室外钢结构表面用漆,如桥梁、高压线塔用漆	先涂 F53-1 红丹酚醛防锈漆或 F53-9 防锈漆 2 道,再涂该面漆 3 道,漆膜总厚度 >200μm
酚醛磁烯	F04-1	附着力较好,光泽好,耐候性较 C04-42 差,漆膜坚硬	适用于室内钢结构	与红丹防锈漆等配套使用
过氯乙烯磁漆 过氯乙烯清漆	G52-1 G52-2	耐候性、耐酸碱性良好,附着力较差,配套得好可以弥补	适合于防工业大气,适用于室内外钢结构	与 G06-4 或 X06-1 配套使用

续上表

名　称	型　号	性　能	适用范围	配套要求
环氧耐酸漆	H52-3	附着力好,耐盐水性能良好,一定耐酸、碱腐蚀能力,漆膜坚固耐久	适合于防工业大气,适用于室内外钢结构	与 X06-1 和 H06-1 配套使用
环氧硝基磁漆	H04-2	耐候性良好,有较高机械强度,耐油性好	适合于防工业大气,适用于湿热气候内外钢结构	与环氧底漆配套使用
纯酚醛磁漆	F04-11	漆膜坚硬,耐水性、耐候性和耐化学性均比 F04-1 好	适用于防潮和干湿交替处钢结构	与各种防锈漆配套使用
灰酚醛防锈漆	F53-2	耐候性较好,有一定耐水性和防锈能力	适用于室内外钢结构,多作面漆用	与红丹或铁红类防锈漆配套使用
沥青清漆	L01-6	耐水、耐腐蚀性能良好,耐候性能差	适用于室内钢结构,作防潮、防水、耐酸保护层	底漆兼作面漆不少 2 道
沥青耐酸漆 铝粉沥青漆	L50-1 L50-1 (加铝粉)	附着力良好,耐酸性腐蚀,加铝粉后耐候性能改善	L50-1 适用于室内钢结构防腐蚀,加粉后可用于室外耐酸气钢结构防腐	底漆兼作面漆一般涂 1~2 道
醇酸烟囱漆	C83-1	耐候性较好,有一定耐热性	适用于钢烟囱表面和一般的耐热构件	底漆兼作面漆一般涂 2 道
黑酚醛烟囱漆	F83-1	短时间内能耐 400℃ 高温而不易脱落	适用于钢烟囱表面和一般的耐热构件	底漆兼作面漆一般涂 1~2 道

面漆色彩除应体现桥梁结构的特点，还应与环境相协调。对于已有钢结构涂层的维修处理，涂料选择要考虑到与旧漆膜的结合性。

涂层使用耐久年限，除受到表面处理影响外，很大程度上与涂层结构是否合理有关。在设计涂层上应按 10～15 年来考虑涂刷周期，4～6 年钢结构表面要重做防护涂层不太经济。所以，除重视涂层选料外，还应注意选择合理的涂层结构、重视施工操作工艺，以保持较长的维修周期。

涂层结构是放弃过去一般采用的"一底两面"不变结构。涂层结构由底漆、腻子、2 道底漆（或中涂层）和面漆组成。

①第一层底漆保证可靠的黏结，起防锈、防腐、防水作用。

②第二层腻子起平整表面的作用。

③第三层 2 道底漆在较高要求工程中采用，起填补腻子细孔的作用。

④第四层面漆可保护底漆，并使表面获得要求的色泽，起装饰效果。

⑤第五层罩光面漆，有时为了增加光泽和耐蚀等作用，在面漆外再涂一层罩光清漆或面漆。

钢结构中一般采用 2 道底漆和 2～3 道面漆结构，底漆道数增加可起填平基层作用，保证漆膜总厚度。

漆膜厚度会影响防锈效果，增加漆膜厚度是延长使用年限的有效措施之一。一般应小于 125μm，腐蚀性环境中漆膜应加厚。漆膜厚度难以准确控制，故重要工程对各层漆膜厚度应通过试验测定。

（4）涂层施工。

涂层质量与作业操作有很大关系，注意事项有以下几点：

①除锈完毕后应清除基层上杂物和灰尘，在 8h 内涂刷第一道底漆，如遇表面有凹凸不平，应将第一道底漆稀释后反复多次涂刷，使其浸透凹凸毛孔深部，防止孔隙部分再次生锈。

②严格避免在 5℃以下和 40℃以上进行施工，并保证避免受到太阳光直晒，湿度较大以上情况下严禁涂刷，否则易起泡、出现针孔和光泽下降等。

③底漆表面充分干燥后可涂刷次层油漆，间隔时间一般为 8～48h。第二道底漆在第一道底漆完成后 48h 内施工，防止第一道底漆漏涂引起生锈。使用环氧树脂涂料时，如漆膜过度硬化会导致漆膜间附着不良，必须在规定时间内结束涂刷。

④涂刷各道油漆前，应用工具清除表面砂粒、灰尘，并对前层漆膜表面过分光滑或干后停留时间过长的，用砂布或者水砂纸打磨后再涂刷上层涂料。

⑤一次涂刷厚度不宜太厚，避免起皱、流淌现象；为保证膜厚均匀，应交叉覆盖涂刷。

⑥涂料黏度过大时使用稀释剂。稀释剂在满足操作需要情况下尽量少加或不加。稀释剂掺用过多会导致漆膜厚度不足，密实性下降，影响质量。稀释剂必须与漆类型配套使用。

⑦油基漆、酚醛漆、长油度醇酸磁漆、防锈漆用 200 号溶剂汽油、松节油；中油度醇酸漆用 200 号溶剂汽油与二甲苯（1∶1）混合剂；短油度醇酸漆用二甲苯；过氯乙烯漆采用剂性强的甲苯、丙酮。误用稀释剂会产生渗色、咬底和沉淀离析缺陷。

⑧焊接、螺栓连接处、边角处易发生涂刷缺陷与生锈，尤其注意不能漏涂和涂刷不均，一般应加涂来弥补。

涂刷中易产生的缺陷及处理方法可以参见表5.13。

涂层缺陷原因及处理方法 表5.13

缺陷	现象	原因	处理与防范
流痕	垂直面的部分面积流下,结成厚膜	一次涂刷量太多太厚; 油漆黏度太低; 滑涂面上涂刷; 稀释剂挥发太慢;	调整涂刷量; 调整黏度; 用砂纸磨粗; 挥发快的稀释剂; 泄流部分磨平后重涂;
橘子皮	产生橘皮状凹凸皱皮	油漆黏度太高,稀释剂溶解力不好或挥发太快; 温度或气温太高或暴晒; 漆刷太厚,油漆质量不好;	适当调低黏度,使用规定的稀释剂; 避免高温或暴晒,有一良好工环境; 调整漆厚,用优良油漆; 砂纸磨平后重新涂刷;
刷纹	随漆刷运行方向留下凹凸刷纹	使用粗短毛刷施工,刷毛过硬; 油漆本身流展性不良(展性油分过少); 被涂刷物粗糙,吸漆性强;	改用优良漆刷; 选用流展性好油漆或配合少树脂凡立水或调薄剂; 用同一油漆调薄、光刷一层; 用砂纸磨平重涂;
气泡	涂料混入空气留在漆膜中成小泡	强劲搅拌油漆,未待空气进出即涂刷; 稀释剂挥发太快或被涂刷物温度太高; 油漆黏度太高;	激烈搅拌;搅拌后待气泡消除再涂刷; 使用挥发较慢的稀释剂,控制施工温度; 适当调稀; 用砂纸研磨或除去漆膜重涂;
针孔	涂面有针状小孔	被涂面上有灰尘、水及油分附着; 油漆中有油、水分存在; 稀释剂挥发太快; 底层漆未干透;	表面处理干净; 防止油、水混入油漆中; 换挥发慢的稀释剂; 待底层完全干透后,再做上层涂层; 用砂纸磨后重涂刷;
白化	涂层发白混浊现象	空气湿度太高,空气中水分凝结于涂面发白混浊; 夜间气温下降,水分凝结于涂面上被涂物温度较气温低;	避免下雨天或温度高时施工,用挥发慢的稀释剂; 油性或环氧类油漆干燥慢,应避免傍晚施工; 被涂物温度升高后再施工长时间放置还黏,可除去涂膜重涂;

续上表

缺　陷	现　象	原　因	处理与防范
发黏	漆膜呈现发黏现象	基层面上有油、酸、碱、盐等未清除干净； 头道未干，就刷二道； 煤气作用或水汽冷凝于漆表面；	清除杂质，处理好基层控制操作时间，干后再刷下道； 已刷漆面应避免水汽、煤气作用长时间放置还黏，除去漆膜重涂
颜色分离	涂面的颜色浓淡不匀	稀释剂用量太多； 油漆搅拌不均； 涂层厚度不均匀； 调色不均匀；	调整用量； 充分搅拌均匀； 做过厚涂层，不用劣底漆刷； 两色以上调和时要充分搅拌，用砂纸研磨后重涂刷；
剥离	底层漆剥离	上层漆溶剂太强，渗入底漆； 底层漆与上层漆配套不当； 底层漆与上层漆涂刷间隔太短； 在过分光滑的金属面上涂层；	不过分调稀； 避免异种漆叠涂； 待底层充分干燥后，再涂上层油漆； 用砂纸、砂轮磨粗后再涂层； 除去剥离漆膜，打磨后重涂；
吐色	底层漆颜色被上层漆溶解透出面漆	有机类红色颜料及沥青层上做浅色面漆； 未于底层漆膜上做上层涂层；	快速喷刷一层薄膜，使稀释剂快速挥发，然后再涂刷上层油漆； 待底层干透再做上层； 再加一层油漆；
干燥不良	漆层在规定时间内不干	气温太低、湿度太高或不通风场； 涂面上有水分或油迹； 过分厚涂；	改善涂刷环境； 完整表面处理； 按标准厚度施工； 经长期暴露不干，除去漆膜重刷；
龟裂	涂层面部产生裂纹	涂膜太厚； 下层油漆未干； 温度急剧下降； 上层与下层涂层配料配套不当；	避免过分厚涂； 待下层干透后再涂上层； 气候变化时，停止施工； 慎重选择涂层材料，避免种油漆叠加涂用； 应除去龟裂漆膜，重刷涂层
失光及光泽不均	漆膜失去光泽或部分无光泽	粗糙基上涂刷； 涂膜厚度不匀	做加层涂刷油膜； 做均匀涂层； 做加层涂层至出现均匀光泽
起泡	漆膜产生气泡、浮肿现象	因生锈抬起漆膜； 被涂面有水分或涂料器具内有水分存在；	做好表面处理与防锈涂层； 做好表面处理与器具处理； 要除去起泡漆膜，重做涂层

5.4.3　开裂

5.4.3.1　概述

大量研究表明,在低应力工作状态下的钢桥事故大多与结构中存在的缺陷或裂纹有关。这类事故大多发生在低温季节。钢桥中的裂纹主要是由于疲劳产生的,在一定的条件下会导致脆性断裂。脆性断裂一般是在没有明显征兆和无塑性变形的情况下贯穿全构件的开裂破坏。脆性断裂可能会发生在易受疲劳构件的细部出现初始疲劳裂纹之处。导致疲劳裂纹的主要原因有以下几点:

(1)应力循环次数。

(2)应力幅。

(3)构造细部的疲劳强度。

疲劳引起的裂纹经常出现在应力较集中处、焊接搭件上或者焊缝端点上。裂纹可能会由于超载、车辆的撞击或由于腐蚀使截面抗力减小从而产生或加剧。另外制造细节的质量造成的应力集中和使用较差断裂韧性的材料也是其中的因素。材料的韧性决定开裂发生前容许裂纹的大小。

焊接比螺栓连接和铆接更易于开裂。将焊缝表面打磨光亮平整可以提高抗疲劳特性。如果在焊接接头处出现裂纹,裂缝会逐步发展到整个构件,最终可能导致脆断。螺栓连接和铆接同样会发生疲劳裂纹,但是某一构件上的裂纹不会传到其他构件上去。由于撕开作用及各连接件间的锈胀力作用,栓接和铆接接头也易于开裂或撕裂。由于灰尘、杂物的覆盖,裂纹可能很难发现,在检测之前应对可疑处的表面进行清理。

根据对大批公路、铁路钢结构梁的调查,以下疲劳损伤最为常见:

(1)正交异型钢桥面板:纵肋与横梁连接处易发生疲劳开裂,尤其在连续梁中墩处更危险,因为此处局部拉应力与主梁拉应力相叠加。它的寿命取决于:纵肋制造精度、焊缝质量,横梁与纵肋的刚性,作为主梁上翼缘的拉应力大小。

(2)横梁与主梁腹板连接处:横梁与主梁腹板一般都采用刚性连接,在活载作用下连接角处产生交变弯矩,因此引起疲劳裂纹。

(3)风致涡激振动引起的疲劳损伤:斜拉桥拉索、拱桥吊杆、桁架桥风架等长细构件自身固有频率较低,在风作用下可能产生横向涡激振动,会在根部产生疲劳损伤。

(4)扭曲引起的疲劳裂纹:现场调查发现,由于横梁弯曲导致主梁腹板扭曲,腹板与上翼缘连接处产生很高的循环应力。下并联连接板在竖向加劲处的空隙部位容易造成腹板扭曲,并产生很高的循环应力。主梁腹板的竖向加劲随主梁一起扭转,由于加劲部分刚度较大,因而引起加劲端部发生折角而开裂。

(5)主梁腹板受压区的呼吸疲劳:主梁腹板受压区由于制造误差会有一定的初始偏心,在压力作用下会发生鼓胀,从而引起周围焊缝开裂。

(6)主梁受拉翼缘贴板端头开裂:与那些平行于应力方向的裂纹相比,垂直于应力方向的裂纹是非常严重的。但无论是哪种情况,都要充分重视钢材中的裂纹,因为有些平行于应力方向的裂纹也会由于某种原因而转化为垂直裂纹。任何裂纹都要仔细观察,并记录构件和结构上所处的位置,裂纹的长度、宽度(若可能量测的话)和方向。

5.4.3.2 开裂原因分析

疲劳开裂占疲劳寿命的存在时间较长。一般认为疲劳失效通常起始于高应力区,如几何突变处、受拉残余应力区和尖锐的不连续处(按裂纹处理)。在循环应力作用下,疲劳裂纹始于此处,并逐步扩展,最终失效。

1)疲劳破坏特点

疲劳破坏与静力强度破坏是截然不同的两个概念。它与塑性破坏、脆性破坏相比,具有以下特点:

(1)疲劳破坏是钢构件在反复交变应力作用下的破坏形式,而塑性破坏和脆性破坏是钢结构在静载作用下的破坏形式。

(2)疲劳破坏经历了裂缝起始和扩展的漫长过程,最终破坏有两种可能,即韧断和脆断,而脆性破坏往往是在无任何先兆的情况下瞬间突然发生的。

(3)就疲劳破坏断口形貌而言,一般具有明显的疲劳区和瞬断区。疲劳区记载了裂缝扩展和闭合的交替过程,颜色发暗,表面有较清晰的疲劳纹理,呈沙滩状或波纹状。瞬断区真实反映了当构件截面因裂缝扩展削弱至临界尺寸时脆性断裂的特点,瞬断区晶粒粗亮。

2)影响因素

疲劳是一个十分复杂的过程,从微观到宏观,疲劳破坏受到众多因素的影响,尤其是对材料和构件静力强度影响很小的因素,对疲劳影响却非常显著,例如构件表面缺陷、应力集中等。

影响钢结构疲劳破坏的主要因素是应力幅、循环次数和构造细节,而与钢材的静力强度应力无明显关系,尤其是焊接钢结构。

(1)应力幅 $\Delta\sigma$

应力幅 $\Delta\sigma$ 为每次应力循环中最大应力 σ_{max} 与最小应力 σ_{min} 之差,即应力幅可分为常幅和变幅,常幅指所有应力循环内的应力幅保持常量,不随时间变化;变幅指所有应力循环内的应力幅随时间随机变化。另外,除应力幅外,应力比 $\rho = \sigma_{min}/\sigma_{max}$ 也是标志疲劳应力水平的特征参量。对于焊接接头,影响疲劳强度的主要因素是应力幅 $\Delta\sigma$ 而不是 σ_{max}。原因如下:焊接由于在焊缝及其附近主体金属内通常存在残余应力,有时其数值高达屈服点 f_y 值,故在反复荷载作用下的实际应力循环,最大拉应力是从 f_y 开始,即 $\sigma_{max} = f_y$,然后下降 $\Delta\sigma$ 至 $f_y - \Delta\sigma$。因此,无论是何种应力幅,都可用 $\Delta\sigma = \sigma_{max} - \sigma_{min}$ 表示其应力幅,且只要它们的应力幅相等,不论其平均应力水平有无差异,名义最大应力是否大小一样,其疲劳强度均相同。

(2)循环次数 N

应力循环次数是指在连续反复荷载作用下应力由波峰到波谷的循环次数。在不同应力幅作用下,各类构件和连接产生疲劳破坏的应力循环次数不同,应力幅愈大,循环次数少。当应力幅小于一定数值时,即使应力无限次循环,也不会产生疲劳破坏,即低于疲劳极限。

(3)构造细节

应力集中对钢结构的疲劳性能影响显著,而应力集中程度与构造细节密切相关。疲劳裂纹常常起始于下列细节部位:

①焊缝的根部或焊趾。

②构件的截面突变、倒角。

③冲孔或钻孔、刻槽等。

④剪切边或切割边。

⑤高接触压力下的表面。

⑥张紧索的根部。

焊接常常造成下列缺陷,如气孔、夹渣、咬肉、未焊透等,并在钢构件中形成较高的焊接残余应力,使得某些焊接细节具有较低的疲劳强度。

复杂接头:复杂接头由于传力路径变化,常常导致较高应力集中,它们对极限状态影响很小但对疲劳强度影响很大。如果疲劳控制设计,那么接头形状应该保证光滑和简洁,以便应力能够精确计算控制,制造与检测能满足规范要求实施。

除上述细节设计因素外,疲劳裂纹也可能由冶炼、制造和施工等其他原因引起:

①材料不连续(如空洞、偏析、夹渣、分层、裂纹等)或焊接缺陷。

②由机械损伤而形成的刻痕或擦痕。

③构件锈损处。

④环境:在某些热和化学环境中,如果表面没有防护,疲劳强度要降低。

5.4.3.3　钢构件开裂的防范

从影响疲劳性能的三个因素可知,应力幅$\Delta\sigma$,及循环次数N与外来作用相关,因此限制过桥交通量和车辆质量能够防止疲劳开裂。另外,对于结构钢,疲劳抗力曲线(S-N曲线)斜率一般为3.0,应力幅减少10%时,可提高桥梁使用寿命30%,因此对桥梁进行有效的管理与限载是防范疲劳开裂的最有效措施。影响疲劳性能的另一个因素是细节分级,因此减小应力集中也可以提高和改善疲劳性能。依靠精心的选材、设计、制作、安装和使用,再加上焊接之后的一些特殊工艺措施,可以达到提高和改善疲劳性能的作用。

5.4.3.4　疲劳裂纹修补方法

在裂纹较小或活载应力较小的地方,可以不采取措施。通过断裂力学裂纹分析裂纹是否可忍受或应该加以修补。在某些情况下,通过在裂纹端部钻孔可以阻止裂缝进一步的扩展。然而,孔洞必须有足够大的直径,但不是重新引起新的裂纹。加螺栓盖板可以用来恢复开裂断面的截面面积,以及减少活载应力。开裂也可由重新焊接加以修补,但应在咨询专家意见之后才能进行。通常,在现场结构上实施,完成起来比原焊接要困难得多。一个好的修补办法不会是预先能够已知的。尽管能够采取像锤击和烘烤技术来消除不良应力,但低劣的重焊仍可能诱发再次开裂。

5.4.4　异常变形

5.4.4.1　异常变形的类型与原因

钢材虽有强度高、韧塑性好,尤其是冷弯性能好的特点,但板厚与构件尺寸相比显得很小,组合形成的桥梁结构是薄壁结构,它受外力作用时容易产生各式各样的变形。如果再加上原材料及加工、制作、安装、使用过程中的缺陷和不合理的制作工艺等因素,钢结构的变形问题就更加突出。因此,对钢结构异常变形的检查和评估应引起足够的重视。

1)钢结构变形类型

钢构件的变形可分为整体变形和局部变形两类。整体变形是指整个构件的外形和尺寸发生变化,出现弯曲、畸变和扭曲等;局部变形是指结构构件在局部区域内出现变形。例如,构件凹凸变形、端面的角变位、板边褶皱波浪形变形等。

整体变形与局部变形在实桥结构中有可能单独出现,但更多的是组合出现。无论何种变形都会影响到结构的美观,降低构件的刚度和稳定性,尤其是附加应力的产生,将严重降低构件的承载力,影响到整体结构的安全。

2)钢结构变形成因分析

钢结构的形成和使用过程为:材料—构件—结构—服役。其间发生变形的原因可以概括如下:

(1)钢材的初始变形

钢结构所用的钢材由钢厂以热轧钢板和热轧型钢供应。热轧钢板厚度为5~120mm;热轧型钢包括角钢、槽钢、工字钢、H型钢、钢管、C型钢、Z型钢,其中冷弯薄壁型钢厚度在2~6mm。钢材由于轧制或人为因素等原因,常存在初始变形,尤其是冷弯薄壁型钢。因此,在钢结构构件制作前必须认真检查材料、矫正变形,不允许超出钢材规定的变形范围。

(2)加工制作中的变形

加工制作中的变形包括冷加工产生的变形、制作与组装带来的变形、焊接变形三种:

①冷加工:剪切钢板产生的变形,一般为弯扭变形,窄板和厚板变形大一点儿;刨削以后产生的弯曲变形,窄板和薄板变形大一点儿。

②制作与组装:由于加工工艺不合理、组装场地不平整、组装方法不正确、支撑不当等引起的变形有弯曲、扭曲和畸变。

③焊接:焊接过程中的局部加热和不均匀冷却,使焊件在产生残余应力的同时,还将伴随发生焊接残余变形,通常有纵向和横向收缩变形、弯曲变形、角变形、波浪变形和扭曲变形等。焊接变形产生的主要原因是焊接工艺不合理、电焊参数选择不当和焊接遍数不当等。焊接变形应控制在制造允许误差限制以内,否则应予矫正处理。

(3)运输及安装过程中产生的变形

由于运输中失误、安装工序不合理、吊点位置不当、临时支撑不足、堆放场地不平及强行安装等造成结构构件变形明显。

(4)服役期间产生的变形

钢构件在使用过程中产生由于弯曲、压曲、扭曲、拉伸或这些变形任意组合而成的异常变形。

永久弯曲变形可能发生在荷载作用的方向并且经常与弯曲杆件有关,但车辆的撞击力会使任何杆件发生永久弯曲变形。

永久压曲变形通常是沿垂直于荷载作用方向产生的,通常与受压杆件有关。主梁、板梁及箱梁的腹板和受压翼板可能会因压曲产生局部永久变形。杆系可能会因为超载的超应力,或温度膨胀造成压曲。也可能由于撞击损伤而造成屈曲,组装在一起的杆件或薄板也会因此而压曲。压曲有的可能只产生弹性变形,应力移去后会恢复原状,有的产生塑性变形造成永久改变。当超静定杆件压曲时,其承受的荷载会转移到其他构件上而造成其他构件的超载。

永久扭曲变形表现为梁沿其纵向轴线的扭转,并且往往是在横向偏心荷载作用下产生的。

永久轴向变形往往沿杆件的轴向产生,一般与受轴向拉伸荷载有关。

桥梁使用不当和维护管理不善而引起的永久变形主要有:

①超载:桥梁自重增加,支座坏死不能自由伸缩而使温度内力增加,支座沉陷引起恒载内力变化、过桥车辆加重或者桥面路况不佳造成冲击力加大等,都会使得构件受力超出正常范围。

②车船撞击:薄壁钢结构截面易于遭受车船的撞击引起永久变形,严重时还会降低结构承载能力。这些可能由超高车辆在桥下通过时对下翼缘或下弦杆的撞击造成,或在桥面上车辆对主梁和桁架的撞击造成。涨潮时易发生船撞或闯船事故,造成下平联变形甚至断裂。

③屈曲:屈曲是指结构或构件丧失了整体稳定性或局部稳定性,可能失稳前变形很小,呈现出脆性破坏的特征,这种破坏的突然性使得失稳破坏更具有危险性。

④锈蚀:严重锈蚀将引起构件截面削弱,致使受力偏心,发生永久弯曲变形。板间锈胀造成板件永久鼓包变形。

⑤火灾。

5.4.4.2 异常变形的处理办法

1)变形处置原则

(1)钢结构杆件变形偏差值超出表5.14中限值时应进行矫正处理。

(2)碳素结构钢在环境温度低于-16℃,低合金结构钢在环境温度低于-12℃时,不得进行冷矫正。

(3)碳素结构钢和低合金结构钢在加热矫正时,加热温度应根据钢材性能选定,但不得超过900℃。低合金钢在加热矫正后应缓慢冷却。

(4)构件变形不大时,可采用冷加工矫正和热加工矫正;当变形较大又很难校正时,应采用加固或更换构件方法修复。

(5)梁结构中的受力构件不得采用热矫正方法。

钢结构杆件变形偏差值　　表5.14

序号	变形类别		容许限值
1	竖向弯曲		弯曲矢度小于跨度的1/1000
2	板梁、纵梁、横梁及工字梁	横向弯曲	弯曲矢度小于自由长度的1/5000,并在任何情况下不超过20mm
3		上盖板局部垂直弯曲 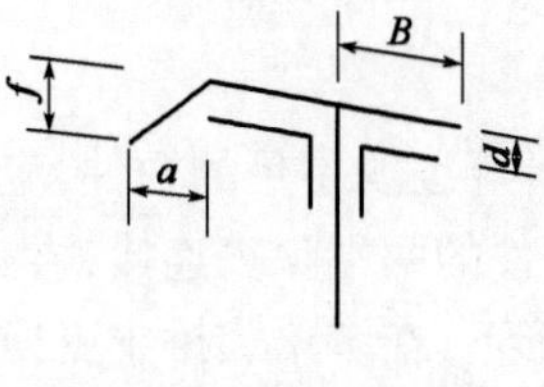 f　B　a　d	$F<d$ 或 $a<B/4$ d-钢板或钢板束的厚度; B-由腹板至盖板边缘的宽度
4		盖板上有孔洞	孔洞直径小于30mm。边缘完好

续上表

序号	变形类别		容许限值
5	板梁、纵梁、横梁及工字梁	腹板上有孔洞	工字梁的孔洞直径小于30mm,板梁小于50mm,边缘完好
6		腹板受拉部位有弯曲	凸出部分直径小于断面高度的0.2倍或深度不大于腹板厚度
7		同上,但在受压部位	凸出部分直径小于断面高度的0.1倍或深度不大于腹板厚度
8	桁梁	主梁压力杆件弯曲1	弯曲矢度小于杆件自由长度的1/1000
9		主梁拉力杆件弯曲	弯曲矢度小于杆件自由长度的1/500
10		主梁腹杆或连接杆件弯曲	弯曲矢度小于杆件自由长度的1/300
11		孔洞	孔洞直径小于杆件高度的0.15倍并不大于30mm

2)异常变形的处理方法

异常变形的处理方法有冷矫正法、热矫正法和更换或加固,主要施工方法如下:

(1)冷矫正法。

①冷矫正法是用人力或机械力矫正变形,适用于尺寸较小或变形较小的构件,具体有手工矫正、机械矫正。

②手工矫正:采用大锤和平台为工具,适合于尺寸较小的构件的局部变形矫正,也可作为机械矫正和热矫正的辅助矫正方法。手工矫正是用锤击使金属延伸,达到矫正变形的目的。

③机械矫正:采用简单弓架、千斤顶和其他机械方式来矫正变形。杆件如角钢、槽钢及工字钢梁翼缘的局部弯曲,可用撬棍矫正。如角钢弯曲较严重,可用弓形螺旋顶或油压千斤顶来矫正。杆件如有不同方向的弯曲,应先矫正一个方向,然后再矫正另一个方向;如杆件同时有扭转和弯曲,应先矫正弯曲,再矫正扭转。

矫正法必须是杆件和板件无裂纹、缺口等损伤,机械施力应逐渐增加,等变形消失后,应使压力保持一段时间。

(2)热矫正法。

热矫正法在我国目前较常见的是采用乙炔气和氧气混合燃烧火焰为热源,对变形结构构件加热使其产生新的变形,来抵消原有的变形。正确使用火焰和温度是其关键。加方式有点状加热、线状加热(直线、曲线、环线、平行线和网线)和三角形加热之分。热矫正法要根据桥梁实际情况谨慎采用。承受应力的构件加热时会发生应力重分配,影响结构体系的力学性能,因此受力构件禁止使用热矫正法。

(3)更换或加固。

屈曲,撞击造成损伤、开裂或退化,以及结构计算证明不足的构件,应该加以更换。桁架构件更换过程如下:在适当节间两边临时支撑,在杆件的两端除去连接,再除去杆件,装新杆件并换上新的连接件,最终除去临时支撑。在某些情形下,在多梁式桥中更换主梁也是可能的。

承载能力不足的构件可以通过增贴钢板或型钢予以加强。这个方法对细长受压杆件特别有效,因为它的稳定性是受到长细比而不是受截面面积的影响,通过增加截面的回转半径,就可以承受较大压力。附加钢板或型钢可以栓接或焊接到原构件上。在增贴钢板增加杆件承载力时,应进行节点连接验算,不足时则应增强。

整个桥梁结构可以通过改变结构受力体系来增加桥梁的承载能力。改变结构受力体系的方法有:增加预应力,相邻桥跨之间建立连续关系,增设组合混凝土桥面板,采用支架、支柱或拉索支撑结构进行支护。

5.4.5　连接松动

5.4.5.1　连接松动的类型与原因

钢构件可以采用铆钉和螺栓连接。铆钉通常受热铆上,冷却之后会产生约束力。在松动状况下铆钉是不参加工作的。

螺栓通常紧固到指定扭矩或紧固到指定圈数。

钢桥在运营一段时间后,由于铆合不良、运营时的塑性变形及环境锈蚀等因素,可能出现连接松动、锈蚀、裂纹等缺陷。表5.15列举了铆钉及螺栓可能的各种不良状况及其容许程度。

铆钉及螺栓各种不良状况　　表5.15

序号	具体情况	容许程度	原因
1	铆钉松动	无	铆合不良;铆合前钢板未夹紧
2	钉头裂纹	无	铆钉加热过度;铆钉钢质不良
3	烂头	$D \geqslant d + 8mm$ $h \geqslant 0.7$ 倍标准钉头高	年久锈蚀
4	钉头部分或全周浮高(用厚0.2mm的塞尺检查)	无	钉头和钉杆相接处有圆角;钉头未用顶把顶或顶把未对正
5	钉头偏心(拉绳检查钉头与铆钉线位置)	$b \leqslant 0.1d$	铆合不良
6	钉头局部缺边	$a \leqslant 0.15d$	钉杆过短;顶压不正确
7	钉头全周缺边	$A < 0.1d$	同上
8	钉头过小	$a + b < 0.1d$ 或 $c < 0.05d$	铆钉壳和钉杆都小;钉杆过短或铆钉孔过大
9	钉头周围有飞边	$a < 3mm$ $b = 1.5 \sim 3mm$	钉杆过长
10	铆钉枪打伤钢板	$\delta \leqslant 0.5mm$	铆合不良
11	埋头铆钉钉头全部或部分缺边	$a \leqslant 0.1d$	铆合不良;钉杆过短

螺栓松动产生的原因有:

(1)初始安装不正确。

(2)连接件的拉伸破坏(可能是连接件初始腐蚀而造成的截面损失,或在连接面处由于腐蚀产生的膨胀力)。

(3)螺栓的振动导致螺母松动。接头松动一般出现在螺栓和铆接的接头中,可能由连接板和紧固件的腐蚀、过度振动、超应力、开裂或单个紧固体失效造成。

5.4.5.2 连接松动缺陷的检查与处理

1)缺陷检查

连接缺陷检测着重于使用阶段的剪断、松动和烂头,同时检查建造时留下的缺陷。检查时应着重下述部位:

(1)连接板束较厚处,即长铆钉或螺杆处。

(2)已经维修或更换过铆钉与螺栓的连接处。

(3)纵横梁及横梁与主桁连接处。

(4)承受反复应力的连接处。

(5)易于积水、积灰、积污的隐蔽角落,如各节点处,尤其下弦节点部位。

连接的检查方法采用目测或敲击方法或二者结合目视。工具包括木锤、卷尺、弦线、10 倍以上放大镜、铆钉规、塞规、卡尺、钢尺等。目视检查时,如发现钉头有流锈痕迹,或油漆开裂,多为松动,再用 0.2kg 小锤敲击钉头,听音或触摸判别,哑音或手指感到颤动则表明此钉头已松动,应标上颜色记号,作出记录,以备查考。

2)缺陷处理

(1)铆钉更换步骤。

检查出连接松动及表 5.15 所列的不良状况时,应予及时更换,步骤如下:

①设置保障操作安全的工作台和栅栏。暂时中止行人通过,并尽量减少活载。

②铲除铆钉或螺栓,可采用直径 3~4mm 的钻头,先由钉头中心钻除,然后轻轻铲除钉头剩余部分,或使用能保证不烧伤钢料的配有平口的特制的焰割工具割除钉头(平常所用的焰割工具不能使用),再用手锤轻轻取出钉杆,操作中应避免伤及主板。

③相同规格的螺栓或铆钉更换,当更换铆钉数量较多,也可以采用高强度螺栓代替铆钉,但铆合面应经现场喷砂处理后安装,保证摩擦系数在 0.35~0.45 或以上。

④更换铆钉时必须具备专用铆钉烧炉、铆枪、风顶把、接钉筒、夹钉钳及过孔锥枢等,并需要熟练铆钉技工操作。铆合时,应使钉杆切实填满钉孔,每只铆钉一般应在 20s 以内完成铆合。

⑤螺栓或铆钉重换后,应检查是否符合要求,同时还要检查相邻的不更换螺栓或铆钉有否受影响而松动,如发现松动,也应拆除更换。

⑥对修复范围加以与全桥相同的涂装防护。

(2)现场铆钉更换注意事项。

①如连接处铆钉少于 10,则只能逐个进行更换。

②拆除铆钉时,应避免相邻铆钉受振动或损伤到钢材,禁止使用剁子铲除钉头,绝对禁止使用大锤猛击杆件。

③除铆钉时,应用小于 3mm 的钻头,以保证不伤钢料。

④旧钉冲出后,要清理钉孔,如钉孔有错位或斜孔偏心超过 2mm,则应采用有圆锥形钻头的手提钻来扩孔。

⑤当拆除原有受力铆钉或增加、扩大钉孔时,除应设计计算结构原有和加固连接件的承载能力外,还应校核板件的净截面面积的强度。

5.5 实例分析

5.5.1 桥梁概况

某桥于1996年7月建成通车，中心桩号为K153+147，为斜交桥，斜交43°(图5.2)。桥梁全长165.26m，跨径组合为1×25m+(22.9m+43m+22.9m)+1×20m+1×25m。主桥上部结构(2~4号20孔)采用22.9m+43m+22.9m变截面预应力悬臂梁，悬臂长9m，挂梁为25m工字挂梁；1号、6号孔为25m预应力空心板梁，5号孔为20m预应力空心板梁。下部结构桥台为重力式，基础为扩大基础；桥墩为桩柱式墩。桥面宽18.5m，0.25m(护栏)+1.5m(人行道)+15m(行车道)+1.5(人行道)+0.25m(护栏)。桥面采用沥青混凝土铺装。

a)正面

b)立面

图5.2　桥梁正面及立面

5.5.2 桥梁检测主要目的、依据和构件划分

5.5.2.1 检查目的

通过对桥梁的全面检查，达到下列目的：

(1)通过对桥梁主体结构及其附属构造物病害和损伤全面细致和深入的检查，查明病害或潜在病害和损伤的部位、性质、严重程度及发展趋势，分析病害产生的主要原因，评定桥梁的使用功能，并提出相应的养护对策。

(2)通过对桥梁技术状况的全面检查和评定，提出结构维修、加固技术建议，为桥梁维修加固提供技术依据。

(3)通过桥梁技术状况的综合评定，确定桥梁的技术状况等级，分析和评价缺损对承载能力的影响，对进行特殊检查的必要性进行分析。

(4)对桥梁管理系统数据库的基本数据进行校核，对数据有误或数据变更提供相应的变更数据和补充数据，为公路桥梁管理系统提供数据。

5.5.2.2 检查依据

(1)《公路桥梁技术状况评定标准》(JTG/T H21—2011)。

(2)《公路桥涵养护规范》(JTG H11—2004)。

(3)《公路桥涵设计通用规范》(JTG D60—2015)。

(4)《公路桥涵设计通用规范》(JTG D60—2004)。

(5)《公路桥涵设计通用规范》(JTJ 021—89)。

(6)《公路钢筋混凝土及预应力混凝土桥涵设计规范》(JTG D62—2004)。

(7)《公路钢筋混凝土及预应力混凝土桥涵设计规范》(JTJ 023—85)。

(8)《公路桥涵地基与基础设计规范》(JTG/D 63—2007)。

(9)《公路桥涵地基与基础设计规范》(JTJ 024—85)。

(10)《混凝土结构设计规范》(GB 50010—2002)。

(11)《回弹法检测混凝土抗压强度技术规程》(JGJ/T 23—2011)。

(12)《公路桥梁承载能力检测评定规程》(JGJ/J 21—2011)。

(13)桥梁施工、设计、竣工资料及养护、维修、加固资料。

(14)检测项目合同文件。

5.5.2.3 桥梁部件、构件划分及编号

根据桥梁结构特点,参照《公路桥梁技术状况评定标准》(JTG/T H21—2011),该桥部件划分及构件数量,如表5.16所示。

桥梁部件划分及构件数量表　　表5.16

序号	桥梁结构	桥梁部件	构件数量	备注
1	上部结构	上部承重构件	90	共6跨,第1、5、6跨每跨17片梁板;第2、3、4跨每跨13片梁
2		上部一般构件	84	共6跨,第1、5、6跨每跨16条铰缝;第2、3、4跨每跨12条铰缝
3		支座	308	空心板每片梁下4个支座,工字挂梁和T梁每片梁下2个支座
4	下部结构	翼墙、耳墙	0	无
5		锥坡、护坡	0	无
6		桥墩	35	5个盖梁,25个立柱,5个横系梁
7		桥台	4	2个台帽,2个背墙
8		墩台基础	7	7个墩台基础
9		河床	1	1处河床
10		调治构造物	0	无
11	桥面系	桥面铺装	6	桥面铺装6个构件
12		伸缩缝装置	5	5条伸缩缝
13		人行道	2	2
14		栏杆、护栏	2	每侧防撞护栏按1个构件计,共2个
15		排水系统	1	全桥泄水孔按1个构件计算
16		照明、标志	1	全桥照明、标志按1个构件计算

5.5.2.4 编号规则

(1)检查顺序按路线里程增长方向,从右至左顺序检查,如图5.3~图5.6所示。

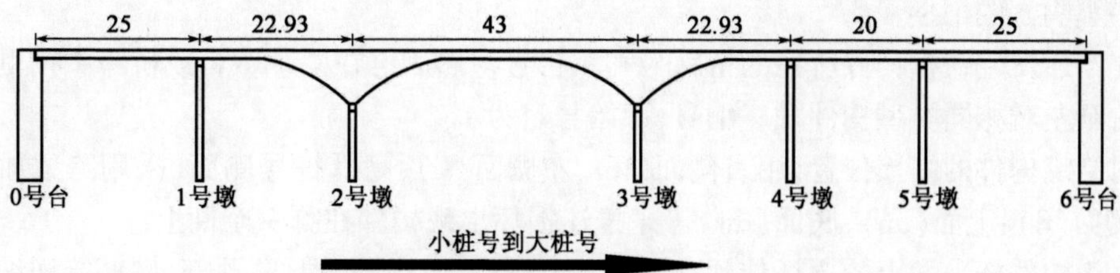

图 5.3　桥梁立面示意(尺寸单位:m)

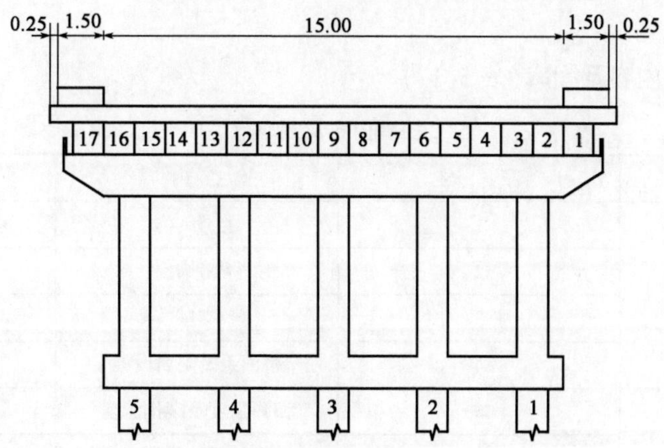

图 5.4　第 1、5、6 跨桥梁横断面示意图(尺寸单位:m)

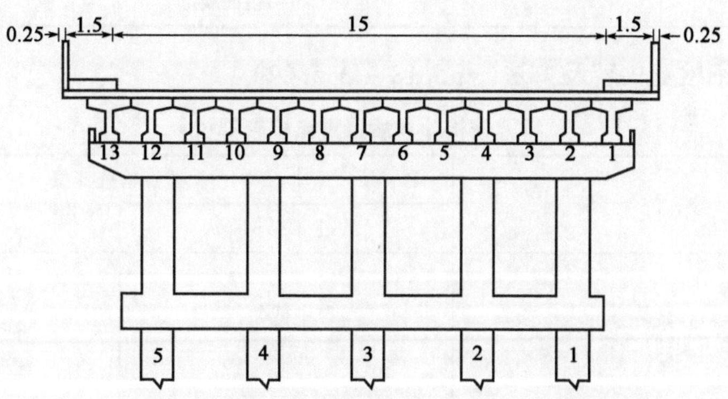

图 5.5　第 3 跨工字挂梁横断面示意图(尺寸单位:m)

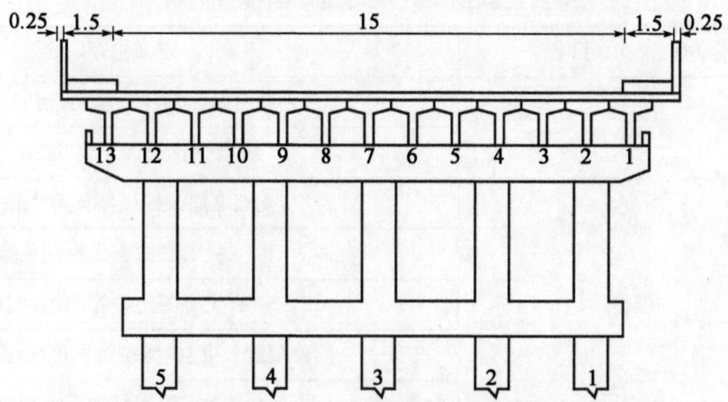

图 5.6　第 2、4 跨 T 梁横断面示意图(尺寸单位:m)

(2)病害位置描述:

①先描述发生缺损构件所在的桥跨号和墩台号。然后再在同一墩台或桥跨中按里程增长方向从右至左对相同类型构件顺序编号,起始号定为1。

②对给定构件的缺损位置,用右侧面(R)、左侧面(L)、高低桩号侧面(采用跨数加墩号描述)、桩侧面(S)、上面(up)、底面(dw)等来描述损坏出现构件在哪一个面上。

③对于构件任一面上的损坏位置,采用跨中、支点处、中部、端部、顶部、底部等详细说明。

④对盖梁等横桥向具有两个侧面的构件采用Ⅰ—Ⅱ编号方式,表示Ⅱ号构件第Ⅰ跨侧的方式予以标记。

5.5.2.5 检查内容及频率(表5.17)

检查内容及频率 表5.17

类别	序号	检查内容	检查频率
外观质量检查	1	上部结构	100%
	2	下部结构	100%
	3	支座	100%
	4	桥面系及附属设施	100%
无损检测	5	回弹强度及碳化深度	抽查
	6	钢筋保护层厚度	抽查
	7	桥面线形	—

5.5.2.6 详细检查内容及方法(表5.18~表5.22)

桥梁结构外观质量重点检查部位 表5.18

序号	桥型	重点检查部位	
		上部结构	下部结构
1	简支梁桥	跨中截面; 支点截面	地基冲刷; 河床断面调查; 基础位移及沉降

钢筋混凝土结构外观质量详细检查内容 表5.19

序号	检查项目	详细检查内容
1	表观病害	有无蜂窝麻面、破损、露筋、锈蚀、剥落、渗漏
		板梁铰缝是否开裂、破损、渗漏
2	裂缝	跨中、支点截面及附近梁体有无结构受力裂缝
		板梁底面有无纵向裂缝
		有无混凝土收缩和温度裂缝
		测量裂缝长度,典型裂缝宽度和超限裂缝深度
		重点检查结构受力裂缝

墩台外观质量详细检查内容　　表5.20

序　号	检查项目	详细检查内容
1	表观病害	有无蜂窝麻面、破损、露筋、锈蚀、剥落、渗漏
2	裂缝	墩台有无基础不均匀沉降产生的开裂
		墩台有无混凝土收缩和温度裂缝
		墩台有无大面积龟裂
		测量裂缝长度、典型裂缝宽度和超限裂缝深度
		重点检查结构受力裂缝和基础沉降产生的裂缝
3	稳定性	检查墩台是否有倾斜、滑移迹象
4	桥头平顺	台后填土有无沉降、挤压隆起、桥头有无跳车
5	支承垫石	有无破损、开裂、积水、露筋、锈蚀

橡胶支座外观质量详细检查内容　　表5.21

序　号	检查项目	详细检查内容
1	综合	台顶是否清洁，橡胶板表面是否清洁
2	梁体位移	线位移是否受阻，水平纵向位移是否超限
		角位移是否受阻，转角是否超限
3	橡胶板	是否有过大剪切变形和压缩变形，记录变形方向和剪切角
		是否有不均匀鼓包、开裂，记录裂缝数量、长度和宽度
		是否有局部脱空或脱空
		是否有钢板外露
		位置是否发生偏移，记录偏移方向和偏移量
4	钢垫板	防护涂层有无鼓包、起皮、脱落
		是否水平，有无脱空和错位

桥面系及附属设施详细检查内容　　表5.22

序　号	检查项目	详细检查内容
1	桥面铺装	桥面是否平顺，有无破损、开裂、鼓包、车辙、积水
2	排水设施	泄水管是否完整，有无缺失、残缺、堵塞等
		梁端缝是否漏水
		桥面纵横坡是否标准、顺畅
3	伸缩缝	伸缩缝堵塞、卡死、橡胶条破损、开裂、渗漏、锚固混凝土开裂、破损、锚固件松动、破损、凹凸不平
4	人行道、栏杆	破损、缺失、断裂、错位、剥落、锈蚀、扭曲变形
5	锥坡挡墙	滑移、下沉、开裂，挡墙是否倾斜、变形、开裂
6	标志、标线	损坏、老化、失效

5.5.2.7 检查方法

1）桥梁上部结构

大桥及部分高墩中小桥等采用桥梁检查车为工作平台，局部低墩区、隔音板遮挡及急弯路段采用扶梯或伸缩探头、高倍数字望远镜观测。目测结合简易测量设备，缺陷现场标注，数码相机拍照记录。

2）桥梁下部结构

采取目测为主，结合钢尺、直尺、皮划艇、下水裤等简易测量设备，水中桥墩处采用皮划艇或者下水裤，高墩区辅以支架、扶梯或检测车。

3）桥面系及附属设施

采用外观直接检查的方式，对缺陷进行现场标注和记录，并采用数码相机拍照记录。

5.5.3 检测结果

5.5.3.1 上部承重构件

上部承重构件采用预应力钢筋混凝土空心板、单悬臂T梁、工字挂梁。经本次外观检查主要病害有：预应力空心板底板有11条纵向裂缝并伴有钙化，长度共计 $L=19.5$，$D_{max}=0.16mm$；有1处梁加固钢板防护漆脱落，总长度 $L=10m$。上部承重构件外观特征及病害描述，如表5.23所示。

上部承重构件病害表　　表5.23

<table>
<tr><th>跨径编号</th><th>构件编号</th><th>病害位置</th><th>病害描述</th><th>病害标度</th><th>构件评分</th><th>备注</th></tr>
<tr><td rowspan="4">第1跨</td><td>1-4号梁</td><td>跨中</td><td>纵向裂缝、钙化
$L=2m,D=0.12mm$</td><td>标度2</td><td>65</td><td>—</td></tr>
<tr><td>1-7号梁</td><td>跨中</td><td>纵向裂缝、钙化
$L=1.9m,D=0.15mm$</td><td>标度2</td><td>65</td><td>—</td></tr>
<tr><td>1-8号梁</td><td>跨中</td><td>纵向裂缝、钙化
$L=3m,D=0.1mm$</td><td>标度2</td><td>65</td><td>—</td></tr>
<tr><td colspan="6">
1-4号、1-7号、1-8号梁板底纵向裂缝、钙化</td></tr>
</table>

续上表

跨径编号	构件编号	病害位置	病 害 描 述	病害标度	构件评分	备注
第1跨	1-9号梁	跨中	梁加固钢板防护漆脱落，总长度 $L=10m$	标度2	75	—
	1-9号梁板底加固钢板防护漆脱落					
第6跨	6-1号梁	跨中	纵向裂缝、钙化 $L=1m,D=0.1mm$	标度2	65	—
	6-1号梁板底纵向裂缝、钙化					
	6-3号梁	跨中	纵向裂缝、钙化 $L=0.8m,D=0.08mm$	标度2	65	—
	6-4号梁	跨中	纵向裂缝、钙化 $L=0.5m,D=0.15mm$	标度2	65	—
	6-5号梁	跨中	纵向裂缝、钙化 $L=0.3m,D=0.13mm$	标度2	65	—
	6-6号梁	跨中	纵向裂缝、钙化 $L=3m,D=0.16mm$	标度2	65	—
	6-10号梁	跨中	纵向裂缝、钙化 $L=1m,D=0.12mm$	标度2	65	—

续上表

<table>
<tr><th>跨径编号</th><th>构件编号</th><th>病害位置</th><th>病害描述</th><th>病害标度</th><th>构件评分</th><th>备注</th></tr>
<tr><td rowspan="3">第6跨</td><td>6-14号梁</td><td>跨中</td><td>纵向裂缝、钙化
$L=4m, D=0.08mm$</td><td>标度2</td><td>65</td><td>—</td></tr>
<tr><td>6-15号梁</td><td>跨中</td><td>纵向裂缝、钙化
$L=2m, D=0.1mm$</td><td>标度2</td><td>65</td><td>—</td></tr>
<tr><td colspan="6">

第6跨梁板底纵向裂缝、钙化</td></tr>
</table>

5.5.3.2 上部承重构件

经本次外观检查,大部分铰缝完好,未见明显病害,有1条勾缝渗水,$L=3m$。铰缝主要病害特征如表5.24所示。

上部一般构件病害表 表5.24

跨径编号	构件编号	病害位置	病 害 描 述	病害标度	构件评分	备注
第6跨	6-14号铰缝	6-14号勾缝	勾缝渗水 $L=3$m	标度2	75	—
	 6-14号梁底勾缝渗水					

5.5.3.3 支座

采用盆式橡胶支座、板式橡胶支座。经本次外观检查,支座完好,未见明显病害。桥梁支座外观特征及病害描述如表5.25所示。

支 座 病 害 表 表5.25

跨径编号	构件编号	病害位置	病害描述	病害标度	构件评分	备注
第1~6跨	—	支座	未见明显病害	标度1	100	—

5.5.3.4 翼墙、耳墙

无。

5.5.3.5 锥坡、护坡

无。

5.5.3.6 桥墩

采用Y形墩。经本次外观检查,桥墩完好,未见明显病害。桥梁、墩外观特征及病害描述,如表5.26所示。

支 座 病 害 表 表5.26

跨径编号	构件编号	病害位置	病害描述	病害标度	构件评分	备注
第1~6跨	—	桥墩	未见明显病害	标度1	100	—

5.5.3.7 桥台

经本次外观检查主要病害为:桥台台身1处渗水、长青苔。桥台外观特征及病害描述,如表5.27所示。

桥 台 病 害 表　　　　表 5.27

<table>
<tr><th>跨径编号</th><th>构件编号</th><th>病害位置</th><th>病害描述</th><th>病害标度</th><th>构件评分</th><th>备注</th></tr>
<tr><td rowspan="2">第 1 跨</td><td>0 号桥台</td><td>台身</td><td>渗水、长青苔</td><td>标度 2</td><td>75</td><td>—</td></tr>
<tr><td colspan="6">
0 号桥台渗水、长青苔</td></tr>
</table>

5.5.3.8 墩台基础

经本次外观检查,基础完好,未见明显病害。墩台基础外观特征及病害描述,如表 5.28 所示。

墩台基础病害表　　　　表 5.28

跨径编号	构件编号	病害位置	病害描述	病害标度	构件评分	备注
第 1 ~ 6 跨	—	墩台基础	未见明显病害	标度 1	100	—

5.5.3.9 河床

经本次外观检查,河床完好,未见明显病害。河床外观特征及病害描述如表 5.29 所示。

河 床 病 害 表　　　　表 5.29

跨径编号	构件编号	病害位置	病害描述	病害标度	构件评分	备注
第 1 ~ 6 跨	—	河床	未见明显病害	标度 1	100	—

5.5.3.10 调治构造物

无。

5.5.3.11 桥面铺装

桥面铺装采用沥青混凝土。经本次外观检查主要病害为:桥面铺装有 1 处局部破损,面积 $S=0.01\text{m}^2$;但全桥路面不平整。桥面铺装主要病害特征,如表 5.30 所示。

桥面铺装病害表　　表5.30

<table>
<tr><th>跨径编号</th><th>构件编号</th><th>病害位置</th><th>病害描述</th><th>病害标度</th><th>构件评分</th><th>备注</th></tr>
<tr><td rowspan="2">第6跨</td><td>6号桥面铺装</td><td>第6跨</td><td>桥面局部破损
$S=0.01\mathrm{m}^2$</td><td>标度2</td><td>75</td><td>—</td></tr>
<tr><td colspan="6"> 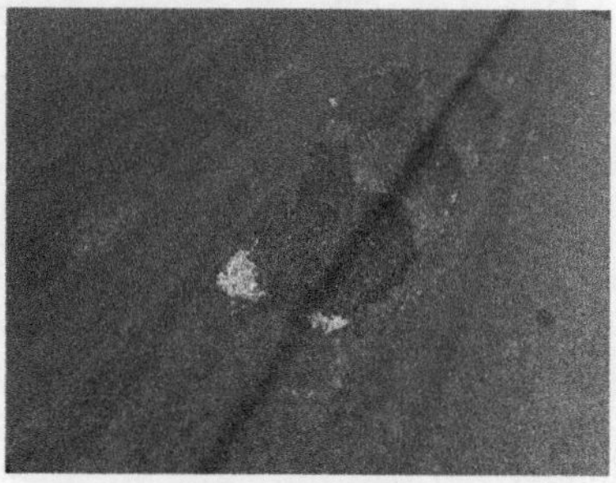6号桥面破损</td></tr>
<tr><td rowspan="2">全桥</td><td>1号~6号桥面铺装</td><td>全桥</td><td>路面车辙,深度较浅</td><td>标度2</td><td>75</td><td>—</td></tr>
<tr><td colspan="6"> 全桥路面车辙</td></tr>
</table>

5.5.3.12　伸缩缝装置

经本次外观检查,2条伸缩缝泥沙堵塞、止水带破损。伸缩缝装置外观特征及病害描述,如表5.31所示。

伸缩缝装置病害表　　表 5.31

<table>
<tr><th>跨径编号</th><th>构件编号</th><th>病害位置</th><th>病害描述</th><th>病害标度</th><th>构件评分</th><th>备注</th></tr>
<tr><td>第 1 跨</td><td>2 号伸缩缝</td><td>1 号墩顶</td><td>泥沙堵塞、止水带破损</td><td>标度 3</td><td>60</td><td>—</td></tr>
<tr><td>第 1 跨</td><td colspan="6">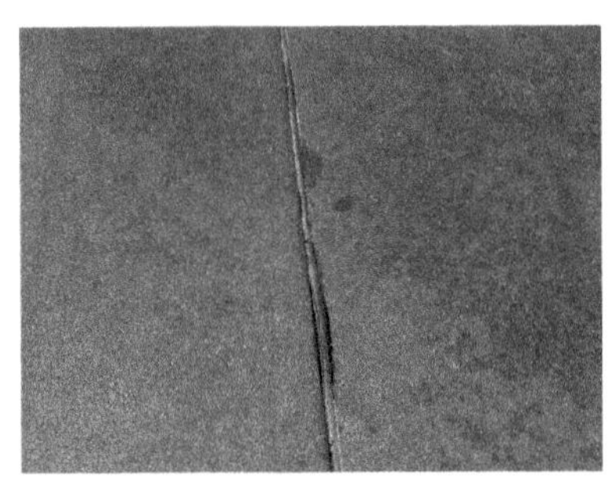
2 号伸缩缝堵塞、止水带破损</td></tr>
<tr><td rowspan="2">第 2 跨</td><td>3 号伸缩缝</td><td>第 2 跨跨中</td><td>泥沙堵塞、止水带破损</td><td>标度 3</td><td>60</td><td>—</td></tr>
<tr><td colspan="6">
3 号伸缩缝堵塞、止水带破损</td></tr>
</table>

5.5.3.13　人行道

经本次外观检查，人行道完好，未见明显病害。人行道外观特征及病害描述，如表 5.32 所示。

人行道病害表　　表 5.32

跨径编号	构件编号	病害位置	病害描述	病害标度	构件评分	备注
第 1 ~ 6 跨	—	人行道	未见明显病害	标度 1	100	—

5.5.3.14　栏杆、护栏

经本次外观检查，右侧护栏有 1 处混凝土破损、露筋，长度 $L = 15\text{cm}$，$S = 0.15\text{m}^2$。栏杆、护栏外观特征及病害描述，如表 5.33 所示。

栏杆、护栏病害表　　表5.33

跨径编号	构件编号	病害位置	病害描述	病害标度	构件评分	备注
全桥	右侧护栏	右侧护栏	破损、露筋 $L = 15\text{cm}, S = 0.15\text{m}^2$	标度3	60	—
	 右侧护栏破损、露筋					

5.5.3.15　排水系统

经检查，泄水孔完好，未见明显病害。排水系统外观特征及病害描述如表5.34所示。

排水系统病害表　　表5.34

跨径编号	构件编号	病害位置	病害描述	病害标度	构件评分	备注
全桥	—	泄水孔	未见明显病害	标度1	100	—
	 泄水孔完好					

5.5.3.16　照明、标志

经本次外观检查，无照明，限载标志完好，标线脱落现象。照明、标志外观特征及病害描述，如表5.35所示。

照明、标志病害表　　表5.35

跨径编号	构件编号	病害位置	病害描述	病害标度	构件评分	备注
全桥	—	标线	完好，未见明显病害	标度1	100	—

5.5.4 桥梁技术状况评定

依据《公路桥梁技术状况评定标准》(JTG/T H21—2011),对桥梁外观状况进行技术评定。

5.5.4.1 部件权重重新分配

桥梁部件权重重新分配采用将缺失部件权重值按照既有部件权重在全部既有部件权重中所占比例进行分配的方法。桥梁部件重分配计算,如表5.36所示。

桥梁部件重分配计算表　　表5.36

桥梁结构	序　号	部件名称	权　重	重新分配后权重	备　注
上部结构	1	上部承重构件	0.70	0.70	—
	2	上部一般构件	0.18	0.18	—
	3	支座	0.12	0.12	—
下部结构	4	翼墙、耳墙	0.02	0.00	—
	5	锥坡、护坡	0.01	0.00	—
	6	桥墩	0.30	0.32	—
	7	桥台	0.30	0.32	—
	8	墩台基础	0.28	0.29	—
	9	河床	0.07	0.07	—
	10	调治构造物	0.02	0.00	—
桥面系	11	桥面铺装	0.40	0.40	—
	12	伸缩缝装置	0.25	0.25	—
	13	人行道	0.10	0.10	—
	14	栏杆、护栏	0.10	0.10	—
	15	排水系统	0.10	0.10	—
	16	照明、标志	0.05	0.05	—

5.5.4.2 上部结构技术状况评分

桥梁上部结构评分结果,如表5.37所示。

桥梁上部结构评分表　　表5.37

桥梁部件	构件数量	构件评分	部件评分	部件技术状况等级	上部结构评分
上部承重构件	11	65	82.94	2类	86.52
	1	75			
	78	100			
上部一般构件	1	75	91.47	2类	
	83	100			
支座	308	100	100.00	1类	

部件评分：$PCCI_i = \overline{PMCI} - (100 - PMCI_{min})/t$

上部承重构件：$PCCI_1 = (65 \times 11 + 75 \times 1 + 100 \times 78)/90 - (100 - 65)/2.8 = 82.94$（分）

上部一般构件：$PCCI_2 = (75 \times 1 + 100 \times 83)/84 - (100 - 75)/3.04 = 91.47$（分）

上部结构评分：$SPCI = \sum PCCI_i \times W_i$

$= 82.94 \times 0.7 + 91.47 \times 0.18 + 100 \times 0.12 = 86.52$（分）

5.5.4.3 下部结构技术状况评分

桥梁下部结构评分结果如表5.38所示。

桥梁下部结构评分表 表5.38

桥梁部件	构件数量	构件评分	部件评分	部件技术状况等级	下部结构评分
桥墩	35	100	100	1类	97.48
桥台	1	75	92.12	2类	
	3	100			
墩台基础	7	100	100	1类	
河床	1	100	100	1类	

部件评分：$BCCI_i = \overline{BMCI} - (100 - BMCI_{min})/t$

桥台：$BCCI_1 = (75 \times 1 + 100 \times 3)/4 - (100 - 75)/9.5 = 92.12$（分）

下部结构评分：

$SBCI = \sum BCCI_i \times W_i = 100 \times 0.32 + 92.12 \times 0.32 + 100 \times 0.29 + 100 \times 0.07 = 97.48$（分）

5.5.4.4 桥面系技术状况评分

桥面系评分结果，如表5.39所示。

桥面系评分表 表5.39

桥梁部件	构件数量	构件评分	部件评分	部件技术状况等级	桥面系评分
桥面铺装	6	75	72.37	3类	81.46
伸缩缝装置	2	60	79.65	3类	
	3	100			
人行道	1	100	100	1类	
栏杆、护栏	1	60	76	3类	
	1	100			
排水系统	1	100	100.00	1类	
照明、标志	1	100	100	1类	

部件评分：$DCCI_i = \overline{DMCI} - (100 - DMCI_{min})/t$

桥面铺装：$DCCI_1 = 6 \times 75/6 - (100 - 75)/9.5 = 72.37$

伸缩缝装置：$DCCI_2 = (2 \times 60 + 3 \times 100)/5 - (100 - 60)/9.2 = 79.65$

护栏：$DCCI_3 = (1 \times 60 + 1 \times 100)/2 - (100 - 60)/10 = 76$ 分

桥面系评分：$BDCI = \sum DCCI_i \times W_i$

$= 72.37 \times 0.4 + 79.65 \times 0.25 + 100 \times 0.10 + 76 \times 0.10 + 100 \times 0.10 +$

100 ×0.05 =81.46(分)

5.5.4.5 全桥技术状况评分及等级评定

全桥技术状况评分结果,如表5.40所示。

桥梁技术状况评分表 表5.40

桥梁部位	权 重	技术状况评分	结构技术状况等级	全桥技术状况评分	备 注
上部结构	0.40	86.52	2类	89.49	2类
下部结构	0.40	97.48	1类		
桥面系	0.20	81.46	2类		

桥梁总体技术状况评分:

$$D_r = \mathrm{BDCI} \times W_D + \mathrm{SPCI} \times W_{SP} + \mathrm{SBCI} \times W_{SB}$$
$$= 86.52 \times 0.4 + 97.48 \times 0.4 + 81.46 \times 0.2 = 89.49(\text{分})$$

根据《公路桥梁技术状况评定标准》(JTG/T H21—2011)4.1.5的规定桥梁技术状况等级评为2类。

5.5.5 维修建议

(1)上部结构:对主梁纵向裂缝除去钙化后进行注浆封闭处理,观察使用,如发现新增裂缝,应进行特殊检查,对主梁纵缝还可以增加主梁横向预应力装置。

(2)对1-9号梁加固钢板进行除锈,重刷防护漆处理。

(3)下部结构:清除桥台表面青苔,并对台顶伸缩缝止水带进行修补或更换处理。

(4)桥面系:对桥面铺装进行观察,如果车辙深度加深,则需重铺铺装层,对2号、3号伸缩缝清除泥沙,更换止水带。

(5)对右侧护栏破损处进行钢筋除锈,用环氧类混凝土或砂浆进行修复。

第6章　拱桥养护与维修

6.1　拱桥常见病害及原因分析

6.1.1　常见混凝土拱桥类型

6.1.1.1　板拱

主拱采用实体矩形截面,横截面形式如图6.1所示。

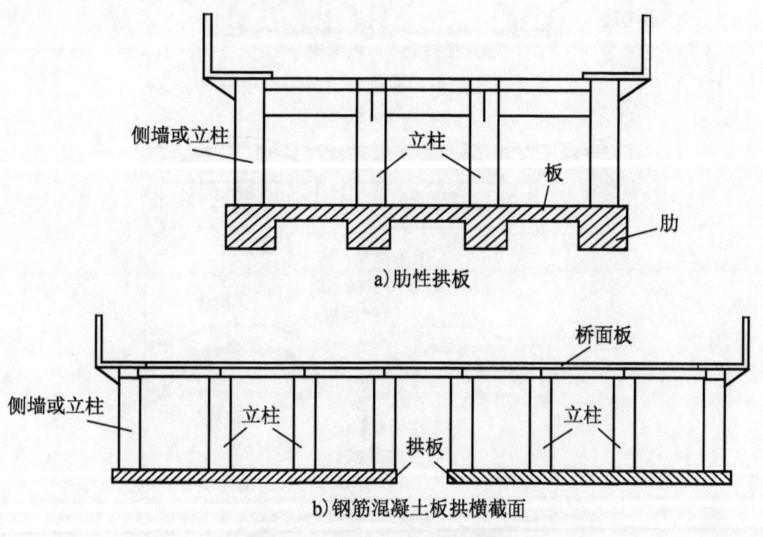

图6.1　钢筋混凝土板拱横截面

6.1.1.2　拱肋

用两条或多条平行线拱肋作主拱圈,拱肋间设横隔梁以保证拱肋的横向稳定性,截面形式如图6.2所示。

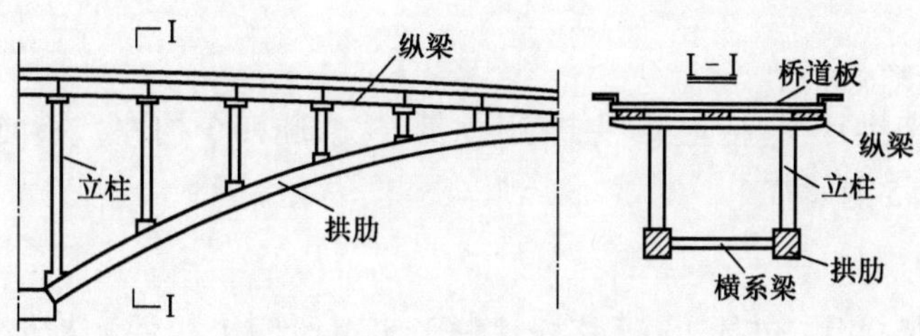

图6.2　钢筋混凝土肋拱横截面图

6.1.1.3 箱形拱

主拱采用箱形截面,横截面形式如图 6.3 所示。

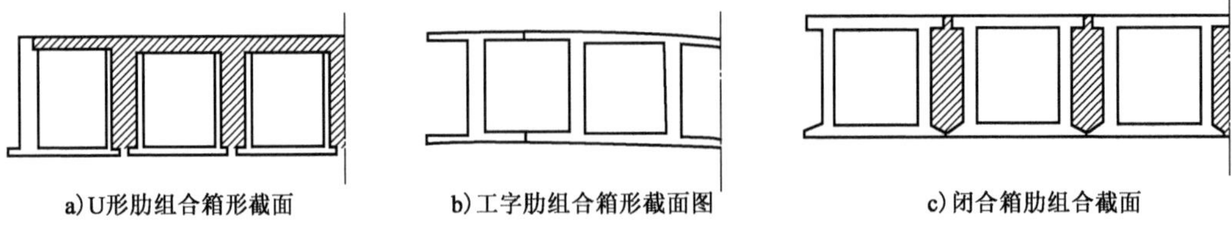

图 6.3 钢筋混凝土箱形状横截面图

6.1.1.4 双曲拱

主拱截面由拱肋、拱波、拱板、横向连接系构成,截面形式如图 6.4 所示。

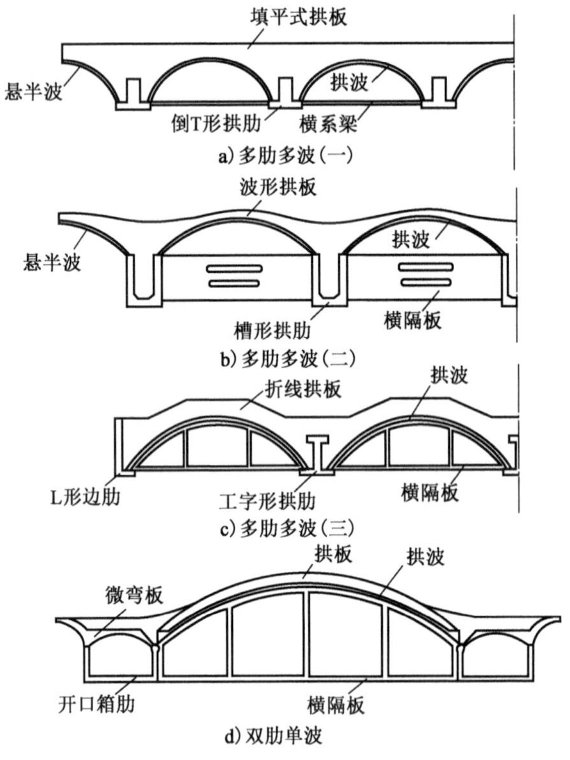

图 6.4 钢筋混凝土双曲拱横截面图

6.1.1.5 刚架拱

上部结构由刚架拱片(包括主梁、主拱腿、次梁、次拱腿四个构件)、横向连接系、桥面等组成,截面形式如图 6.5 所示。

6.1.1.6 桁架拱

上部结构由桁架拱片(包括上、下弦杆、腹杆、实腹段四个构件)、横向连接系、桥面等组成,截面形式如图 6.6 所示。

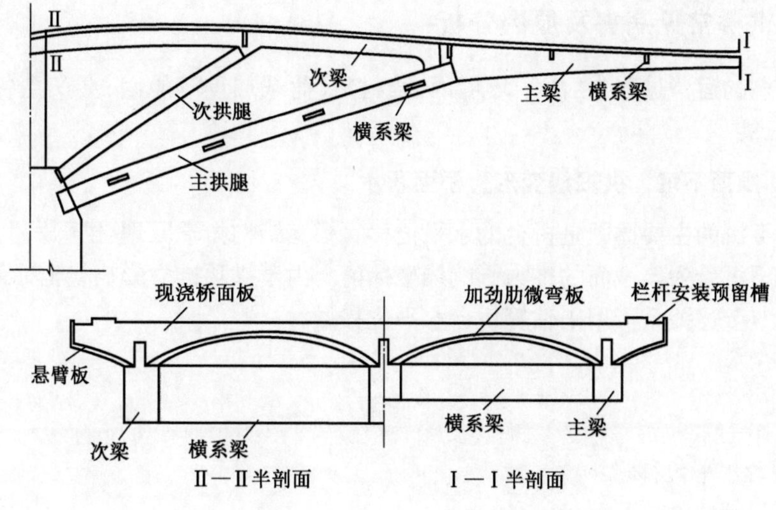

图6.5　钢筋混凝土钢架拱纵、横截面图

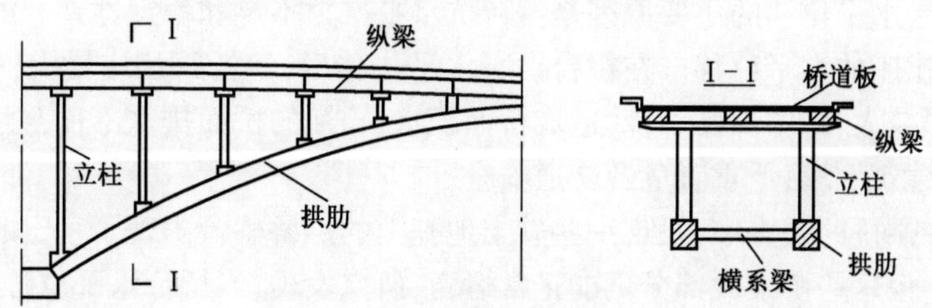

图6.6　钢筋混凝土肋拱横截面图

6.1.1.7　系杆拱

上部结构由拱肋、系杆或立柱、行车道梁、横向连接系、桥面等组成，根据杆与拱惯性矩之比，可分为柔性系杆刚性拱、刚性系杆柔性拱、刚性系杆刚性拱。各种截面形式如图6.7所示。

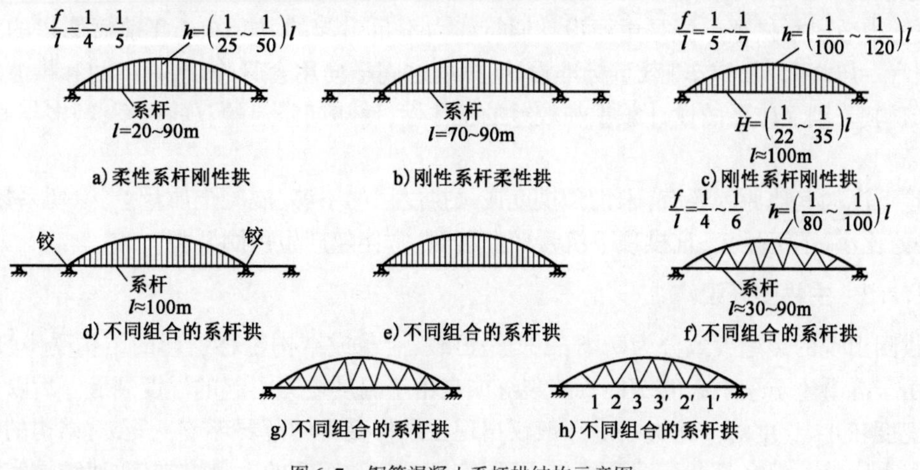

图6.7　钢筋混凝土系杆拱结构示意图

6.1.2 拱桥常见病害及原因分析

拱桥在长期的运营过程中,由于环境因素、材料、荷载加重等原因,会产生各式各样的病害,常见的有三类。

6.1.2.1 拱顶下沉,拱轴线变形,桥面积水

产生拱顶下沉的主要原因是桥台的水平位移。根据结构力学原理,拱脚发生水平位移时,拱轴各截面的下沉量为该截面的推力影响线坐标值。由于拱顶推力影响线坐标最大,因此,拱顶下沉最突出。上述关系可用来估算桥台水平位移量。

$$\Delta = \frac{\delta_X}{\eta_X} \tag{6.1}$$

式中:Δ——桥台水平位移量;

δ_X——X 截面的拱轴下沉量;

η_X——X 截面的推力影响线坐标值。

拱桥产生桥台水平位移的主要原因是桥台抗水平推力不足和稳定性差。如软土地基的不均匀沉陷和桥台拱座的水平位移。在桥台拱座水平位移后,使桥跨相应增大,拱座向后倾斜、转动;拱轴线变形较大,跨中部位下挠,造成桥面积水;长期的桥面排水不良,会导致面破坏,侧墙外倾乃至拱上建筑倒塌,严重者危及交通安全。

应该指出,在拱桥的调查中,发现一些软土地基上的拱桥桥台出现了一定的水平位移并引起了结构的开裂,但这些桥梁大部分仍能正常运营;研究发现,当桥台水平位移到一定程度时,拱脚的上缘一般会开裂,特别是拱脚上缘未设锚入拱座钢筋的双曲拱桥,主拱圈的支撑条件由原来的无铰拱改变为介于无铰、两铰之间的状态,桥台水平位移在无铰拱中引起的附加内力比两铰拱大得多,因而支撑条件的改变在相当程度上减小了桥台水平位移引起的附加内力;其次,拱脚截面开裂,其刚度削弱,导致主拱圈的刚度发生变化,引起了主拱圈的内力重分布,使拱脚截面的弯矩大大减小,而轴力有所增加。因而,应根据实际情况,对因桥台位移引起的结构变化做恰当的分析。

此外,少数拱桥拱顶下沉是由原设计通行能力不足引起的,如 1967 年前后修建的双曲拱桥,按照汽—15(不计加重车)载重标准设计,拱肋之间横向用套管连接,在拱肋和拱波之间也不设抗剪构造,因而较低的设计载重和较差的整体性,使初期修建的双曲拱桥,经多年通车,损坏率较高。

拱顶下沉的其他原因还有:未设预拱度或预拱度留的不够,混凝土质量差,徐变系数大等。通常,矢跨比小、下沉量大,且拱顶下沉量较显著时,常伴随产生拱圈开裂。

6.1.2.2 主拱圈开裂

主拱圈出现的裂缝大致分为两类:一类是恒载、活载或结构位移引起的结构受力裂缝,另一类是由于混凝土干缩引起的塑性收缩裂缝或是由于温度应力引起的温度裂缝。后者的主要特征是宽度较小、长度短。此类裂缝一般仅出现在结构受力的薄弱环节,不会对结构的实际安全造成显著影响。但在长期荷载反复作用下,特别是超载车辆的大量增加,致使结构实际处于

超负荷运营状态，会加重第一类裂缝的发展。结构裂缝是结构缺陷的集中体现。主拱的裂缝主要有以下几种类型：

(1)主拱与拱上建筑结合面的环缝。

(2)该种裂缝是指主拱与拱上建筑交界处沿桥跨方向的裂缝。

(3)主拱自身裂缝。

拱顶径向缝。一般分布在 $3L/8\sim5L/8$ 的区段内，少数也有的分布范围较大，延伸至 $L/4\sim L3/4$（L 为拱桥跨径）范围内。在拱肋侧面上，裂缝由于拱肋下边缘至上延伸，裂缝宽度一般为0.1mm，严重的可达0.5mm以上，裂缝延伸长度为0.2~0.3m。

拱脚截面拱背径向缝。在拱肋侧面上，裂缝由拱肋上缘向下延伸。

6.1.2.3　拱上建筑损坏

拱上建筑的主要作用是为桥梁提供行车平面，并将桥面活载传递到主拱结构上去，其自重也全部由主拱承担。

从实际情况看，拱上建筑形式多样，其损坏主要有三种情况：

(1)因主拱圈变形而导致拱上建筑开裂。

(2)拱上建筑自身强度不足导致破坏。

(3)排水不畅，导致冻胀或水损，结构因而变形、损坏。

6.2　日常养护与维修

(1)经常清除表面污垢及圬工砌体因渗水而在表面附着的游离物。

(2)经常疏通泄水管孔，保持桥面及实腹拱拱腔排水畅通。如发现拱桥桥面漏水应及时修补，空腹拱的主拱圈(肋)若发现渗水，应对拱背进行清理，清除可能积水的残渣、堆积物等，并用砂浆等材料抹平或堵塞裂缝。实腹拱若发现主拱圈渗水，应检查拱腔排水系统，必要时可挖开拱上填料，修补防水层，修理排水管道。

(3)主拱及拱式腹拱的拱铰及变形缝应保持正常工作状态。清除弧面铰及变形缝内嵌入的杂物，保持能自由转动、变形。填缝材料如油毛毡、浸渍沥青的木板等，如有损坏应及时更换。

(4)构件表面缺陷及局部损坏的修补，主要有以下几类：

①圬工砌体的边角压碎、砌块断裂，干砌石拱桥砌缝张口等，可用水泥砂浆修补。若个别块体压碎或脱落，应用新的块体填塞更换，更换时应保证嵌挤或填塞紧密。砌缝砂浆若发生脱离，应凿除后重新用于硬性砂浆或微膨胀砂浆填筑，表面重新勾缝。

②钢筋混凝土拱构件的表面缺损与裂缝修补。

③钢管混凝土拱钢构件表面的防锈涂层应保持完好，并定期重涂。

④实腹拱的侧墙若发生较大变形、开裂，应查明原因并做相应处理。若是填料不实，或拱腔积水，应挖开拱上填料，修补防排水系统，拆除鼓凸部分侧墙后重新砌筑，重新回填拱上填料及重做路面，也可酌情换用轻质填料或加大侧墙尺寸。若发现侧墙与拱圈之间脱开，或侧墙上有斜向(若是砌体通常沿砌缝成锯齿状)开裂，应检查墩(台)与主拱的变形。开裂轻微且不再发展的，可做一般修补裂缝处理。若开裂严重或裂缝在发展中，应考虑加固、改造方案。

(5)中、下承式拱桥的吊杆养护。系杆拱桥的系杆混凝土裂缝应用环氧砂浆等材料进行处理。系杆采用无混凝土包裹的预应力钢束时,应定期对钢束的防锈保护层进行养护、更换防护油脂等。系杆的支承点如有下沉要及时调整。

(6)冬季月平均气温低于 -20℃的地区,对淹没于结冰水位的拱圈,应在枯水期从结冰水位以上 50cm 开始至拱脚涂抹一层防冻环氧砂浆,砂浆表面再涂刷沥青进行保护。

6.3 钢管混凝土拱桥养护与维修

6.3.1 钢管混凝土拱桥关键部位的经常检查

6.3.1.1 钢管混凝土拱肋的检查

对钢管混凝土拱肋(含横向连接系)应检查涂层有无损坏或剥落,拱肋及连接系的所有焊缝有无裂缝,尤其应注意检查拱座与拱肋交界的转折区及系杆锚固区混凝土有无裂缝、积水。如发现结构有裂缝,应对有损伤裂缝的杆件和螺栓、焊缝等标上颜色,经常观察其发展情况,并对裂缝起讫位置、缝宽等情况进行详细记录。

6.3.1.2 吊杆及锚具的检查

由于桥梁长期处于微震状态,必须对吊杆进行经常检查。第一、第二年内一般可每 2 个月检查 1 次,以后每半年检查 1 次。主要检查内容如下:

(1)检查吊杆两端的锚固部位,包括吊杆端部及冷铸锚头、横梁锚固构造、吊杆套管等是否有浸水、锈蚀和开裂、松动等。防护套管油漆是否完好,冷铸锚头有无松动、裂缝破损。

(2)对吊杆的振动进行观察。观察吊杆振动是否明显(特别是在大风时),减振措施是否损坏失效,防护套是否破坏;当桥上发生 6 级以上大风后,应检查吊杆有无异常。为了分析吊杆的振动,应记录桥上风力、风速、风向和温度、湿度资料,并进行分析。

(3)检查吊杆的防护层有无裂纹、破损、老化和积水,重点检查吊杆端部出口处钢管护套以及钢管护套与 PE 护套连接处的外观情况。检查吊杆的钢管护套有无松动、油漆脱落、锈蚀,套管顶是否密封,连接处有无渗水、漏水等。若套管破裂,吊杆可能会因雨水的渗入而受到腐蚀。

(4)根据外观检查情况,适时抽检吊杆端部及减振器的防水情况和橡胶老化变质情况。

6.3.1.3 系杆及防护板的检查

应注意检查系杆及锚头、防护罩有无锈蚀,外部油漆有无损坏,连接是否松动,防锈油脂有否向外渗漏,钢箱有无锈蚀。

6.3.1.4 混凝土结构的检查

混凝土结构(含主桥纵、横梁,拱座处外包混凝土等)主要检查混凝土有无裂缝、渗水、表面风化、剥落、露筋和钢筋锈蚀等。在日常检查中尤以混凝土结构物的渗水、渗漏为最主要项目,并判断损坏情况。应重点检查吊杆锚头附近及横梁预应力束锚头附近有无裂缝,纵横梁固结部分是否开裂。

6.3.2　钢管混凝土拱桥关键部位的定期检查方法

在桥梁养护管理系统中,定期检查是采集结构技术状况动态数据的工作,为评定桥梁使用功能、制订养护计划提供基本数据。定期检查除目视观察外,需要采用专用的测量仪器以及望远镜、照相机、探查工具等设备接近或进入各部件对钢管混凝土拱桥的主要部位和关键数据进行详细检查,检查其功能及其缺损状况。一般每隔1~2年进行1次。定期检查可以养桥单位自检,也可委托具有一定资质和丰富经验的专业单位进行。在检查后要形成报告,受检部位和关键数据要进行鉴定或作出评价。

6.3.2.1　钢管混凝土拱肋的检查

(1)构件是否扭曲变形、局部损伤、腐蚀生锈。

(2)钢管混凝土拱肋及横向连接系的全部焊缝边缘(热影响区)有无裂纹或脱开。

(3)涂层有无裂纹、起皮、脱落,构件是否腐蚀生锈。

(4)在接养大桥以后要对裸露的钢管混凝土做一次全面的探测。以手锤敲击四周,依次延及全拱,以此方法来初测、判断管内混凝土是否填充密实或黏附良好。如出现异声,就可能有空洞存在,或有其他病变。应报请探测处治。

6.3.2.2　吊杆部分的检查

吊杆检查的重点是:吊杆与主拱肋及横梁的锚固部位,即上、下锚头处,吊杆出口密封处,减振器等部位。应注意检查横梁锚垫板下混凝土周围是否有微裂缝,吊杆的减振装置是否良好,防护套是否破坏,钢丝是否腐蚀或疲劳断丝,吊杆下锚端的防水渗透装置是否良好,吊杆不锈钢护套和缠包带是否损坏。

6.3.2.3　系杆的检查

系杆应注意检查锚头防护套外部涂层有无损坏,连接是否松动,防护油脂有否向外渗漏,锚头、防护套是否破坏,钢丝是否腐蚀或疲劳断丝。应定期检查系杆预应力束的应力,如发现应力损失超过设计容许值或各束松紧不均匀,应予以补拉或调整。

6.3.3　钢管混凝土拱桥检测

6.3.3.1　检测内容

为了利于分析桥梁可能发生的病害原因,须对结构进行永久性控制检测。针对钢管混凝土拱桥结构复杂的特点和养护要求,应定期测定桥面线形、纵向位移伸缩量;定期测量拱肋在纵向、横向及垂直方向的变位以及拱桥跨度与矢度的变化;定期测量控制断面应力、系杆预应力束及吊杆索力;定期测定其动力特性;定期检测主拱肋、墩台有无异常的沉降、位移。为此,成桥后应在每墩(台)处,主拱各吊杆处(上、下游)、拱座处设置固定观测点。桥梁的固定检测点的设置要牢固可靠,应按永久性测量标志设定。当观测值出现异常时,应查明原因,委托设计部门计算,采取措施进行处理。

6.3.3.2　检测基准

为确保各检测项目所获得的信息正确可靠,必须建立桥梁检测基准,其中包括高程基准及平面位移检测基准。这些高程基准点和平面基准点均应定期进行检测。在对不同周期观测资进行分析的基础上，判定它们的稳定性，以便作为各项检测项目的依据。

6.3.3.3 观测技术要求

(1)沉陷观测。高程基准网联测、桥墩沉陷与倾斜观测、桥面线形测量等均应按国家水准测量规范的二等精度要求实施。考虑到桥面行车的活荷载对观测精度的影响和不中断交通的条件下，每次观测的时间应选择在夜间至凌晨桥面车辆少的时间段。桥墩沉陷、倾斜、桥面线形等观测点的高程测定均应闭合在已知高程的基准点上。

(2)拱肋变位观测。拱肋在温度及桥面行车动荷载的作用下，时刻处于变化状态，并且随着荷载的不同其摆动幅度亦有差别。因此，每次观测时，应进行连续跟踪观测，观测时间间隔视车流量的大小而定，白天的时间间隔不宜超过2h，夜间车流量小，观测的时间间隔可适当长一点儿，每间隔3～4h观测1次，连续观测24h。

(3)吊杆及系杆索力的测定。一般只进行恒载索力的测试，在第1、2次应选在冬季和夏季各进行1次，以后每年进行1次，5年后视实际情况而定；索力测量应与主梁线形测量步进行。索力测量建议采用频率法。

(4)应力测量。定期对主拱肋控制断面应力进行测量。因钢管混凝土拱桥属新型桥梁，目前国内对此类桥的疲劳问题、环向应力问题尚无深入研究，因此，在实际的养护过程中尤其应注意对拱座处焊接钢管的环向应力的测量。

(5)裂缝观测。若桥上出现裂缝应注意跟踪观测，并分析原因。

(6)动力特性变化。由结构动力特性的变化可间接评判结构损伤程度。因此，应定期测量结构动力特性及振型变化。测量的主要内容有：主梁动力特性及振型，主拱肋动力特性及振型，吊杆动力特性及频率。

6.3.3.4 观测周期与观测时间

变形检测的观测周期除特殊要求外，一般可在建成后的前5年每年观测1次。若无异常时，以后每3年观测1次。每次观测的具体时间最好以年为周期(每年观测的季节或月份应基本相同)。钢管混凝土拱桥段桥面的线形观测应与索力测量同步进行。

6.3.4 钢管混凝土拱桥的特殊检查

6.3.4.1 检查方法

对桥梁结构有损害的意外情况发生时或发生后应进行特殊检查。特殊检查应根据桥梁破损状况和性质，利用适当的仪器设备，采用现场勘探、试验等特殊手段和科学分析方法，来查明桥梁病害原因、破坏程度和承载力，并对桥梁的技术状态进行评定。以便采取相应的加固、改善措施。特殊检查通常委托桥梁检测中心或具有这种能力的科研、设计单位和工程技术咨询单位，签订特殊检查合同后实施。检测的项目主要有以下两方面：

(1)结构材料缺损状况诊断，包括材料损坏程度检测、材料物理、化学性能测试，以及缺损原因的分析判断。

(2)结构整体性能、功能状况鉴定，包括结构承载能力(强度、刚度和稳定性)鉴定和桥梁抗洪能力的鉴定。

6.3.4.2 火灾过后的检查

因行驶在桥上的油罐车或其他运载易燃物品的车辆发生意外等原因引起火灾后,一定要做仔细检查。查清火灾原因,确定受火灾影响的范围和部位。检查的主要内容有:

(1)火灾影响范围内的桥面、伸缩缝及纵横梁是否受损。

(2)火灾影响范围内的各根吊杆及其有关连接件是否受损,吊杆拉力有无变化。

(3)如果火灾发生处距吊杆较近(如10m以内),则须检查吊杆防腐有无变化。若吊杆的防腐系统损坏严重,还要进一步查看吊杆的钢丝是否也受到损伤。

检查后,应对损伤部位尽快处理。吊杆及其有关连接件防腐烧脱者应做防腐处理,如有断丝和损坏的零部件应予以更换。同时,需对火灾影响范围内的各吊杆索力进行测定。将此次划定值与前次定期观测的结果相比较,看是否有较大变化。如索力变化较大,应首先分析变化的原因,再进一步考虑是否更换或调整索力。

6.3.4.3 船只等大漂浮物撞击后的检查

若发生失控船只和大漂浮物撞击主墩承台事故,除按有关规定办理外,还应立即做详细检查。调查肇事船只和大漂浮物的吨位、撞击速度、方向和高度,估算撞击力的大小。根据估算的撞击力对整体结构进行空间分析,判断结构有无功能降低的迹象。检查方法如下:

(1)用肉眼观察受撞部位的损伤状况。观察混凝土表层有无破碎和开裂,是否有构造钢筋或受力钢筋暴露出来。如有破碎,应对破碎范围大小、程度及所在位置作出描述。如有开裂,应对裂纹的数量、分布情况及所在位置作出描述。

(2)用无损探伤仪器对被撞区域进行无损检测,判断混凝土内部是否产生损伤。

(3)用脉动方法测定主墩动力特性的变化,所测基频的阶次应尽可能高,并应结合相应振型来判断主墩受撞后的损伤程度。

此项检查技术复杂,需要有较多经验,应由专门机构承担并给出报告。

6.3.4.4 各种事故后的结构检算

在地震、超重车辆过桥、船只等漂浮物撞击桥墩以及桥上行驶的车辆撞击拱肋或吊杆后,除进行前述有关条款的检查外,还应对结构进行检算,确定结构的使用功能是否仍能满足要求。此外,还应对相应状态下结构的动力特性及响应进行计算,以评判这些意外事故是否会引起故障发生。另外,应对可能发生故障的部位进行仔细测量,用动力特性的变化来进行故障诊断。

6.3.5 钢管混凝土拱桥技术状况的评定方法

应根据经常检查、定期检查或其他检查结果定期对桥梁结构各部分的技术状况及承载能力进行评定。桥梁承载能力鉴定,通常采用三种方法:

(1)分析计算法。

(2)随机调查比较法,即由实际交通测定桥梁状态的方法。

(3)荷载试验法,即对桥梁施加试验荷载,测定其主要部位主要参数的方法。

荷载试验前,应根据不同的试验目的和要求制定周密的试验方案。方案内容应包括测试主要内容和要求、加载方法、试验方法等。主要试验内容有:

(1)钢管混凝土拱肋控制断面应力。

(2)吊杆、系杆拉力。

(3)中跨跨中及四分点处的挠度,钢管混凝土拱肋位移(含顺桥向和横桥向等)。

(4)主梁的动力特性和动力响应。

(5)钢管混凝土拱肋的动力特性和动力响应。

(6)吊杆和吊杆钢丝锈蚀程度的综合评定。

(7)纵、横梁控制断面的应力。

桥梁承载能力分析与评定应充分利用已掌握的调查检验资料,根据桥梁的结构特点综合分析评定桥梁的承载能力及其使用条件。主要包括以下几个方面:

(1)结构的强度与稳定性。

(2)结构刚度。

(3)裂缝限制。

(4)控制断面应力及吊杆、系杆拉力。

6.3.6 钢管混凝土拱桥关键部位的养护

6.3.6.1 钢管混凝土拱肋的养护

对钢管混凝土拱肋(含腹杆及横向连接系)的养护工作主要包括下列内容:

(1)保持焊接的正常状态。当焊缝承受与其方向垂直的交变荷载时,在焊接缺陷及局部应力集中处均易诱发疲劳裂纹。该裂纹一旦形成,在应力与腐蚀介质的共同作用下,裂纹迅速扩展。如不及时修复,会引起严重后果。因此,对拱肋的焊接部位应注意保持焊接的正常状态。若发现桥梁在使用过程中焊接处有异常情况,应注意分析裂缝发生原因,及时处理。

(2)当拱肋发现裂缝后,应由专业技术焊工及时用手电钻在裂纹端钻 $\phi2 \sim 3$mm 圆孔,制止裂纹的扩展,然后用碳弧气刨清除裂纹部位。裂纹清除后,用砂轮打磨干净,预热后用 CO_2 保护焊修复。修复完毕,应进行无损检查,确认焊缝缺陷不复存在,否则应重新修补。焊缝修补次数一般不应超过 2 次。修复工作进行前,应制定相应修补方案及焊接修复工艺,焊接工艺应进行必要的测试与评定。对重要部位焊缝修复,应征得有关专家认可后方可实施。

(3)日常检查过程中,若发现拱肋涂层有《铁路钢梁涂膜劣化评定》(TB/T 2486)标准所列的涂膜劣化等级 2 级以上的漆膜损坏,应及时处理。

(4)对裸露的钢管,根据防腐材料使用年限经常定期进行检查,如有腐蚀要进行除锈迹防护工作,对于锈点、锈迹要彻底擦除,除锈后在涂抹防锈漆及面漆。城市及大气污染严重的桥梁可用热锌、热铝喷涂工艺进行防护,或用其他聚乙烯涂料或改性聚氨酯等防护涂料涂刷,其厚度不小于 140μm。具体可参照钢桥有关的防锈要求进行。

(5)在确定钢管混凝土的管内有空洞或离析时可先钻孔注入环氧树脂、水泥砂浆后再封闭钻孔。

(6)主梁的挠度值出现异常时要及时限制交通,并应查明原因,委托设计部门计算,采取措施进行处理。

6.3.6.2 拱座的养护

(1)在拱座与裸露的钢管混凝土交界段以上露出的钢管表面,若涂层出现褶皱、龟裂,在排除涂层质量、气温、老化等原因外,宜再将包裹混凝土向上延长。

(2)若拱座的外包混凝土出现褶皱、龟裂、裂纹,当无明显变形时,可暂用水泥砂浆涂抹,加强观察,分析原因。待稳定后再根据情况进行修复(如压浆、封闭或凿除裂损部分进行修复)。大气污染区则应采用改性乳胶漆等材料进行大面积喷涂防护。

(3)对拱座处的积水要及时排除,保持清洁干燥。

(4)每年冬、夏来临之前,对裸管段与有外包混凝土的管段交界处要涂厚油脂。

6.3.6.3 吊杆、系杆及锚具的养护

(1)吊杆与系杆系统包括吊杆、系杆、锚板及连接件等。吊杆、系杆涉及桥梁的耐久性和承载能力,可谓此类桥梁的生命之索。吊杆和系杆的养护是钢管混凝土系杆拱桥养护工作的重点。其养护的重点部位是两端锚头处。

(2)冷铸锚头和螺栓是暴露在大气中的,要注意防水、防锈,丝扣部分应经常涂润滑油防腐。应定期对吊杆及系杆系统涂漆防锈,补刷防锈漆。对两端锚固处及锚头、吊杆、系杆出口密封处、防护套等部位,发现有损坏时,应及时处治。

(3)当锚头发现裂缝或破损,应更换该吊杆(系杆)。系杆拱桥的系杆,及锚于后台的抗负弯矩系杆出现松弛现象时,可在其预留孔内穿梭进行张拉,无预留孔时,可在拱脚段的两侧加设型钢粘贴预锚在肋上,在型钢空穿梭张拉后,锚于型钢上。新增设系杆应进行包裹防护。

(4)吊杆与系杆要避免横向冲击,注意防水、防锈。在钢管及防护罩内均应注意防护。发现系杆及防护板腐蚀或损坏应及时处理。如发现油脂渗漏,应补注防锈油脂,并找出渗漏部位,加以堵塞。对系杆锚头、锚板防护罩、滚珠轴承等应使其保持在完好状态。

(5)吊杆、系杆设计时都应考虑若干年后更换吊杆的可能性。个别吊杆或系杆出现疲劳断丝,或意外损坏,或测试结果出现异常时,可根据实际损伤、腐蚀状况及断丝情况适时调整和更换。系杆可用前卡式千斤顶逐股松索后抽换;吊杆可从拱肋上垂下较强大的钢丝绳,将横梁一端兜底临时吊住,更换吊杆后拆除。调整或更换前需经专题研究、专家论证,制定方案,编写施工工艺,按有关规范和工艺施工。吊杆(或系杆)及有关连接件或附件更换完毕后,应重新对它们做防腐处理,并应对吊杆(或系杆)拉力进行1次测量。

(6)混凝土防护板裂缝宽度超过0.2mm者应压浆修补。

6.3.6.4 钢筋混凝土及预应力混凝土梁的养护

在检查中若发现混凝土有开裂现象,应注意观察其发展情况。待稳定后,再根据开裂情况,进行修复。如裂缝发展严重时,应查明原因,咨询专家、委托设计或科研单位,采取加固处理措施。若发现混凝土有露筋、剥落等现象,应及时修补。

6.3.7 钢筋混凝土桁架拱的养护与维修

钢筋混凝土桁架拱桥较少,由于混凝土的结构和受力特性,它作为桁架结构的材料不合适,作为桁杆的钢筋混凝土杆件,如果没有外界约束总给人不安全的感觉,混凝土结构用于连续的板或实体结构更合适些,这实际上是钢管混凝土发展很快的原因。

钢筋混凝土桁架拱桥的常见病害除了拱桥结构的共有病害以外,还具有如下病害:杆件开裂破损、节点开裂破损、钢筋锈蚀、混凝土碳化、混凝土不密实、钢筋保护层不足、雨水浸蚀、冻

胀开裂剥落、路面破损。

针对钢筋混凝土桁架拱的结构受力特点和病害特点,要充分认识钢筋混凝土拱桥养护维修的重要性,钢筋混凝土桁架拱桥的养护和维护,主要从确保桁架拱的结构完整性和杆件的强度作为养护重点。由于桁架杆件截面相对较小,杆件一般又都是单一受力性质部件,截面的削弱对桁架杆件是致命的,这与复合受力部件不同。例如,钢筋混凝土梁,有受拉区和受压区,当构件部分受损,特别是受拉混凝土受损,对结构的整体承载力影响较小,有时甚至没有影响;而桁架杆件截面的受损,则直接降低杆件的承载力。

对于桁架拱桥,除了日常养护外,还应进行定期检查,重点检查是否有混凝土开裂、钢筋锈蚀、雨水侵蚀、冻胀冻裂、破损残缺、路面破损等,特别是当杆件受到意外撞击或创伤时,要及时进行检查,必要时封闭交通进行专业检查和承载力评估,确保结构安全。当有路破损或路面平整度不好时,要及时进行维修,因为路面的不平顺会显著增加荷载的冲击效应,而钢筋混凝土桁架拱的抗冲击和疲劳的性能比较差。

钢筋混凝土桁架拱桥出现病害时要及时处治,对于混凝土开裂,要查清原因,宽的裂缝(大于0.01 mm)要进行压浆处理,较窄的裂缝(小于0.01 mm)进行表面封闭,对于杆件和节点的破损,可用外包碳纤维布的方式进行加固,也可用外贴钢板或加钢箍的办法进行加固。

外包碳纤维加固混凝土桁架杆件的方法是一种十分有效的方法,杆件用碳纤维包裹后,其整体性和承载力(特别是后期承载力)都有显著提高;同时,这种加固方法可以有效地封闭混凝土的裂纹,极大地提高杆件的耐久性;更重要的是,碳纤维加固基本上不增加结构恒载,无需对非加固构件进行强度验算,这对于桁架拱这种轻型结构形式尤为重要,因此碳纤维加固混凝土桁架拱桥应被推为首选方法。再者,这种方法方便、灵活,可适用不同的截面形式,施工简便,不需要大型的施工设备和笨重的工具,施工质量容易控制。

外包钢板也是加固和修复混凝土桁架拱的重要方法,特别是对于需要提高荷载等级的旧桥进行维修加固,这更是首选方法。这种加固方法可以有效地增加杆件的截面尺寸,直接提高杆件的承载力和结构刚度。这种方法的一个缺点是会增加结构自重,对于无病害的杆件或节点需要进行强度验算,有时可能需要进行补强加固。

对于混凝土桁架拱这种结构,一般不推荐对损伤、病害混凝土构件进行简单的修补复原处理,简单的修补一般都凿除病害部位混凝土,对混凝土进行凿毛处理,这会对构件造成新的损伤,危及结构安全。再者,新旧混凝土的结合及新补混凝土的收缩等问题经常使新补混凝土不能真正起到补强加固的作用,而最终只起到外观的修补作用。

6.4 拱桥加固方法

6.4.1 加固方法及适用范围

(1)主拱圈强度不足时,可加大拱圈截面。

从拱腹面加固时,可采用下列方法:粘贴钢板;浇筑钢筋混凝土加大拱肋截面;布设钢筋网,用喷射混凝土或水泥砂浆加大拱圈截面;在拱肋间加底板,变双曲拱截面为箱形截面。条件许可时,也可在腹面做衬拱及相应的下部结构。

从拱背面加固时,可在拱脚区段的空腹段背面加大拱圈截面;或拆除拱上建筑,在全拱圈背面加大截面。一般使用混凝土或钢筋混凝土材料。

(2)拱肋、拱上立柱、纵横梁、桁架拱、刚架拱的杆件损坏可用粘钢或复合纤维片材加固。粘钢时可粘贴钢板,也可在四角处粘贴角钢。

(3)用粘钢板或复合纤维片材加固桁架拱、刚架拱及拱上框架的节点。

(4)用粘钢板或复合纤维片材加固桁架拱、刚架拱及拱上框架的节点。用嵌入剪力键的方法加固拱圈的环向连接。剪力键一般采用钢板或铸件,按一定间隔布置,其间的裂缝用环氧砂浆等处理。

(5)用加大截面的方法加强拱肋之间的横向连接。采用横拉杆的双曲拱,可把拉杆改为梁。

(6)更换锈蚀、断丝或滑丝的吊杆。若原构造许可,可以用收紧锚头的方法张拉松弛的系杆或吊杆来调整内力。

(7)钢管混凝土拱肋拱脚区段或其他构件的外面包裹钢筋混凝土。

(8)改变结构体系以改善结构受力,如在桥下通航许可的前提下加设拉杆。

(9)更换拱上建筑,减轻自重,更换实腹拱的拱上填料为轻质填料。

(10)用更换桥面板、增加桥面铺装的钢筋网、加厚桥面铺装、换用钢纤维混凝土等方法修加固桥面。

(11)因墩(台)变位引起拱圈开裂时,应先维修加固墩(台),然后修补拱圈。

(12)加固拱桥时,应注意恒载变化对拱压力线的影响及其引起的推力变化,对各施工工序应进行检算,并作出详细的施工组织设计,严格按照设计的工序施工。

6.4.2　圬工拱桥加固技术

圬工拱桥损坏严重或不能承担现行增大的荷载时,应进行加固。

加固拱桥的常用方法一般有两种:一是对拱圈卸载加固,二是对拱圈补强加固。为了对拱圈卸载,应去掉拱上填充物,并铺设可对拱圈起到全部或部分减载作用的钢筋混凝土板。这种方法(实际上是改建)需封锁线路,施工时间较长。

拱圈补强加固是指在原拱圈上面或下面增设混凝土或钢筋混凝土拱圈,如图6.8所示。

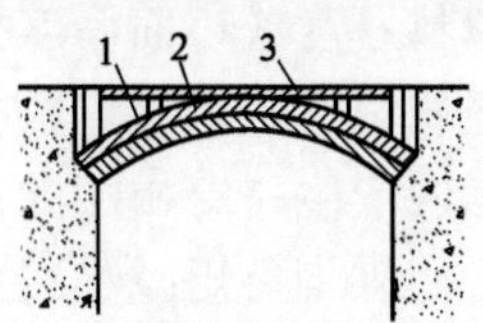

a)在原有拱上增加新拱圈

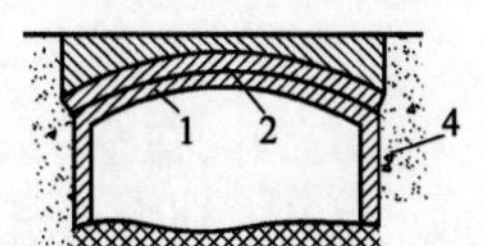

b)在原有拱下增加新拱圈

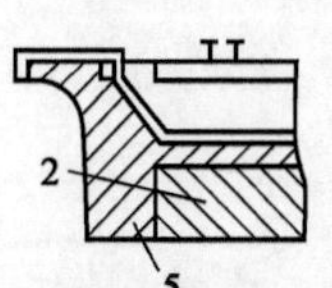

c)在原有拱两侧灌注钢筋混凝土拱肋

图6.8　拱桥加固示意

1-新拱圈;2-原拱圈;3-轻型拱上建筑;4-加厚的墩(台);5-拱肋

对空腹式拱桥,若拱顶上部有足够的高度,可在原拱圈上建造新拱圈,如图6.8a)所示。但这种加固办法需封锁线路或架设卸载梁束,施工复杂、麻烦。若桥下净空和过水面积允许,可在原拱圈下面增设新拱圈。即紧贴原拱圈下面,喷射钢丝网水泥拱圈或浇筑混凝土拱圈,如

图 6.8b)所示,这样施工时可不封锁线路,但在混凝土初凝阶段要求列车限速行驶。

新拱圈加固厚度的估算,一般根据原拱圈的厚度以及拱桥使用状况进行综合分析后确定(根据桥规确定的拱圈所需厚度减去原有厚度,再视拱桥使用状况加上适当的安全厚度,就是拱圈的厚度)。

对不能增设新拱圈的情况,可考虑在原拱两侧建造新拱肋,如图 6.8 所示。无论在拱上还是拱下增设拱圈(肋),都必须在浇筑混凝土之前,在旧拱圈上设置锚杆等,以保证新旧拱圈的共同工作。另外,在多数情况下,可能需要对墩(台)进行加固以承受新拱圈的质量。

6.4.3 调整结构内力加固方法

6.4.3.1 调整拱轴线与压力线加固法

1)基本原理

在空腹式拱桥中,由于腹孔部分的恒载重量是通过腹孔墩以集中力的形式作用于主拱圈上,恒载就不是分布作用了。因此,恒载压力线就不能与光滑的悬链线吻合,仅与其三铰的恒载压力线保持 5 点重合,其他截面两者存在偏离。一般在实腹段的范围内(从拱顶至 1/4 点附近),压力线大多在拱轴线之下,拱轴线与压力线存在一个正弦波的曲线差。由于实腹段恒载决定的拱轴系数 $m_{实}$ 比空腹段恒载决定的 $m_{空}$ 要大,而用 5 点重合法确定拱轴线时,实际采用的拱轴 $m_{轴}$ 由于要兼顾实腹与空腹两部分,故 $m_{轴}$ 必然介于 $m_{实}$ 与 $m_{空}$ 之间,即可 $m_{实} > m_{轴} > m_{空}$。鉴于从拱顶到 $L/4$ 点附近恒载,压力线是与实腹段的恒载相对应的,其拱轴系数比 m 轴大,故该段的压力线应在拱轴线之上;而从 $L/4$ 点到拱脚的恒载压力线是与空腹段部分的恒载相对应的,其拱轴系数比 $m_{轴}$ 小,因而,该段的压力线应在轴线之下。众所周知,压力线与拱轴线的偏离会在拱内产生附加内力。由其引起附加赘余力在拱顶产生负弯矩,而在拱脚产生正弯矩,与拱顶、拱脚的控制弯矩相反,对拱顶、拱脚有利,可以改善主拱的受力,如图 6.9 所示。

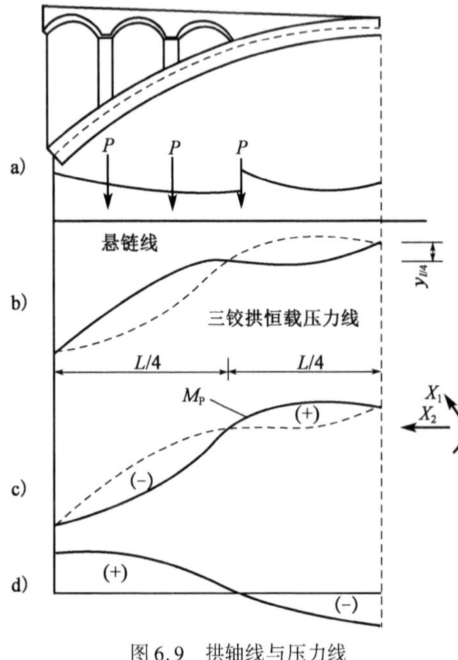

图 6.9 拱轴线与压力线

2)加固方法和技术

如果遇到实际桥梁在拱顶、拱脚两控制截面有一个弯矩很大,另一个控制截面弯矩较小时,根据上述原理,可以通过拱轴线与压力线的位置调整改善主拱圈的受力状况。具体做法:当拱脚负弯矩较大,造成拱脚上缘开裂,产生裂缝,而拱顶截面尚有一定富余时,采取薄拱上填料厚度或桥面厚度措施,减轻桥面系重量,亦可用轻质填料更换原填料,使恒压力线上升,在全拱圈范围内产生一定幅度的正弯矩,则在最不利内力组合时,使拱脚负矩减小,达到提高承载力、加固补强的目的。当拱顶正弯矩较大,造成拱顶下缘开裂,而拱脚截面尚有一定富余时,采取加厚桥面厚度,增加拱上恒载重量的方法。若原桥面基本完工,增加桥面可采用钢筋混凝土或三钢混凝土罩面施工措施,尽可能缩短施工时间和减少中断或堵塞交通时间,亦可采取用重质填料更换原桥轻质材料,使恒载压力线降低,在全拱圈围内产生一定幅度的负弯矩,则在最不利组合时,使拱顶的正弯矩减小,达到提高承载力、补强的目的,如图6.10所示。

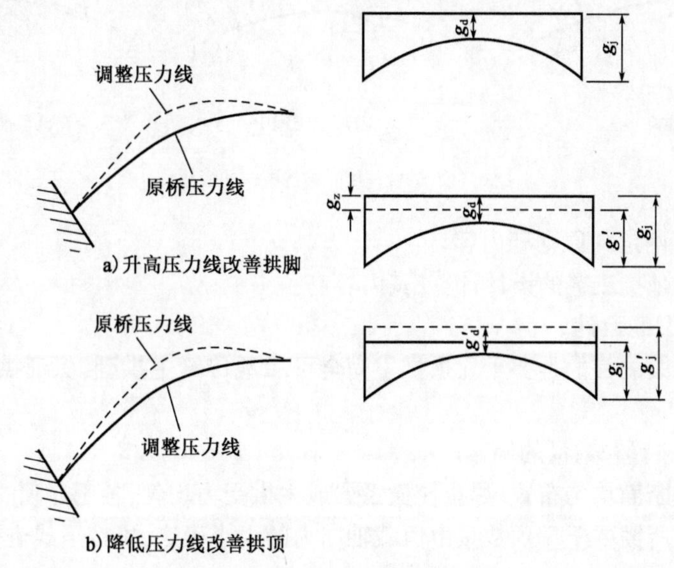

图6.10　主拱圈压力线调整示意图

综上所述,由于拱受力状况与拱轴线的变化关系很大,对主拱圈变形不大的拱式桥梁,可直接按上述途径调整拱轴线与压力线;对主拱圈变形过大的拱桥,尤其是双曲拱桥,实际拱轴线往往与压力线偏差较大。在这种情况下,若单独采用对主拱圈截面补强的措施,已不有效改善主拱圈的受力状况,更需要对拱轴线和压力线进行调整,改善主拱圈的受力状况,才能真正起到加固改造的作用。

6.4.3.2　顶推法

1)顶推工艺

建于软土地基上的拱桥,往往由于地基松软而产生水平位移和沉降,使拱轴线下沉,拱肋开裂,从而影响拱桥的正常使用。为消除拱桥产生水平位移而引起的损坏,可采用顶推施工使拱轴复位,调整主拱圈内力,达到加固的目的。运用顶推工艺可以在恢复断面整体性完的前提下,恢复原桥的承载能力。它比其他现有方法更经济实用,可在不损坏原桥外貌、不缩小通航净空的情况下,完成桥梁的加固工作。

所谓顶推工艺就是将拱桥的一端作为顶推端,设立顶推横梁,横梁与拱肋紧紧相连,凿除拱脚与支座的连接,使支座自由。然后,安放千斤顶,利用千斤顶的推力沿拱轴线向上、向跨中方向顶推横梁,从而使整个拱圈移动。当顶推位移值相当于原桥已产生的位移值时,停止顶推。然后,在拱脚离开拱座的空隙上浇灌高强快硬水泥砂浆,待砂浆硬化后,再放松千斤顶,顶推完成。

顶推过程中,由于千斤顶的合力中心在主拱轴线上,顶推端的拱脚将不存在弯矩,且主拱圈的结构图式将从无铰拱转变为单铰拱。如图6.11所示,图中 M_A、M_1 分别为顶推前恒载偏离弯矩和位移 Δ(包括恒载弹性压缩)所产生的弯矩;M_B、M_2 为顶推后在非顶推端产生的前述两种弯矩。

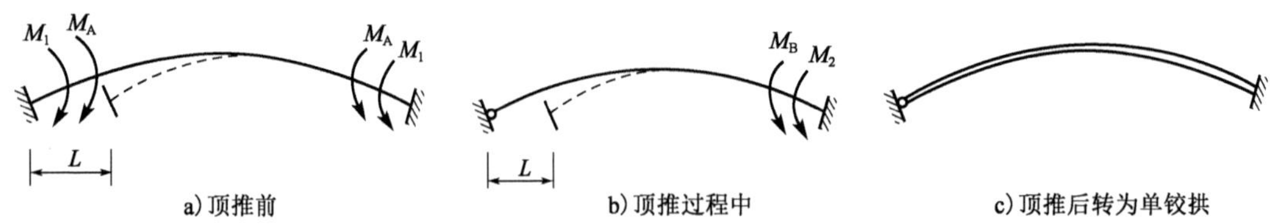

图6.11　拱桥顶推时结构图式的变化

2)顶推控制值确定的原则和内容

顶推前需进行顶推工艺的设计计算,其内容有:

(1)顶推横系梁的设计。

设计顶推横系梁的目的是要千斤顶推力完全可靠地传给主拱圈,保证拱脚部分主拱圈受均匀。

(2)千斤顶的布置和数量的确定。

千斤顶宜沿主断面均匀布置,尽量使横系梁或主拱受力均匀,各千斤顶的合力中心应在主拱断面重心轴上。所需要千斤顶数量由恒载轴向力的大小确定,可按下式进行估算。

$$h \geqslant N/KP$$

式中:h——所需千斤顶数量(台);

N——上部在拱脚产生的恒载内力,$N = h\cos\theta\sin\theta$;

P——一台千斤顶的最大负荷;

K——千斤顶的机械效率,取 $K = 0.8$。

(3)顶推位移值由下列原则决定:

①根据实测位移量。

②根据拱顶实测下沉值和拱顶推力影响线计算。

③顶推直至桥上或缘石出现负弯矩为止。

3)顶推施工

(1)机具仪表设备的准备。

顶推前要做机具设备的准备工作,一座拱桥顶推施工时所需的设备见表6.1。

顶推工艺所需机具设备　　表6.1

序　号	设备名称	规　格	单　位	数　量	备　注
1	电动油泵	LYB610	台	1	
2	分油器	$H = 570$	台	1	
3	高压油管	钢或胶皮管 ϕ8mm	台	48	
4	油压表		台	2	
5	扳手	24″	把	1	
6	扳手	14″	把	2	
7	扳手	8″	把	1	

续上表

序　号	设备名称	规　格	单　位	数　量	备　注
8	管子扳手		把	2	
9	台虎钳		台	1	
10	油压千斤顶	100t	台	21	视情况而定
11	经纬仪		台	1	
12	水准仪		台	1	
13	电阻应变片		台	3	
14	电测位移计		台	4	
15	百分表	行程1cm	台	2	
16	电钻	钻孔直径 $d = 28$mm	台	1	

(2)人员组织配备。

顶推前应做好工作人员的具体组织安排工作,顶推一座桥所需人员的组成见表6.2。

顶推工艺的人员组织　表6.2

序　号	操作名称	单　位	人　员	备　注
1	油泵操作	个	1	
2	总指挥	个	1	
3	记录员及掌管油泵	个	1	
4	百分表记录员	个	1	
5	应变测量	个	6	视情况而定
6	水准测量	个	2	
7	经纬测量	个	1	
8	拌制块硬水泥砂浆	个	1	
9	现场保卫及维持油压	个	2	
10	浇筑块硬水泥砂浆	个	3	
11	安全保卫人员	个	3	

(3)对全桥进行全面检测及资料准备。

检测内容主要有:对拱轴线、桥面、桥台各控制点作水准测量;丈量跨径和矢高;记录裂缝位置和宽度等。做好顶推过程中观测的准备工作,事先确定出仪器安装位置,并安装上量测仪器。凿开支座与拱脚结合部,使拱脚与拱座分开并能自由移动。

(4)设置横梁,安置千斤顶。

用于传递顶推力的横系梁,一般可用钢筋混凝土梁,也可用钢梁(工字钢或槽型钢)。用螺栓将横梁沿横桥方向紧固在主拱圈上,以传递顶推力。

(5)试顶。

在上述准备工作就绪后,即可开始试顶。通过试顶可熟悉操作过程,并检查千斤顶、油路管道、仪表等是否正常,否则必须进行调整。

(6)顶推施工。

正式顶推时须封闭桥上交通,以确保安全。非顶推端拱脚上部的桥面伸缩缝必须清理。

根据预顶时的主拱应变增大速度,按预估的顶推量实行分级顶推。每顶一级检查一次,检查千斤顶行程是否同步或漏油,同一断面上的上、下游应变是否相等,桥上是否有新的裂缝出现等。发现有意外情况就应停止顶推,待分析原因后再确定是否继续顶推。当顶推到预定顶推值时,更应注意对各部位进行检查。

(7)浇筑快硬水泥砂浆或环氧砂浆。

顶推到预定顶推量或发生异常现象,需停止顶推工作时,在顶出的空隙内应立即浇筑水泥砂浆或环氧砂浆,并做好砂浆试块。

注浆结束后要有专人昼夜值班维护油泵压力。但要注意控制表值,一般维持表压在49.35Pa左右,不宜过大以免损伤砂浆强度。在昼夜平均温度为25℃时,砂浆经6~7d的养护,环氧砂浆经24 h的养护,即可卸除油泵压力。

(8)顶推结束。

在上述工作全部完成后,顶推工作即告结束,此时卸除设备、拆下支架,顶推完成。

4)圆弧拱圈各部尺寸的检测

为正确掌握圆弧拱圈各部尺寸,在顶推工作完成后便应检测其是否符合正常拱度。在拱桥的拓宽改建中,为方便圆弧拱测量放线时进行查对参考,可按下述方法进行:

(1)圆弧拱的要素及其表示方法。

表示拱度的大小有两种方法:

①用圆心角的大小来表示。

②用矢高 f 与跨度 L 之比,即矢跨比的大小来表示。

用圆心角表示,常用的有180°拱(即半圆拱)、120°拱和90°拱;按矢跨比(即 f/L)表示,常用的有1/2拱(即半圆拱)、1/3拱和1/4拱。无论采用何种表示方法,在计算圆弧拱的各部尺寸时,均以跨径 L 为基础。

(2)圆弧拱各部尺寸的检测。

由于石拱桥的砌筑(包括拓宽改建或新建部分)必须考虑到拱架(拱胎)在承重后有所下沉。因此,拱中央部分要有一定的起拱富余(或称预留拱度),一般10 m跨径的中间(拱顶部分)应起拱3~4cm,拱胎起拱后,曲线应保持圆顺,不得出现折线。

6.4.3.3 减轻拱上建筑重量加固方法与技术

现有的拱式桥梁多数是采用腹拱式拱上建筑,特别是石拱桥更是采用腹拱式拱上建筑,由于拱上建筑自重较大,恒载重量通常占有很大的比例,加之中、小跨径的石拱桥及当数量的实腹式拱桥,拱土填料厚度大,拱上建筑的自重更大,主拱圈大部分须用于承担恒载自重。如果能采取有效措施,一定程度上减轻拱上建筑自重,可以明显地改善拱圈的受力情况。特别是当桥梁承受荷载的能力,以及桥梁基础承载力受到限制,不能满足加固拱圈和提高活载所增加的承压力要求时，采取减轻桥梁恒载自重的办法来提高原桥承受活载的能力，是一种经济有效的措施。

1) 改变拱上填料厚度

大部分以前修建的拱式桥梁，特别是双曲拱桥和石拱桥通常采用的拱上填料厚度均较大，尤其是石拱桥中的实腹式拱桥拱上填料的厚度一般都在 1.0 m 左右，甚至多达几米。对于这类拱桥，恒载自重在主拱承受的全部荷载中占有很大的比例，部分桥梁甚至达到 80% 以上，承受荷载的空间相对就比较小，随着车辆荷载重量的增加，极易超过桥梁的承载能力范围，造成主拱圈开裂成为危桥。对于这类拱桥，如果采取降低桥面高程、减小拱上填度，或者换以轻质材料的措施，相对来说就调整出了承受活载的空间，提高了原桥的载能力。

2) 将腹孔的重力式横墙挖空，或改造成钢筋混凝土立柱

无铰拱桥的拱上横墙尺寸一般都比较大，部分横墙也没有设置横桥向小拱，故自重较大，如果将腹拱的重力式横墙挖空，设置横桥向小拱或用钢筋混凝土立柱取代重力式横墙，可在一定程度上减轻拱上建筑的自重，提高原桥的承载能力。

3) 用预制的钢筋混凝土 T 梁、微弯板或空心板等轻质桥面系代替笨重的腹拱体系

通常，腹拱式桥面系腹孔的上方全部采用护拱和填料填平后再浇筑桥面系，并有一定区域的实腹段，故恒载自重很大，采用轻型桥面系取代原重型桥面系，取消了填料，可以较大幅度减轻恒载重量，使主拱圈由原来承担恒载自重的承载力部分调整出空间，用于承受荷载增加的重量，可较大程度提高原桥承受车辆荷载的能力。

4) 用轻型拱上建筑取代腹拱式拱上建筑

将旧桥的拱上建筑拆除，在主拱圈上修建钢筋混凝土刚架或桁架式等其他类型的轻型拱上建筑，同样可以减少主拱圈承担的恒载重量，腾出主拱圈承载能力空间，提高原桥承受荷载的能力。

需指出的是，拱圈的受力性能与拱上荷载的分布(即压力线形状)及拱上建筑的联合作用有密切的联系，因而采取减轻拱上自重的措施时，必须对拱的受力状况进行详细的计算，包括改造后的运营受力状况，必要时可以考虑拱上联合作用和施工中裸拱的受力状况。以使拱圈获得最佳的受力状况来确定减轻拱上自重的布局方案、结构形式和施工程序。必须使压力线尽量保持与原桥一致，并且要严格按照设计的施工程序进行拱上建筑的拆除和重建，以确保拱圈的安全和均衡受力，如果旧桥的裸拱受力满足不了要求，则应首先加固拱圈，然后再拆除和新建拱上建筑。

5) 施工方法

(1) 为了增强原拱圈的整体性和承载能力，保证改造拱上建筑时的安全，首先应对主拱的裂缝进行修补。

(2) 从拱脚向拱顶对称拆除拱上侧墙，并挖除拱腔填料。若旧拱圈病害较严重，则应先在桥孔下架设拱架支住拱圈后再对拱上建筑进行施工。

(3) 对卸除恒载过程中拱腹重新出现的裂缝及拱背的裂缝进行修补。

(4) 对截面尺寸较小、承载能力不足的拱圈应先加固补强。

(5) 重新砌筑空腹式或其他较为轻型的拱上建筑。

(6) 设桥面铺装。

6.4.4 拱背加固减载法

拱背加固减载法在拱背上实施,因此比起其他加固方法来,其施工难度较小。一般不需要搭设支架,浇筑拱背混凝土无需底模。如果仅加固拱背,可以不中断桥面交通。主拱圈截面的加厚都是在拱顶上进行,新增的钢筋混凝土在原石拱圈上面,可以保证拱背加固的凝土与原结构连接可靠、协同工作。具体的施工程序如下:

(1)拆除旧石拱桥桥面、拱上填料、侧墙、腹拱圈、腹孔墩及护拱,拆除时应确保主拱圈不受破坏。

(2)拱顶及墩(台)顶面凿毛洗净,保证有很好的结合面。在立墙的位置植入锚固钢筋。

(3)在拱背上布设钢筋网,预埋立墙钢筋。立墙钢筋与锚固钢筋焊接,浇筑拱背混凝土。

(4)绑扎立墙钢筋,浇筑立墙混凝土。

(5)加固的拱背上搭设支架,进行连续板施工。

(6)完成桥面铺装、桥面连续、伸缩缝、防撞栏等的施工。

在施工过程中,自始至终都必须遵循对称、均衡的原则,每孔的左、右半拱必须对称施工。

6.4.5 锚喷混凝土加固法

锚喷混凝土实际由两部分组成,先是将锚杆锚入拟补强部位结构内,挂设补强钢筋网,然后再喷射一定厚度的混凝土,形成与原结构共同承受外载作用的组合结构。所以,锚喷混凝土是借助喷射机械,利用压缩空气将新混凝土或混合料,通过管道输送并以高速喷射到已锚固好钢筋网的受喷面上凝结硬化而形成的一种钢筋混凝土。

锚喷混凝土不需振捣,而是在高速喷射时,由水泥与集料的反复连续撞击而使混凝土压密,同时又可采用较小的水灰比(常为0.4~0.45),因而它具有较高的力学强度和良好的耐久性,与混凝土、砖石、钢材有较高的黏结强度,所以新旧混凝土结合面上能够传递拉应力和剪应力。

1)锚喷混凝土的特点

锚喷混凝土在施工工艺、材料及结构等方面与普通现浇混凝土相比有许多特点。例如:不用或只用单面模板,混凝土或混合料的运输、浇灌和捣固结合为一道工序;可通过输料软管在高空、深坑或狭小的工作空间向任意方位施作薄壁的或复杂造型的结构;设备与工序简单,占地面积小,机动灵活,节省劳动力,具有广泛的适应性。用于旧桥加固补强,还具有施工快速简便、经济可靠、不中断交通等突出特点。

锚喷混凝土在施工时可在混合料中加入各种外加剂和外掺料,大大改善喷射混凝土的性能。例如,加入速凝剂,则喷射混凝土具有凝结快(2~4 min 初凝,10min 以内终凝)、早期强度高(一昼夜比普通混凝土提高2~4倍)的特点。喷射混凝土或混合料时,由于高速高压作用,喷射混凝土能射入宽度2mm以上的裂缝,并与被加固的结构紧密结合,形成整体共同工作,能阻止原结构继续变形和开裂。

锚喷混凝土加固桥梁的实质就是增大受力断面和补强钢筋、加固结构的整体性,使其能承受更大的外荷载。其中增设的补强钢筋主要是帮助原结构承受拉应力,同时成为新增混凝土部分的骨架,喷射混凝土的作用则是将补强钢筋与原结构连接组成整体受力结构,并与锚杆一道在结合面上传递拉应力和剪应力。

2）锚喷混凝土的强度

（1）补强钢筋

补强钢筋主要弥补原结构抗弯能力不足，或需要提高旧桥的承载能力所增加的外荷载作用由补强钢筋来承担。补强钢筋一般采用Ⅱ级螺纹钢，其强度要求主要以抗拉强度控制。

（2）喷射混凝土

①抗压强度。喷射混凝土的抗压强度是评定喷射混凝土质量的主要指标。

喷射混凝土的抗压强度是指用喷射法将混凝土混合料，喷射在450mm×350mm×120mm的模型内，当混凝土达到一定强度，用切割机锯掉周边，加工成100mm×100mm100mm的试件，于标准条件下（温度20℃±3℃，相对湿度90%以上）养护28d（或在龄期到了的实际喷射面上钻芯取样后做成标准试件），所测得的抗压强度值乘以0.95的尺寸换系数。

喷射混凝土的抗压强度受多种因素影响，如材料的品种和质量、混合料的设计（水灰比、水泥用量、砂率、粗集料粒径、外加剂品种与用量等）以及施工工艺和施工人员的操作方式（喷射压力、喷嘴与受喷面的距离、角度以及混合料的停放时间等）都对抗压强度有影响。

试验资料表明，分层喷射混凝土对抗压强度没有影响，因此，在锚喷混凝土加固旧桥时，对于需要较厚的喷射混凝土可采取分层喷射的方法施工完成。

②黏结强度。为确保锚喷混凝土和旧桥原有结构能够共同受力，其黏结强度是特别重要的。一般需分别考虑其抗拉黏结强度与抗剪黏结强度两种情况。

抗拉黏结强度是衡量锚喷混凝土在受到垂直于结合面上的拉应力时保持黏结时的能力；抗剪黏结强度则是抵抗平行于结合面上作用力的能力。实际上，作用在结合面上的应力，常常是上述两种应力的结合，而不能简单区分。

由于喷射时混凝土混合料高速连续冲击受喷面，而且要在受喷面上形成5～10mm厚的砂浆层后，粗集料才能嵌入，这样水泥颗粒会牢固地黏附在受喷面上，因而喷射混凝土与原结构表面有良好的黏结强度，同时锚入原结构内的锚杆亦加强了新旧混凝土的黏结。

国内外试验资料表明，喷射混凝土与旧混凝土的黏结强度为0.7～2.85MPa，界面的抗拉黏结强度为1.47～3.49MPa。

3）锚喷混凝土的变形性能

（1）由于喷射混凝土水泥用量大，含水率大，又掺有速凝剂，因此比普通混凝土收缩大。同普通混凝土一样，喷射混凝土的收缩也是由其硬化过程中的物理化学反应以及混凝土的湿度变化引起的。其收缩变形又分干缩和热缩，干缩主要由水灰比决定，较高的含水率会出现较大的收缩，而集料则能限制收缩的发展；热缩是由水泥水化过程的温升值所决定。

（2）掺配速凝剂对喷射混凝土的收缩值影响很大。在同样的自然条件下养护，掺加占水泥重3%～4%的速凝剂的喷射混凝土的最终收缩率要比不掺速凝剂的大80%。

（3）喷射混凝土在硬化过程中的空气湿度和混凝土自身保水条件等，对喷射混凝土的收缩也有明显的影响。当喷射混凝土在潮湿条件下养护时间愈长，则收缩量愈小。如果喷射混凝土在硬化过程中，水分蒸发过快过多，当剩余水量少于继续水化所需的水量，则硬化过程就会暂时中止。这时，喷射混凝土表面就会明显地产生网状收缩裂纹。

(4)收缩变形是一个从混凝土表面逐步向内部发展的过程,它能引起内应力和残余变形。所以喷射混凝土后及时喷水养护,保持喷射混凝土表面的湿润状态,则能够减缓收缩、减小内应力,从而减少喷射混凝土表面开裂的危害。

(5)喷射混凝土的徐变变形是其在恒定荷载长期作用下变形随时间增长的性能。一般认为,徐变变形取决于水泥石的塑性变形及混凝土基本组成材料的状态。其变形规律在定性上是同普通混凝土的徐变变形规律相一致的。

(6)锚喷混凝土中钢筋网的作用在于承受拉应力,从而能有效地传递温度应力,减少或避免喷射混凝土的收缩裂纹的产生。

4)锚喷混凝土加固旧桥设计要点

锚喷混凝土加固旧桥的方法是新奥法隧道施工法在桥梁加固中的应用,其加固桥梁的原理就是通过新增加混凝土和受力钢筋与原结构紧密结合,组成喷射混凝土(内含补强钢筋网)锚杆——原结构的整体组合结构。通过锚喷加固层与原结构紧密黏结在一起,既阻止了原结构继续变形和开裂,又充分发挥了原结构的作用,共同承受外荷载的作用。

锚喷混凝土加固旧桥所形成的组合结构,既解决了原结构由于裂缝等原因造成的局部应力集中问题,又恢复了原结构变形的协调性,使其能够承受更大的外荷载。

根据加固原理,锚喷混凝土加固旧桥实际上仍是加大构件截面加固法,所以,加固设计原则仍按加大构件截面的方法进行内力计算。其设计要点为:

(1)恒载内力(包括新喷射的混凝土)按原构件截面模量进行计算,即新喷上的混凝土恒载仍作用于原构件上。

(2)活载内力用加大后的组合截面模量计算,即新旧混凝土作为一个整体计算,对不清楚的混凝土强度等级和新增的补强钢筋,按其弹性模量进行截面换算。

(3)仍按弹性理论进行计算。

(4)强度验算按照喷射截面占原截面的比率,考虑是否按组合截面进行有关验算。

(5)进行加固设计前,应弄清旧桥的原始情况以及病害原因,对旧桥的基本承载力作出评价。

(6)采用的喷射混凝土与钢筋的强度等级,不应低于原结构的强度等级。对于结合界面处两种不同等级的混凝土共同作用时,应以较低强度等级作为计算标准值进行换算。

5)锚喷混凝土加固旧桥施工工艺要点

根据喷射混凝土混合料的搅拌和运输方法,喷射混凝土的方式一般有干式和湿式两种。其中,干式喷射混凝土在以往的旧桥加固中采用较多。但后来发展起来的湿式喷射混凝土,由于明显优于干式喷射混凝土,因此已成为各国喷射混凝土技术的发展趋势,我国目前也在推广湿喷技术。

(1)干式喷射混凝土的特点

①混凝土混合料是在干燥的情况下充分拌和,然后通过送料软管靠压缩空气送到专用的喷嘴处,喷嘴内装有多孔集流腔,水在压力作用下通过多孔集流腔与混合料拌和。

②混凝土的运输、加水拌和和振捣三个工艺程序,均是利用空压机产生的压缩空气通过喷射机使混凝土以连续高速喷向受喷面,并和受喷面形成整体一次完成。

③由于混凝土的混合料是在干燥状态下拌和的,水则是在喷射过程中加入,所以,水灰比

的掌握完全凭喷射机操作人员(俗称“喷射手”)的经验。因此,喷射手的操作技艺是干式喷射混凝土加固旧桥施工成败和效果的关键。

(2)湿式喷射混凝土的特点

湿式喷射混凝土的明显特点是,所采用的喷射机允许混凝土混合料在进入喷射机前或在喷射机中加入足够的拌和水,拌和均匀,然后再通过送料软管送至喷嘴喷射到受喷面上。所以,混凝土的水灰比能准确控制,有利于水和水泥的水化,因而粉尘较小,混合料回弹较少,混凝土均质性较好,强度易于保证。但设备较干喷机复杂,速凝剂加入也较为困难。

6)锚喷混凝土施工流程

(1)打毛并清洗被加固构件的表面。

(2)按设计要求在构件表面安设锚固钢筋。

(3)安设补强钢筋网。钢筋周围应有足够的间隙,以便喷射混凝土能完全包裹钢筋。注意将钢筋网牢固地绑扎或点焊在锚固筋上,以免喷射混凝土时位置产生移动。

(4)喷射混凝土。

①首先检查喷射机是否正常,同时用高压水冲洗掉打毛时剩余的碎渣,并充分湿润受喷面。

②按试验配合比将混合料加水拌和成混凝土,然后送进湿喷机。

③喷射混凝土:喷嘴与受喷面的最佳距离一般为0.8~1.5m,距离大将增加回弹量,并降低密实度,从而也降低了强度。喷嘴应尽量与受喷面垂直,否则会降低混凝土密实度。当对配有钢筋网的受喷面进行喷射时,喷嘴应更靠近受喷面一些,且于垂直方向稍偏离一个小角度,以便获得较好的握裹效果,同时便于排除回弹物。

④喷射混凝土上、下垂脱落或回弹量过大,是向顶面喷射混凝土的两大问题。下垂常常是喷层过厚或过湿造成的。由于新喷上的混凝土,其抗拉及黏结强度都很低,一旦喷射混凝土自重大于其与顶部受喷面的黏结强度时,即出现下垂或脱落。因此,较厚的喷射混凝土应分层喷射,前后层喷射的时间间隔应为2~4h。一次喷射厚度以喷射混凝土不滑移、不坠落为度。既不能因喷层太厚而影响喷射混凝土的黏结力和凝聚力,又不能因喷层太薄而增加回弹。

⑤回弹物中水泥含量很少,主要为粗集料,凝结硬化后则是一种松散、多孔隙的块体。因此,应及时予以清除,不能使之聚集在结构物内,更不能将其放入下批混合料中,否则将影响喷射混凝土的质量。

⑥表面修整。喷射面自然整平,不论是从结构强度还是从耐久性方面讲,都是可取的。然而,喷射面过于粗糙,对于要求表面光滑和外形美观的桥孔,应及时修整。一般可在喷射混凝土初凝后(即喷射后15~20min)用刮刀将设计线以外多余的材料刮掉,然后再喷或抹一层砂浆;或在喷射面上直接喷或抹一层砂浆。

⑦喷射混凝土养护。喷射混凝土终凝2h后,应及时喷水养护。养护时间应不小于7d。对于水泥含量高、表面粗糙的薄层喷射混凝土结构的养护,是确保其强度的形成和避免表面开裂的重要措施。

6.5 实例分析

6.5.1 桥梁概况

某大桥中心桩号为K135+017,于1970年建成通车。全桥共8孔,桥孔组合为8×30m,桥梁全长278m。桥面宽度10.0m,行车道宽9.0m(图6.12)。

a)正面

b)立面

图6.12 桥梁正面及立面

上部结构:30m混凝土双曲拱。

下部结构:C15片石混凝土墩台,扩大基础。

桥面系:水泥混凝土铺装。

设计荷载:汽车—20级。

6.5.2 桥梁检测主要目的、依据和构件划分

桥梁检测的主要目的和依据、编号规则和检测频率参看5.4.1和5.4.2相关内容,在此不再叙述,本节主要介绍桥梁构件划分数量表。

根据桥梁结构特点,参照《公路桥梁技术状况评定标准》(JTG/T H21—2011),该桥部件划分及构件数量,如表6.3所示。

桥梁部件划分及构件数量表　　表6.3

序号	桥梁结构	桥梁部件	构件数量	备　注
1	上部结构	主拱圈	104	共8孔,每孔7个主拱肋,6个拱波
2		拱上结构	200	共8孔,每孔13排拱上立柱,12道横向连接
3		桥面板	24	共8孔,每孔3片桥面板

续上表

序号	桥梁结构	桥梁部件	构件数量	备 注
4	下部结构	翼墙、耳墙	0	无
5		锥坡、护坡	0	无
6		桥墩	7	1~7号桥墩,共7个桥墩
7		桥台	2	0号、8号桥台
8		墩台基础	9	7个桥墩,2个桥台,共9个基础
9		河床	1	全桥算1处河床
10		调治构造物	0	无
11	桥面系	桥面铺装	8	共8孔,每孔1片桥面铺装
12		伸缩缝装置	5	0号、8号台顶,2号、4号、6号墩顶,共5个伸缩缝装置
13		人行道	0	无
14		栏杆、护栏	2	每侧防撞护栏按1个构件计,共2个构件
15		排水系统	1	全桥泄水孔按1个构件计算
16		照明、标志	1	全桥照明、标志按1个构件计算

6.5.3 检测结果

6.5.3.1 主拱圈

主拱圈采用双曲拱,每孔7个拱肋,6个拱波。经本次外观检查,主要病害有:全桥拱波完好,包括已修复补强;拱肋1处水侵害,8处破损露筋,$L=1.75$m,12处混凝土破损,$S=0.58\text{m}^2$,10处竖向裂缝,$L=2.1$m,裂缝宽度未超限,15处纵向裂缝,$L=6.34$m,其中,一条纵向裂缝宽度超限,$L=3.5$m ,$D=0.3$mm,其余裂缝宽度未超限。主拱圈外观特征及病害描述,如表6.4所示。

主拱圈病害表　　表6.4

孔径编号	构件编号	病害位置	病害描述	病害标度	构件评分	备注
第1孔	1号主拱圈	1-1号拱肋	竖向裂缝 $L=0.3$m,$D=0.11$mm	标度2	75	—
	 拱肋竖向裂缝					

续上表

<table>
<tr><th>孔径编号</th><th>构件编号</th><th>病害位置</th><th>病害描述</th><th>病害标度</th><th>构件评分</th><th>备注</th></tr>
<tr><td rowspan="7">第1孔</td><td>1号主拱圈</td><td>1－2号拱肋</td><td>纵向裂缝 $L=0.2\text{m}$,
$D=0.1\text{mm}$</td><td>标度2</td><td>75</td><td>—</td></tr>
<tr><td>1号主拱圈</td><td>1－3号拱肋</td><td>竖向裂缝 $L=0.15\text{m}$,
$D=0.08\text{mm}$</td><td>标度2</td><td>75</td><td>—</td></tr>
<tr><td>1号主拱圈</td><td>1－5号拱肋</td><td>竖向裂缝 $L=0.1\text{m}$,
$D=0.1\text{mm}$</td><td>标度2</td><td>75</td><td>—</td></tr>
<tr><td>1号主拱圈</td><td>1－6号拱肋</td><td>混凝土破损,
$S=0.02\text{m}^2$</td><td>标度2</td><td>75</td><td>—</td></tr>
<tr><td>1号主拱圈</td><td>1－7号拱肋</td><td>纵向裂缝 $L=0.14\text{m}$,
$D=0.1\text{mm}$</td><td>标度2</td><td>75</td><td>—</td></tr>
<tr><td>1号主拱圈</td><td>1－1号～
1－6号拱波</td><td>完好</td><td>标度1</td><td>100</td><td>—</td></tr>
<tr><td colspan="6">
拱波完好</td></tr>
<tr><td rowspan="4">第2孔</td><td>2号主拱圈</td><td>2－1号拱肋</td><td>混凝土破损
$S=0.03\text{m}^2$</td><td>标度2</td><td>75</td><td>—</td></tr>
<tr><td colspan="6">
拱肋混凝土破损</td></tr>
<tr><td>2号主拱圈</td><td>2－2号拱肋</td><td>纵向裂缝 $L=0.3\text{m}$,
$D=0.11\text{mm}$</td><td>标度2</td><td>75</td><td>—</td></tr>
<tr><td>2号主拱圈</td><td>2－4号拱肋</td><td>竖向裂缝 $L=0.35\text{m}$,
$D=0.13\text{mm}$</td><td>标度2</td><td>75</td><td>—</td></tr>
</table>

续上表

孔径编号	构件编号	病害位置	病害描述	病害标度	构件评分	备注
第2孔	2号主拱圈	2-5号拱肋	混凝土破损 $S=0.01\text{m}^2$	标度2	75	—
	2号主拱圈	2-6号拱肋	纵向裂缝 $L=0.25\text{m}$ $D=0.15\text{mm}$	标度2	75	—
	2号主拱圈	2-7号拱肋	混凝土破损 $S=0.02\text{m}^2$	标度2	75	—
	2号主拱圈	2-1号~ 2-6号拱波	完好	标度1	100	—
第3孔	3号主拱圈	3-1号拱肋	竖向裂缝 $L=0.2\text{m}$， $D=0.12\text{mm}$	标度2	75	—
	3号主拱圈	3-2号拱肋	混凝土破损， $S=0.04\text{m}^2$	标度2	75	—
	3号主拱圈	3-3号拱肋	混凝土破损 $S=0.01\text{m}^2$	标度2	75	—
	3号主拱圈	3-4号拱肋	破损露筋 $L=0.15\text{m}$	标度2	75	—
	3号主拱圈	3-5号拱肋	混凝土破损 $S=0.05\text{m}^2$	标度2	75	—
	3号主拱圈	3-6号拱肋	纵向裂缝 $L=0.3\text{m}$， $D=0.1\text{mm}$	标度2	75	—
	3号主拱圈	3-7号拱肋	破损露筋 $L=0.05\text{m}$	标度2	75	—
	 拱肋露筋					
	3号主拱圈	3-1号~ 3-6号拱波	完好	标度1	100	—

续上表

孔径编号	构件编号	病害位置	病害描述	病害标度	构件评分	备注
第4孔	4号主拱圈	4-1号拱肋	纵向裂缝 $L=3.5\text{m}$，$D=0.30\text{mm}$	标度4	40	—
	 拱肋纵向裂缝					
	4号主拱圈	4-2号拱肋	混凝土破损 $S=0.02\text{m}^2$	标度2	75	—
	4号主拱圈	4-4号拱肋	破损露筋 $L=0.05\text{m}$	标度2	75	—
	4号主拱圈	4-5号拱肋	竖向裂缝 $L=0.05\text{m}$，$D=0.1\text{mm}$	标度2	75	—
	4号主拱圈	4-6号拱肋	纵向裂缝 $L=0.15\text{m}$，$D=0.07\text{mm}$	标度2	75	—
	4号主拱圈	4-7号拱肋	拱肋水侵害	标度2	75	—
	 拱肋水侵害					
	4号主拱圈	4-1号~4-6号拱波	完好	标度1	100	—

续上表

孔径编号	构件编号	病害位置	病害描述	病害标度	构件评分	备注
第5孔	5号主拱圈	5-1号拱肋	破损露筋 $L=0.35\text{m}$	标度2	75	—
	 拱肋露筋					
	5号主拱圈	5-3号拱肋	混凝土破损 $S=0.04\text{m}^2$	标度2	75	—
	5号主拱圈	5-4号拱肋	竖向裂缝 $L=0.4\text{m}$, $D=0.15\text{mm}$	标度2	75	—
	5号主拱圈	5-5号拱肋	纵向裂缝 $L=0.3\text{m}$, $D=0.08\text{mm}$	标度2	75	—
	5号主拱圈	5-6号拱肋	破损露筋 $L=0.45\text{m}$	标度2	75	—
	5号主拱圈	5-1号~ 5-6号拱波	完好	标度1	100	—
	 拱波完好					
第6孔	6号主拱圈	6-1号拱肋	纵向裂缝 $L=0.25\text{m}$, $D=0.12\text{mm}$	标度2	75	—
	6号主拱圈	6-2号拱肋	纵向裂缝 $L=0.2\text{m}$, $D=0.1\text{mm}$	标度2	75	—
	6号主拱圈	6-3号拱肋	混凝土破损 $S=0.01\text{m}^2$	标度2	75	—

续上表

孔径编号	构件编号	病害位置	病害描述	病害标度	构件评分	备注
第6孔	 拱肋混凝土破损					
	6号主拱圈	6-4号拱肋	破损露筋 $L=0.3\text{m}$	标度2	75	—
	6号主拱圈	6-7号拱肋	竖向裂缝 $L=0.1\text{m}$，$D=0.07\text{mm}$	标度2	75	—
	6号主拱圈	6-1号~6-6号拱波	完好	标度1	100	—
	 拱波完好					
第7孔	7号主拱圈	7-1号拱肋	纵向裂缝 $L=0.2\text{m}$，$D=0.1\text{mm}$	标度2	75	—
	7号主拱圈	7-3号拱肋	纵向裂缝 $L=0.1\text{m}$，$D=0.13\text{mm}$	标度2	75	—
	7号主拱圈	7-4号拱肋	破损露筋 $L=0.15\text{m}$	标度2	75	—
	7号主拱圈	7-5号拱肋	纵向裂缝 $L=0.25\text{m}$，$D=0.15\text{mm}$	标度2	75	—
	7号主拱圈	7-7号拱肋	混凝土破损 $S=0.03\text{m}^2$	标度2	75	—
	7号主拱圈	7-1号~7-6号拱波	已修复完好	标度1	100	—

续上表

孔径编号	构件编号	病害位置	病害描述	病害标度	构件评分	备注
第7孔	 拱波修复完好					
第8孔	8号主拱圈	8-1号拱肋	纵向裂缝 $L=0.15\text{m}$，$D=0.14\text{mm}$	标度2	75	—
	8号主拱圈	8-2号拱肋	竖向裂缝 $L=0.1\text{m}$，$D=0.08\text{mm}$	标度2	75	—
	8号主拱圈	8-3号拱肋	纵向裂缝 $L=0.15\text{m}$，$D=0.15\text{mm}$	标度2	75	—
	8号主拱圈	8-5号拱肋	竖向裂缝 $L=0.35\text{m}$，$D=0.1\text{mm}$	标度2	75	—
	8号主拱圈	8-6号拱肋	混凝土破损 $S=0.02\text{m}^2$	标度2	75	—
	8号主拱圈	8-7号拱肋	破损露筋 $L=0.25\text{m}$	标度2	75	—
	8号主拱圈	8-1号～8-6号拱波	完好	标度1	100	—
	 拱波完好					

6.5.3.2 拱上结构

拱上结构每孔包括13排拱上立柱，12道横向连接。经本次外观检查，主要病害有：全桥拱上横向连接完好；拱上立柱有1处水侵害，4条竖向裂缝，$L=2.1\text{m}$，宽度未超限，3处混凝土破损，$S=2.1\text{m}^2$，58排拱上立柱出现露筋现象，$L=22.5\text{m}$。拱上结构主要病害特征，如表6.5所示。

拱上结构病害表　　　　表6.5

<table>
<tr><th>孔径编号</th><th>构件编号</th><th>病害位置</th><th>病害描述</th><th>病害标度</th><th>构件评分</th><th>备注</th></tr>
<tr><td rowspan="7">第1孔</td><td>1-1号立柱</td><td>拱上立柱</td><td>露筋 $L=0.3\text{m}$</td><td>标度2</td><td>75</td><td>—</td></tr>
<tr><td colspan="6">
拱上立柱露筋</td></tr>
<tr><td>1-2号立柱</td><td>拱上立柱</td><td>破损 $S=0.4\text{m}^2$</td><td>标度2</td><td>75</td><td>—</td></tr>
<tr><td colspan="6">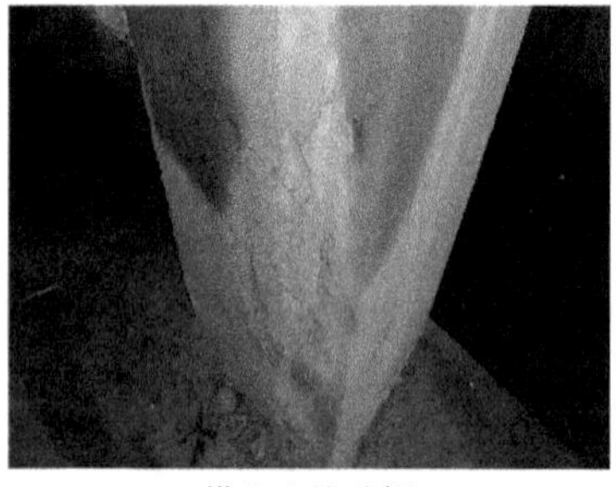
拱上立柱破损</td></tr>
<tr><td>1-3号~1-5号、1-9号~1-12号立柱</td><td>拱上立柱</td><td>露筋 $L=2.8\text{m}$</td><td>标度2</td><td>75</td><td>—</td></tr>
<tr><td>1-1号~1-12号横向连接</td><td>横向连接</td><td>完好</td><td>标度1</td><td>100</td><td>—</td></tr>
<tr><td colspan="6">
横向连接完好</td></tr>
</table>

续上表

孔径编号	构件编号	病害位置	病害描述	病害标度	构件评分	备注
第2孔	2-1号~2-5号、2-11号~2-13号立柱	拱上立柱	露筋 $L=3.5$m	标度2	75	—
	2-1号~2-12号横向连接	横向连接	完好	标度1	100	—
第3孔	3-1号立柱	拱上立柱	竖向裂缝 $L=0.6$m，$D=0.15$mm	标度2	75	—
	 拱上竖向裂缝					
	3-2号~3-5号、3-9号、3-13号立柱	拱上立柱	露筋 $L=2.6$m	标度2	75	—
	3-1号~3-12号横向连接	横向连接	完好	标度1	100	—
	 横向连接完好					
第4孔	4-1号、4-2号立柱	拱上立柱	露筋 $L=1.8$m	标度2	75	—

续上表

孔径编号	构件编号	病害位置	病害描述	病害标度	构件评分	备注
第4孔	 拱上立柱露筋					
	4-3号立柱	拱上立柱	破损 $S=0.5\mathrm{m}^2$	标度2	75	—
	4-9号~4-12号立柱	拱上立柱	露筋 $L=1.1\mathrm{m}$	标度2	75	—
	4-1号~4-12号横向连接	横向连接	完好	标度1	100	—
第5孔	5-1号立柱	拱上立柱	露筋 $L=0.3\mathrm{m}$	标度2	75	—
	5-2号立柱	拱上立柱	竖向裂缝 $L=0.5\mathrm{m}$，$D=0.15\mathrm{mm}$	标度2	75	—
	5-9号~5-13号立柱	拱上立柱	露筋 $L=2.2\mathrm{m}$	标度2	75	—
	5-1号~5-12号横向连接	横向连接	完好	标度1	100	—
	 横向连接完好					
第6孔	6-1号立柱	拱上立柱	露筋 $L=0.9\mathrm{m}$	标度2	75	—
	 拱上立柱露筋					

续上表

<table>
<tr><th>孔径编号</th><th>构件编号</th><th>病害位置</th><th>病害描述</th><th>病害标度</th><th>构件评分</th><th>备注</th></tr>
<tr><td rowspan="3">第6孔</td><td>6－2号～6－5号立柱</td><td>拱上立柱</td><td>破损 $S=1.2\text{m}^2$</td><td>标度2</td><td>75</td><td>—</td></tr>
<tr><td>6－10号～6－13号立柱</td><td>拱上立柱</td><td>露筋 $L=2.5\text{m}$</td><td>标度2</td><td>75</td><td>—</td></tr>
<tr><td>6－1号～6－12号横向连接</td><td>横向连接</td><td>完好</td><td>标度1</td><td>100</td><td>—</td></tr>
<tr><td rowspan="4">第7孔</td><td>7－1号立柱</td><td>拱上立柱</td><td>竖向裂缝 $L=2\text{m}$，$D=0.15\text{mm}$</td><td>标度2</td><td>75</td><td>—</td></tr>
<tr><td colspan="6">
拱上立柱竖向裂缝</td></tr>
<tr><td>7－2号～7－4号、7－8号～7－13号立柱</td><td>拱上立柱</td><td>露筋 $L=3.5\text{m}$</td><td>标度2</td><td>75</td><td>—</td></tr>
<tr><td>7－1号～7－12号横向连接</td><td>横向连接</td><td>完好</td><td>标度1</td><td>100</td><td>—</td></tr>
<tr><td rowspan="4">第8孔</td><td>8－1号立柱</td><td>拱上立柱</td><td>水侵害、长青苔</td><td>标度2</td><td>75</td><td>—</td></tr>
<tr><td colspan="6">
拱上水侵害、长青苔</td></tr>
<tr><td>8－2号立柱</td><td>拱上立柱</td><td>竖向裂缝 $L=0.8\text{m}$，$D=0.14\text{mm}$</td><td>标度2</td><td>75</td><td>—</td></tr>
<tr><td>8－3号立柱</td><td>拱上立柱</td><td>露筋 $L=0.4\text{m}$</td><td>标度2</td><td>75</td><td>—</td></tr>
</table>

续上表

孔径编号	构件编号	病害位置	病害描述	病害标度	构件评分	备注
第 8 孔	 拱上立柱露筋					
	8－4 号、8－9 号～8－13 号立柱	拱上立柱	露筋 $L=1.6\text{m}$	标度 2	75	—
	8－1 号～8－12 号横向连接	横向连接	完好	标度 1	100	—
	 横向连接完好					

6.5.3.3 桥面板

每孔 3 片桥面板。经本次外观检查主要病害：2 处水侵害，4 处露筋，$L=4.2\text{m}$，18 处灰缝脱落，$L=38.8\text{m}$。桥面板外观特征及病害描述，如表 6.6 所示。

桥面板病害表 表 6.6

孔径编号	构件编号	病害位置	病害描述	病害标度	构件评分	备注
第 1 孔	1－1 号桥面板	桥面板	灰缝脱落 $L=0.5\text{m}$	标度 2	75	—
	1－2 号桥面板	桥面板	露筋 $L=0.5\text{m}$	标度 2	75	—

续上表

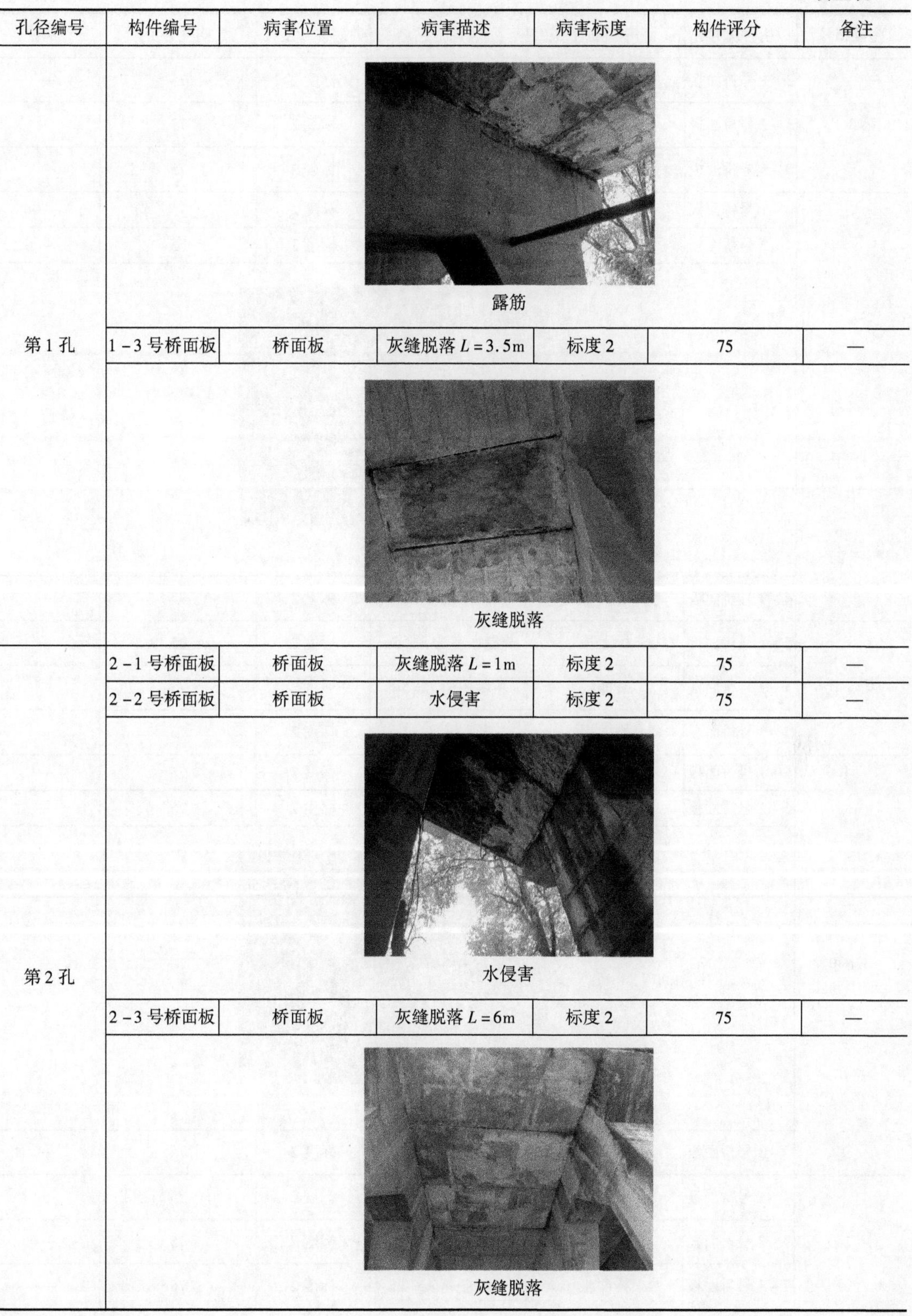

孔径编号	构件编号	病害位置	病害描述	病害标度	构件评分	备注
第1孔	露筋					
	1-3号桥面板	桥面板	灰缝脱落 $L=3.5\mathrm{m}$	标度2	75	—
	灰缝脱落					
第2孔	2-1号桥面板	桥面板	灰缝脱落 $L=1\mathrm{m}$	标度2	75	—
	2-2号桥面板	桥面板	水侵害	标度2	75	—
	水侵害					
	2-3号桥面板	桥面板	灰缝脱落 $L=6\mathrm{m}$	标度2	75	—
	灰缝脱落					

续上表

<table>
<tr><th>孔径编号</th><th>构件编号</th><th>病害位置</th><th>病害描述</th><th>病害标度</th><th>构件评分</th><th>备注</th></tr>
<tr><td rowspan="3">第3孔</td><td>3－1号桥面板</td><td>桥面板</td><td>灰缝脱落 $L=1m$</td><td>标度2</td><td>75</td><td>—</td></tr>
<tr><td>3－2号桥面板</td><td>桥面板</td><td>灰缝脱落 $L=3m$</td><td>标度2</td><td>75</td><td>—</td></tr>
<tr><td>3－3号桥面板</td><td>桥面板</td><td>灰缝脱落 $L=2m$</td><td>标度2</td><td>75</td><td>—</td></tr>
<tr><td rowspan="4">第4孔</td><td>4－1号桥面板</td><td>桥面板</td><td>灰缝脱落 $L=0.8m$</td><td>标度2</td><td>75</td><td>—</td></tr>
<tr><td>4－2号桥面板</td><td>桥面板</td><td>露筋 $L=0.2m$</td><td>标度2</td><td>75</td><td>—</td></tr>
<tr><td colspan="6">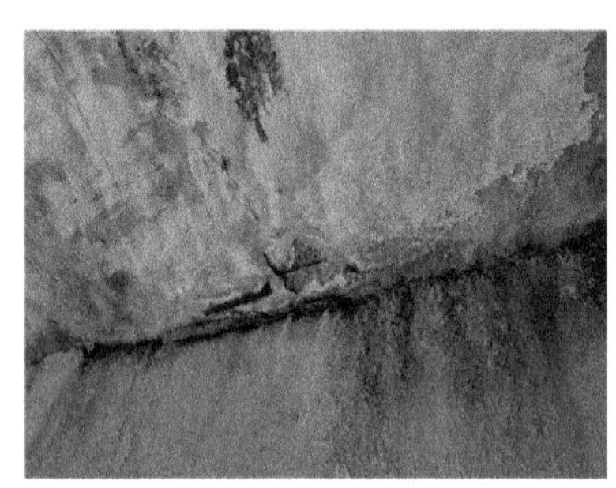
露筋</td></tr>
<tr><td>4－3号桥面板</td><td>桥面板</td><td>灰缝脱落 $L=3m$</td><td>标度2</td><td>75</td><td>—</td></tr>
<tr><td rowspan="3">第5孔</td><td>5－1号桥面板</td><td>桥面板</td><td>灰缝脱落 $L=1.5m$</td><td>标度2</td><td>75</td><td>—</td></tr>
<tr><td>5－2号桥面板</td><td>桥面板</td><td>灰缝脱落 $L=5m$</td><td>标度2</td><td>75</td><td>—</td></tr>
<tr><td>5－3号桥面板</td><td>桥面板</td><td>灰缝脱落 $L=1m$</td><td>标度2</td><td>75</td><td></td></tr>
<tr><td rowspan="4">第6孔</td><td>6－1号桥面板</td><td>桥面板</td><td>灰缝脱落 $L=0.5m$</td><td>标度2</td><td>75</td><td>—</td></tr>
<tr><td>6－2号桥面板</td><td>桥面板</td><td>露筋 $L=1.5m$</td><td>标度2</td><td>75</td><td>—</td></tr>
<tr><td colspan="6">
露筋</td></tr>
<tr><td>6－3号桥面板</td><td>桥面板</td><td>灰缝脱落 $L=1m$</td><td>标度2</td><td>75</td><td>—</td></tr>
<tr><td rowspan="3">第7孔</td><td>7－1号桥面板</td><td>桥面板</td><td>露筋 $L=2m$</td><td>标度2</td><td>75</td><td>—</td></tr>
<tr><td>7－2号桥面板</td><td>桥面板</td><td>灰缝脱落 $L=0.5m$</td><td>标度2</td><td>75</td><td>—</td></tr>
<tr><td>7－3号桥面板</td><td>桥面板</td><td>灰缝脱落 $L=2m$</td><td>标度2</td><td>75</td><td>—</td></tr>
</table>

续上表

孔径编号	构件编号	病害位置	病害描述	病害标度	构件评分	备注
第8孔	8-1号桥面板	桥面板	水侵害	标度2	75	—
	8-2号桥面板	桥面板	灰缝脱落 $L=2.5\text{m}$	标度2	75	—
	8-3号桥面板	桥面板	灰缝脱落 $L=4\text{m}$	标度2	75	—
	 灰缝脱落					

6.5.3.4　翼墙、耳墙

无。

6.5.3.5　锥坡、护坡

无。

6.5.3.6　桥墩

经本次外观检查，主要病害为：7个桥墩墩顶均水侵害、长青苔。桥墩外观特征及病害描述，如表6.7所示。

桥墩病害表　　表6.7

孔径编号	构件编号	病害位置	病害描述	病害标度	构件评分	备注
第1孔	1号桥墩	桥墩顶	桥墩水侵害、长青苔	标度2	75	—
	 桥墩水侵害、长青苔					
第2孔	2号桥墩	桥墩顶	桥墩水侵害、长青苔	标度2	75	—

续上表

孔径编号	构件编号	病害位置	病害描述	病害标度	构件评分	备注
第3孔	3号桥墩	桥墩顶	桥墩水侵害、长青苔	标度2	75	—
第4孔	4号桥墩	桥墩顶	桥墩水侵害、长青苔	标度2	75	—
第5孔	5号桥墩	桥墩顶	桥墩水侵害、长青苔	标度2	75	—
	 桥墩水侵害、长青苔					
第6孔	6号桥墩	桥墩顶	桥墩水侵害、长青苔	标度2	75	—
第7孔	7号桥墩	桥墩顶	桥墩水侵害、长青苔	标度2	75	—
	 桥墩水侵害、长青苔					

6.5.3.7 桥台

经本次外观检查，主要病害为：0号桥台水侵害、长青苔，横向开裂，$L=7\text{m}$，$D=0.17\text{mm}$；8号桥台水侵害、长青苔，混凝土破损，$S=0.08\text{m}^2$。桥台外观特征及病害描述，如表6.8所示。

桥台病害表 表6.8

孔径编号	构件编号	病害位置	病害描述	病害标度	构件评分	备注
第1孔	0号台	桥台	水侵害、长青苔，横向开裂 $L=7\text{m}$，$D=0.17\text{mm}$	标度2	65	—

续上表

孔径编号	构件编号	病害位置	病害描述	病害标度	构件评分	备注
第 1 孔	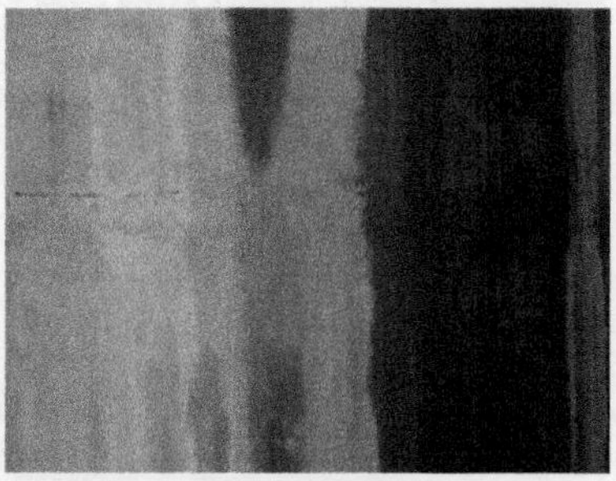 0 号台水侵害、横向开裂					
	8 号台	桥台	水侵害、长青苔，混凝土破损 $S=0.08\text{m}^2$	标度 2	75	—
第 8 孔	 8 号台水侵害、混凝土破损					

6.5.3.8　墩台基础

桥台采用桩基础。经本次外观检查，基础完好，未见明显病害。墩台基础外观特征及病害描述，如表 6.9 所示。

墩台基础病害表　　　表 6.9

孔径编号	构件编号	病害位置	病害描述	病害标度	构件评分	备注
	—	墩台基础	完好	标度 1	100	—
全桥	 墩台基础完好					

6.5.3.9 河床

经本次外观检查,河床完好,未见明显病害。河床外观特征及病害描述,如表6.10所示。

河床病害表 表6.10

孔径编号	构件编号	病害位置	病害描述	病害标度	构件评分	备注
全桥	—	河床	完好	标度1	100	—
	 河床完好					

6.5.3.10 调治构造物

无。

6.5.3.11 桥面铺装

桥面铺装采用水泥混凝土。经本次外观检查,主要病害为:共61条横向裂缝,其中有1条贯通全桥的横向裂缝,总长度 $L=72.5\text{m}$;1条斜裂缝,$L=0.6\text{m}$;6条纵向裂缝,$L=10.5\text{m}$;桥面龟裂 $S=30\text{m}^2$,露骨 $S=30\text{m}^2$,破损 $S=0.16\text{m}^2$。桥面铺装主要病害特征,如表6.11所示。

桥面铺装病害表 表6.11

孔径编号	构件编号	病害位置	病害描述	病害标度	构件评分	备注
第1孔	1号铺装层	距右侧护栏3m处	斜裂缝 $L=0.6\text{m}$	标度2	60	
		0号台顶	横向裂缝 $L=2\text{m}$	标度2		—
		距0号台4m处	横向裂缝 $L=3\text{m}$	标度2		—
		距0号台5.5m处	全长贯通横向裂缝	标度3		—
		距0号台8m处	横向裂缝 $L=3\text{m}$	标度2		—
		跨中	桥面龟裂 $S=10\text{m}^2$	标度2		—
		距1号墩顶2m处	横向裂缝 $L=6\text{m}$	标度2		—
		距1号墩顶4m处	横向裂缝 $L=6.5\text{m}$	标度2		—
		距1号墩顶6m处	横向裂缝 $L=6\text{m}$	标度2		—

续上表

孔径编号	构件编号	病害位置	病害描述	病害标度	构件评分	备注
第 1 孔	 1 号桥面铺装横向开裂					

续上表

<table>
<tr><th>孔径编号</th><th>构件编号</th><th>病害位置</th><th>病害描述</th><th>病害标度</th><th>构件评分</th><th>备注</th></tr>
<tr><td>第1孔</td><td colspan="6"> 1号桥面铺装横向开裂
1号桥面铺装龟裂</td></tr>
<tr><td rowspan="6">第2孔</td><td rowspan="5">2号铺装层</td><td>1号墩顶</td><td>5条纵向裂缝
总长 $L=2.5\text{m}$</td><td>标度2</td><td rowspan="5">75</td><td>—</td></tr>
<tr><td>距1号墩6m,9m处</td><td>2条横向裂缝
总长 $L=2\text{m}$</td><td>标度2</td><td>—</td></tr>
<tr><td>跨中</td><td>桥面板龟裂
$S=20\text{m}^2$</td><td>标度2</td><td>—</td></tr>
<tr><td>距2号墩2m、4m、4.3m、7m处</td><td>共4条横向裂缝
总长 $L=4\text{m}$</td><td>标度2</td><td>—</td></tr>
<tr><td>距左侧护栏2m处</td><td>1条纵向裂缝 $L=8\text{m}$</td><td>标度2</td><td>—</td></tr>
<tr><td colspan="6"></td></tr>
</table>

续上表

<table>
<tr><th>孔径编号</th><th>构件编号</th><th>病害位置</th><th>病害描述</th><th>病害标度</th><th>构件评分</th><th>备注</th></tr>
<tr><td>第 2 孔</td><td colspan="6">2 号桥面铺装横向开裂
2 号桥面龟裂
2 号桥面纵向裂缝</td></tr>
<tr><td rowspan="3">第 3 孔</td><td rowspan="3">3 号铺装层</td><td>3 号铺装层</td><td>10 条横向裂缝
总长 $L = 40\text{m}$</td><td>标度 3</td><td rowspan="3">60</td><td>—</td></tr>
<tr><td>3 号铺装层</td><td>桥面露骨 $S = 30\text{m}^2$</td><td>标度 3</td><td>—</td></tr>
<tr><td>3 号墩顶</td><td>右侧破损 $S = 0.16\text{m}^2$</td><td>标度 2</td><td>—</td></tr>
</table>

续上表

孔径编号	构件编号	病害位置	病害描述	病害标度	构件评分	备注
第 3 孔	 3 号桥面铺装横向裂缝  3 号桥面铺装露骨  3 号桥面铺装破损					

续上表

<table>
<tr><th>孔径编号</th><th>构件编号</th><th>病害位置</th><th>病害描述</th><th>病害标度</th><th>构件评分</th><th>备注</th></tr>
<tr><td rowspan="3">第4孔</td><td rowspan="2">4号铺装层</td><td>—</td><td>14条横向裂缝</td><td>标度3</td><td rowspan="2">60</td><td>—</td></tr>
<tr><td>—</td><td>龟裂</td><td>标度2</td><td>—</td></tr>
<tr><td colspan="6">
4号桥面铺装横向裂缝</td></tr>
<tr><td rowspan="5">第5~8孔</td><td>5号铺装层</td><td>—</td><td>7条横向裂缝</td><td>标度3</td><td>60</td><td>—</td></tr>
<tr><td>6号铺装层</td><td>—</td><td>5条横向裂缝</td><td>标度2</td><td>75</td><td>—</td></tr>
<tr><td>7号铺装层</td><td>—</td><td>8条横向裂缝</td><td>标度3</td><td>60</td><td>—</td></tr>
<tr><td>8号铺装层</td><td>—</td><td>4条横向裂缝</td><td>标度2</td><td>75</td><td>—</td></tr>
<tr><td colspan="6">

桥面铺装横向开裂</td></tr>
</table>

续上表

孔径编号	构件编号	病害位置	病害描述	病害标度	构件评分	备注
第 5 ~8 孔	   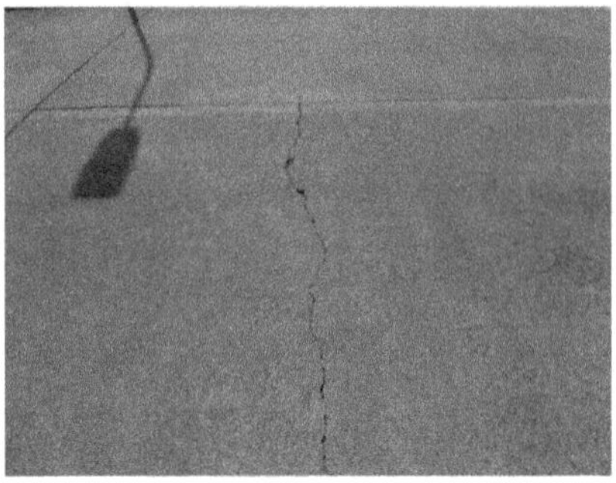 桥面铺装横向开裂					

续上表

孔径编号	构件编号	病害位置	病害描述	病害标度	构件评分	备注
第5～8孔	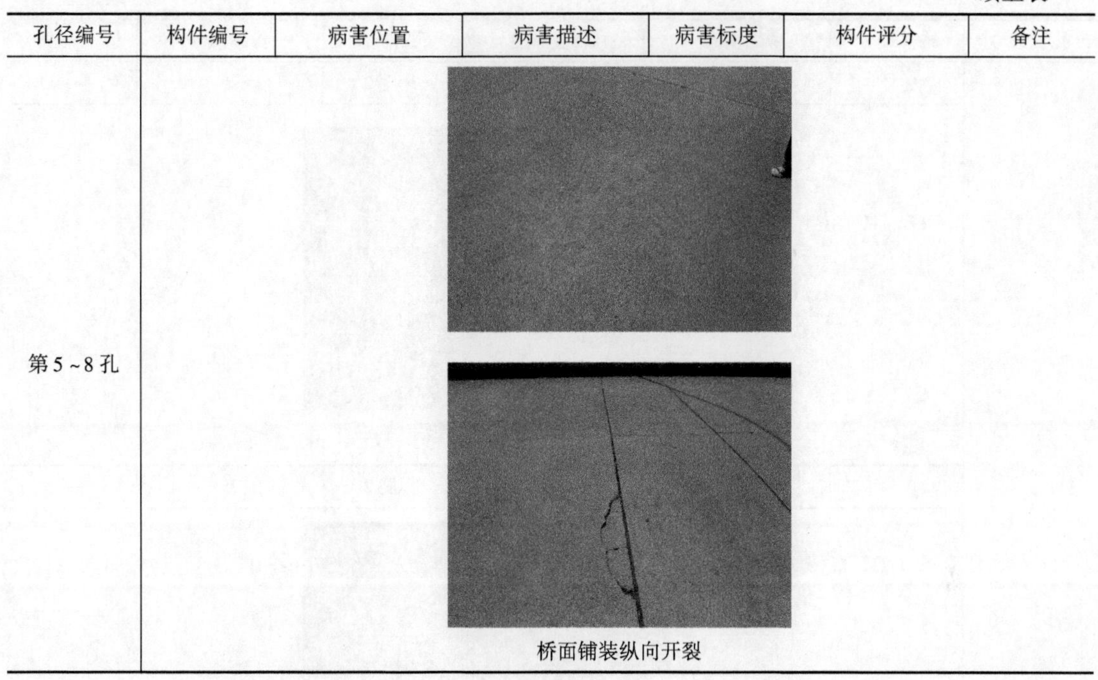 桥面铺装纵向开裂					

6.5.3.12　伸缩缝装置

经本次外观检查，主要病害为：5个伸缩缝均是泥沙堵塞。伸缩缝装置外观特征及病害描述，如表6.12所示。

伸缩缝装置病害表　　表6.12

孔径编号	构件编号	病害位置	病害描述	病害标度	构件评分	备注
	1号	0号台顶	堵塞	标度2	75	—
第1～8孔	1号伸缩缝堵塞					

续上表

<table>
<tr><th>孔径编号</th><th>构件编号</th><th>病害位置</th><th>病害描述</th><th>病害标度</th><th>构件评分</th><th>备注</th></tr>
<tr><td rowspan="7">第 1 ~8 孔</td><td>2 号</td><td>2 号墩顶</td><td>堵塞</td><td>标度 2</td><td>75</td><td>—</td></tr>
<tr><td colspan="6">
2 号伸缩缝堵塞</td></tr>
<tr><td>3 号</td><td>4 号墩顶</td><td>堵塞</td><td>标度 2</td><td>75</td><td>—</td></tr>
<tr><td colspan="6">

3 号伸缩缝堵塞</td></tr>
<tr><td>4 号</td><td>6 号墩顶</td><td>堵塞</td><td>标度 2</td><td>75</td><td>—</td></tr>
<tr><td>5 号</td><td>8 号台顶</td><td>堵塞</td><td>标度 2</td><td>75</td><td>—</td></tr>
<tr><td colspan="6"></td></tr>
</table>

续上表

孔径编号	构件编号	病害位置	病害描述	病害标度	构件评分	备注
第 1 ~ 8 孔	  伸缩缝堵塞					

6.5.3.13　人行道

无。

6.5.3.14　栏杆、护栏

经本次外观检查,栏杆、护栏完好,未见明显病害。栏杆、护栏外观特征及病害描述,如表 6.13所示。

栏杆、护栏病害表　　表 6.13

孔径编号	构件编号	病害位置	病害描述	病害标度	构件评分	备注
全桥	—	右侧护栏	完好	标度 1	100	—
	 右侧护栏完好					
	—	左侧护栏	完好	标度 1	100	—

续上表

孔径编号	构件编号	病害位置	病害描述	病害标度	构件评分	备注
全桥	左侧护栏完好					

6.5.3.15 排水系统

经检查,泄水孔完好,未见明显病害。排水系统外观特征及病害描述,如表6.14所示。

排水系统病害表　　表6.14

孔径编号	构件编号	病害位置	病害描述	病害标度	构件评分	备注
全桥	—	泄水孔	完好	标度1	100	—

6.5.3.16 照明、标志

经本次外观检查,有照明,限载标志完好,标线完好,桥牌缺失。照明、标志外观特征及病害描述,如表6.15所示。

照明、标志病害表　　表6.15

孔径编号	构件编号	病害位置	病害描述	病害标度	构件评分	备注
全桥	—	标志	桥牌缺失	标度2	80	—

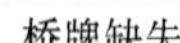
桥牌缺失

限载标志完好

6.5.3.17 其他(表6.16)

其　他　　表6.16

其他

腹孔堆积杂物

6.5.4　桥梁技术状况评定

依据《公路桥梁技术状况评定标准》(JTG/T H21—2011),对某大桥外观状况进行技术评定。

6.5.4.1　部件权重重新分配

桥梁部件权重重新分配采用将缺失部件权重值按照既有部件权重在全部既有部件权重中所占比例进行分配的方法。桥梁部件重分配计算,如表6.17所示。

桥梁部件重分配计算表

表6.17

桥梁结构	序　号	部件名称	权　重	重新分配后权重	备　注
上部结构	1	主拱圈	0.70	0.70	—
	2	拱上结构	0.20	0.20	—
	3	桥面板	0.10	0.10	—
下部结构	4	翼墙、耳墙	0.02	0.00	—
	5	锥坡、护坡	0.01	0.00	—
	6	桥墩	0.30	0.32	—
	7	桥台	0.30	0.32	—
	8	墩台基础	0.28	0.29	—
	9	河床	0.07	0.07	—
	10	调治构造物	0.02	0.00	—
桥面系	11	桥面铺装	0.40	0.44	—
	12	伸缩缝装置	0.25	0.28	—
	13	人行道	0.10	0.00	—
	14	栏杆、护栏	0.10	0.11	—
	15	排水系统	0.10	0.11	—
	16	照明、标志	0.05	0.06	—

6.5.4.2　上部结构技术状况评分

桥梁上部结构评分结果,如表6.18所示。

桥梁上部结构评分表

表6.18

桥梁部件	构件数量	构件评分	部件评分	部件技术状况等级	上部结构评分
主拱圈	1	40	64.53	3类	68.44
	45	75			
	58	100			
拱上结构	66	75	80.88	2类	
	134	100			
桥面板	24	75	70.92	2类	

部件评分：$PCCI_i = \overline{PMCI} - (100 - PMCI_{min})/t$

主拱圈：$PCCI_1 = (40 \times 1 + 75 \times 45 + 100 \times 58)/104 - (100 - 40)/2.492 = 64.53$（分）

拱上结构：$PCCI_2 = (75 \times 66 + 100 \times 134)/200 - (100 - 75)/2.3 = 80.88$（分）

桥面板：$PCCI_3 = (75 \times 24)/24 - (100 - 75)/6.12 = 70.92$（分）

上部结构评分：$SPCI = \sum PCCI_i \times W_i = 64.53 \times 0.7 + 80.88 \times 0.20 + 70.92 \times 0.10 = 68.44$（分）

6.5.4.3 下部结构技术状况评分

桥梁下部结构评分结果，如表 6.19 所示。

桥梁下部结构评分表 表 6.19

桥梁部件	构件数量	构件评分	部件评分	部件技术状况等级	下部结构评分
翼墙、耳墙	0	—	—	—	80.36
锥坡、护坡	0	—	—	—	
桥墩	7	75	72.13	3 类	
桥台	1	65	66.50	3 类	
	1	75			
墩台基础	9	100	100.00	1 类	
河床	1	100	100.00	1 类	
调治构造物	0	—	—	—	

部件评分：$BCCI_i = \overline{BMCI} - (100 - BMCI_{min})/t$

桥墩：$BCCI_1 = (75 \times 7)7 - (100 - 75)/8.7 = 72.13$（分）

桥台：$BCCI_2 = (65 \times 1 + 75 \times 1)/2 - (100 - 65)/10 = 66.50$（分）

下部结构评分：$SBCI = \sum BCCI_i \times W_i$

$= 72.13 \times 0.32 + 66.50 \times 0.32 + 100 \times 0.29 + 100 \times 0.07 = 80.36$（分）

6.5.4.4 桥面系技术状况评分

桥面系评分结果，如表 6.20 所示。

桥面系评分表 表 6.20

桥梁部件	构件数量	构件评分	部件评分	部件技术状况等级	桥面系评分
桥面铺装	5	60	60.92	3 类	71.37
	3	75			
伸缩缝装置	5	75	72.28	3 类	
栏杆、护栏	2	100	100.00	1 类	
排水系统	1	100	100.00	1 类	
照明、标志	1	80	80.00	2 类	

部件评分：$DCCI_i = \overline{DMCI} - (100 - DMCI_{min})/t$

桥面铺装：$DCCI_1 = (60 \times 5 + 75 \times 3)/8 - (100 - 60)/8.5 = 60.92$（分）

伸缩缝装置：$DCCI_2 = (75 \times 5)/5 - (100 - 75)/9.2 = 72.28$（分）

桥面系评分：$BDCI = \sum DCCI_i \times W_i$

$= 60.92 \times 0.44 + 72.28 \times 0.28 + 100 \times 0.11 + 100 \times 0.11 + 80 \times 0.06 = 73.84$（分）

6.5.4.5 全桥技术状况评分及等级评定

全桥技术状况评分结果，如表6.21所示。

桥梁技术状况评分表 表6.21

桥梁部位	权 重	技术状况评分	结构技术状况等级	全桥技术状况评分	备 注
上部结构	0.40	68.44	3类	74.0	3类
下部结构	0.40	80.88	2类		
桥面系	0.20	73.84	3类		

桥梁总体技术状况评分：$D_r = BDCI \times W_D + SPCI \times W_{SP} + SBCI \times W_{SB}$

$= 68.44 \times 0.4 + 80.88 \times 0.4 + 73.84 \times 0.2 = 74.50$（分）

根据《公路桥梁技术状况评定标准》（JTG/T H21—2011）4.1.5的规定，某大桥技术状况等级评为3类。

6.5.5 维修建议

（1）对于拱肋1处水侵害，清理水蚀痕迹；对于8处破损露筋、12处混凝土破损，先铲除表面松散混凝土，除锈处理后，用高强混凝土等补强修复；对于10处竖向裂缝、15处纵向裂缝，用水泥砂浆等材料进行灌缝封闭处理。

（2）对于拱上立柱1处水侵害，清理水蚀痕迹；对于4条竖向裂缝，用水泥砂浆等材料进行灌缝封闭处理；对于3处混凝土破损、58排拱上立柱露筋，先铲除表面松散混凝土，除锈处理后，用高强混凝土等补强修复。

（3）对于桥面板2处水侵害，清理水蚀痕迹；对于4处露筋，先铲除表面松散混凝土，除锈处理后，再用高强混凝土等补强修复；对于18处灰缝脱落，先铲除表面松散混凝土，重新浇筑。

（4）对于7个桥墩墩顶水侵害、长青苔，清理水蚀痕迹。

（5）对于0号桥台水侵害、长青苔，横向开裂，8号桥台水侵害、长青苔，混凝土破损，清理水蚀痕迹，先铲除表面松散混凝土，再用高强混凝土等补强修复。

（6）对于桥面铺装层61条横向裂缝、1条斜裂缝、6条纵向裂缝，用水泥砂浆等材料进行灌缝封闭处理；对桥面龟裂、露骨、破损，先铲除表面松散混凝土，用高强混凝土等补强修复。

（7）对于5个泥沙堵塞伸缩缝，及时清理维修。

（8）对于无桥牌，安装桥牌。

第7章 墩(台)及基础养护与维修

7.1 墩(台)及基础缺陷检查

7.1.1 检查类别

为了系统地掌握桥梁墩(台)、基础的技术状况,较早地发现病害和异常情况,提出养护措施,保证行车安全,延长使用寿命,必须对桥梁墩(台)、基础进行如下检查:

(1)经常检查:以目测为主,随时发现缺损并加以处理。

(2)定期检查:用仪器和量具较全面地量测桥梁各部位的缺损,提出养护措施。

(3)特殊检查:在地震、洪水、流冰、风灾发生后和超重车过桥后或船舶冲击后,应立即进行检查。

7.1.2 墩(台)及基础检查重点

(1)墩(台)圬工有无冻胀、风化剥落、掉角及船只碰撞造成的表面混凝土擦痕、露筋。

(2)墩(台)圬工有无裂缝。对严重的裂缝应测量其具体位置及尺寸,并绘制裂缝展开图,以便对照分析。

砌体泄水孔是否堵塞,防水层是否损坏。砌体砌缝砂浆的风化剥落情况。

(3)空心墩的水下通水洞有无堵塞。

(4)大体积混凝土内部空洞引起的破损、网状裂缝及竖向裂缝。

(5)检查墩(台)有无下沉、位移、倾斜变位等发生。当有发生时,应查清地基情况,并检查梁端部、支座及墩(台)的相对位置关系。

(6)墩(台)基础主要检查冲刷和位移。如墩(台)已发生倾斜、位移、下沉或冻起时,应首先通过挖探或触探检查基础基底,查明原因,并注意继续观察其变化。

(7)汛前预防检查每年汛期前都应做一次预防水毁的技术检查,其有关墩(台)基础检查的内容如下:

①河流上游堆积物、漂流物的情况。

②梁墩(台)有否冲空或损坏。

③桥下有无杂草、树枝、石块等杂物堆积淤塞河道。

④河床冲刷情况和附近桥位处有无坍塌,桥头锥形护坡有无冲空或由于基础下沉引起滑坡、坍陷。

⑤为了防止竹、木排筏和巨大的漂浮物等随洪水下冲,在汛期应对桥梁上游进行巡查。

7.1.3　墩(台)身的主要缺陷及检查的重点部位

墩(台)身的主要缺陷有:裂缝、剥落、空洞、钢筋外露、锈蚀、混凝土保护层不够、老化、结构变形、移位等。

梁桥墩(台)身检查的重点部位,如表7.1所示。

桥墩(台)身检查的重点部位　　表7.1

构造形式	检查重点部位
轻型桥台	支座底板;支撑梁;耳墙
扶壁式桥台	支座底板;台身;底板
重力式桥台	支座底板;台身
重力式桥墩	支座底板;墩身;水面变化处
钻孔桩柱式桥墩	支座底板;盖梁;横系梁;横系梁与桩连接处
单柱式桥墩	支座底板;盖梁
框架式桥台	支座底板;混凝土浇筑处;角隅部位

7.2　墩(台)及基础养护与维修

(1)保持墩(台)表面整洁,及时清除墩(台)表面的青苔、杂草、灌木和污秽。

(2)对发生灰缝脱落的圬工砌体,应清除缝内杂物,重新用水泥砂浆勾缝。

(3)墩(台)身圬工砌体表面风化剥落或损坏时,损坏深度在3cm以内的,可用水泥砂浆抹面修补,砂浆强度等级一般不应低于M5;当损坏面积较大且深度超过3cm时,不得用砂浆修补,而须采用挂网喷浆或浇注混凝土的方法加固。

(4)圬工砌体镶面部分严重风化和损坏时,应用石料或混凝土预制块补砌、更换,新旧部分要结合牢固,色泽质地应与原砌体基本一致。

(5)墩(台)身圬工砌体的砌块如出现裂缝,应拆除后重新砌筑。

(6)墩(台)表面发生侵蚀剥落、蜂窝麻面、裂缝、露筋等病害时,应采用水泥砂浆修补。因受行车振动影响,不易用水泥砂浆补牢的,应考虑采用环氧树脂或其他聚合物混凝土进行修补。

(7)墩(台)混凝土裂缝宽度超过限值时,裂缝的修补方法应视裂缝大小分别采取下列措施:

①裂缝小于表7.2的规定值,应以水泥砂浆或环氧砂浆进行封闭。

②裂缝大于表7.2的规定值,应做好记录,观察其变化,如无发展,可扩缝灌以水泥砂或环氧树脂。

③石砌圬工出现通缝和错缝不足时,应拆除部分石料,重新砌筑。

④由于活动支座失灵而造成墩(台)拉裂,应修复或更换支座,并处理裂缝。

⑤由于基础不均匀沉降而产生的自下而上的裂缝,应先加固基础,再视裂缝发展程度,确定灌缝或加固墩(台)。

裂缝限值 表7.2

<table>
<tr><th>结构类别</th><th>裂缝部位</th><th>允许最大缝宽(mm)</th><th>其他要求</th><th>结构类别</th><th colspan="3">裂缝部位</th><th>允许最大缝宽(mm)</th><th>其他要求</th></tr>
<tr><td rowspan="4">钢筋混凝土梁</td><td>主梁附近竖向裂缝</td><td>0.25</td><td></td><td rowspan="3">砖石混凝土拱</td><td colspan="3">拱圈横向</td><td>0.30</td><td>裂缝高小于截面高一半</td></tr>
<tr><td>腹板斜裂缝</td><td>0.30</td><td></td><td colspan="3">拱圈纵向(竖缝)</td><td>0.50</td><td>裂缝长小于跨径的1/8</td></tr>
<tr><td>组合梁结合面</td><td>0.50</td><td>不允许贯通结合面</td><td colspan="3">拱波与拱肋结合处</td><td>0.20</td><td></td></tr>
<tr><td>横隔板与梁体端部</td><td>0.30</td><td></td><td rowspan="6">墩(台)</td><td colspan="3">墩(台)帽</td><td>0.30</td><td></td></tr>
<tr><td rowspan="5">预应力混凝土梁</td><td>支座垫石</td><td>0.50</td><td></td><td rowspan="4">墩(台)身</td><td rowspan="2">经常受侵蚀性环境水影响</td><td rowspan="2">有筋无筋</td><td rowspan="2">0.20
0.30</td><td rowspan="4">不允许贯通墩(台)身截面一半</td></tr>
<tr><td rowspan="2">梁体竖向裂缝</td><td rowspan="2">不允许</td><td rowspan="2"></td></tr>
<tr><td>常年有水,但无侵蚀性影响</td><td>有筋无筋</td><td>0.25
0.35</td></tr>
<tr><td rowspan="2">梁体纵向裂缝</td><td rowspan="2">0.20</td><td rowspan="2"></td><td colspan="2">干沟或季节性有水河流</td><td>0.40</td></tr>
<tr><td colspan="3">有冻结作用部分</td><td>0.20</td><td></td></tr>
</table>

注:表中所列除特指外适用于一般条件,对于潮湿和空气中含有较多腐蚀性气体等条件下的缝宽限制应要求严格一些。

(8)对于墩(台)空洞,可用手锤敲击墩(台)听声,或在水渍斑痕处钎探,或以非金属超声探伤仪查明空洞部位,择近处开凿通眼,以压浆机压注水泥砂浆或环氧树脂进行修补。

(9)墩(台)产生水平位移和倾斜时,应究其原因,根据不同情况采取不同加固方案。

①梁式桥台背土压力大,造成桥台向桥孔方向的位移,可挖去台背填土,加厚桥台胸墙,或更换填土,减小土压力。

②对于拱桥桥台产生的位移和转动,要谨慎选择加固方案。

a.在桥台两侧加厚翼墙,翼墙与原墙牢固结合为一整体,增加桥台横断面尺寸和自重,以抵抗水平推力。

b.从台背打入斜向排桩,以增强台背填土的密实度和摩擦力。

(10)柱式墩(台)如有折断,当基础承载力许可时,可于柱侧浇筑混凝土,以加大断面尺寸,或以围带法加固。

(11)桥台锥坡及八字翼墙在洪水冲刷或填土沉落的作用下容易发生变形和铺砌层脱落。修复时夯实填土,常水位以下应砌筑水泥砂浆砌块、片石,并勾缝。

(12)汛期河流漂流物较多时,为避免漂浮物撞击墩(台),可在墩(台)前一定的距离处设置护墩体,其形式可根据水流的缓急、水位的高低、漂浮物的多少、流量大小等情况而定。一般形式有单桩、束桩、单排、双排、三角形等,材料有钢、木、石砌、水泥混凝土或钢筋混凝土。

(13)冰凌和冻胀的预防。特别是我国寒冷地区的桥梁更不可忽视。气温突变时河流解冻的流冰,对桥梁墩(台)、柱、破冰体和导流堤坝等会产生程度不同的冲击,应采取相应的防护措施。为使流冰从桥下顺利通过,除单跨桥梁和下游比上游解冻较早的桥梁外,必须采取下列办法进行防护。

①对桥梁上游河道中的冰层进行调查测探。在流速降低的河湾、沙滩处,流冰可能互相挤碰,重新聚结形成巨型冰块,甚至冰坝,造成水位抬高,威胁桥梁安全,对此须特别警惕。

当形成巨型冰块或冰坝时,应根据所掌握的资料,工具及安全、照明等设备,于流冰期设专人负责观测、轮护。同时,还应提前在桥边设置悬梯和在桥梁墩(台)与破冰体之间搭搁跳板。

②当冰临近时,对封冻的冰面,在桥位下游处开挖成流冰路(冰池),其长度可为河面宽的1~2倍;宽度可为河面宽的1/3~1/4;并不小于河道的最大桥跨。

当水面宽度小于30m时,流冰路的长度宜增加到水面的5倍。当冰块很厚并有强流冰生时,可在桥台、墩、桩、破冰体周围及桥位下游20~25m范围内开挖纵向冰沟。对流冰路、冰沟应经常检查,如有冻结,应反复捣开。在应急时刻,可用撬棍、长杆、钩杆等工具,在下游将凿开的冰块逐一送入冰层下冲走。

③流冰临近时,要清除上游冰层,冰层厚度在30cm以下者,可用人工撬开,大于30cm的宜用炸药炸碎。

(14)桥台水平冻胀力的防治措施。

经检查发现桥台抗水平冻胀力不足引起病害时,可采用减弱冻胀力的措施:

①采取换填措施在台背后用不冻胀或弱冻胀的砂砾等粗颗粒土换填。

②采取排水措施,搞好填后排水都可显著减小水平冻胀力。

③保温措施在墙背和填土表面两个方向铺保温材料。保温材料措施和换填措施结合,可收到事半功倍效果。

7.3　墩(台)及基础加固方法

随着现代化物流的迅猛发展,原有的桥梁通行能力和承载能力已不能满足社会的需要,由于设计考虑不周,台背高填土、基础的不均匀沉降和基础承载力不足,从而影响桥跨结构的正常使用,这就有必要对原来的桥梁墩(台)进行拓宽、加固和提高等措施,这就是墩(台)的加固。

常见的加固方法主要有:

(1)注胶封闭裂缝。

(2)墩(台)身上布设钢筋网,现浇混凝土。提高整个墩(台)身整体性、刚度以及增加受压面积,起到加固作用。

对于桥墩、桥台出现病害较多者,采用挂钢筋网,浇筑混凝土增大截面面积的加固方法,从而提高桥梁承载能力,改善桥梁使用性能。

可以采用增大截面面积的方法进行加固改造。

墩(台)基础的加宽改造,常用以下三种方法。

7.3.1 接长盖梁法

利用旧桥的基础,靠墩(台)盖梁挑出悬臂加宽部分,以便安装加宽的上部桥跨结构,基础和墩(台)可以不必要加宽,经过地基承载力的验算后,决定对它是否进行加固处理,如图7.1所示。

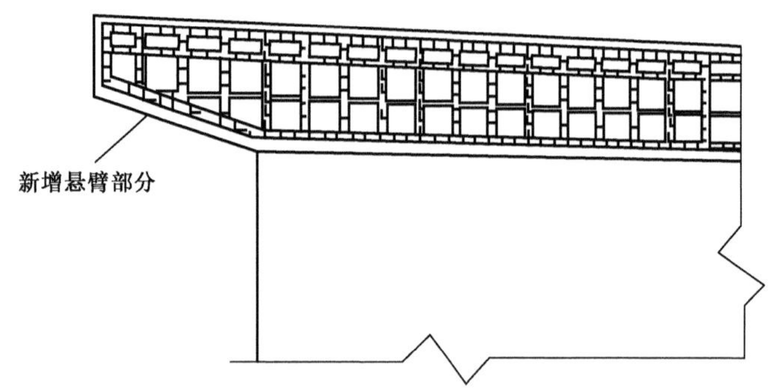

图7.1 利用挑出悬臂盖梁加宽墩(台)

验算时,可能由于历史的原因,地基的地质资料缺乏或丢失,则要通过荷载试验或触探试验等办法实测确定。无条件实测,也可以根据墩(台)目前的状况和地质状况,对比改建和改建后的计算结果,根据桥梁规范规定的、经过多年压实、未受破坏的旧桥的地基土容许承载力提高系数而定。

里需要指出的是;在厚土层上的墩(台)各部位的地基承载力,还要采用土力学中的方法对墩(台)的可疑角点和台心的应力状态进行分析和计算,从而确定其安全性。

在地基的安全性确定后,就可以对墩(台)盖梁进行施工处理,此时要注意以下三点:

(1)应先凿除旧盖梁连接部的混凝土保护层,露出钢筋,并在原主筋上焊接新主筋;采用搭接形式连接钢筋,其焊接长度为:双面焊≥$5d$、单面焊≥$10d$(d为焊缝长度),并且注意剪力钢筋的布置。

(2)新旧混凝土连接表面应粗糙,做成阶梯形和凹槽等;要注意新旧等混凝土面上不能采用沿斜面连接,否则不利于抗剪作用。

(3)施工时,特别要注意清理混凝土连接部位。浇筑后要注意保养。

7.3.2 旧墩(台)附近设置新墩(台)法

直接在原有的墩(台)附近的一侧或两侧,添造新的墩(台)。对于此种情况,必须巩固与维护原有桥台周围的基础,并设法防止原有桥台基础的变形,通常有两种做法:

(1)采用离开旧桥台建造新桥台,如图7.2所示。

(2)靠近旧桥墩建造新的桥墩,如图7.3所示。

此法需要考虑到新加宽部分墩(台)的沉降量与旧桥台的不协调问题,可以采用设置沉缝来处理,在设计和施工时都要注意。

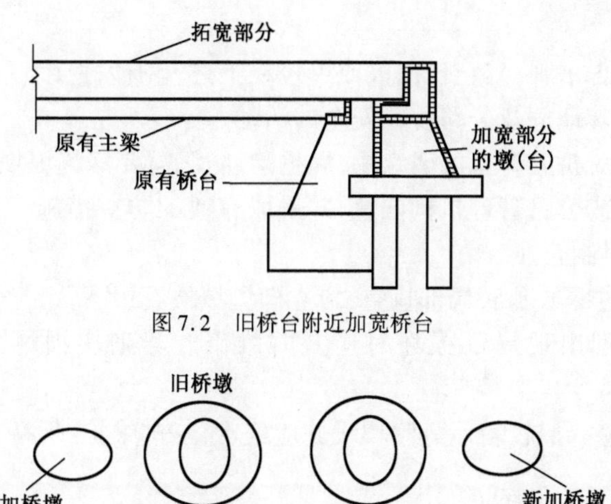

图7.2　旧桥台附近加宽桥台

图7.3　新旧桥墩靠近的平面图

7.3.3　钢筋混凝土套箍或护套加固法

当桥梁墩(台)出现贯通裂缝,为防止裂缝的继续发展,使之能正常使用,可用钢筋混凝土围带或钢箍进行加固,如图7.4所示。加固时,一般在墩身上、中、下分设3道围带,间距应大致相当于桥墩侧面的宽度。每个围带的宽度,则根据裂缝情况而定,一般为墩(台)度的1/10左右,厚度采用10~20cm。为加强围带与墩(台)的连接,应在墩身内埋置直径10~25mm的钢销,埋入深度为钢销直径的20倍左右,把围带的钢筋网扎在钢销上,埋销的孔眼要比销径大出15~20mm,先填满销孔再浇筑混凝土,同时填塞裂缝。

当桥梁墩(台)损坏严重,如严重裂缝及大面积表面破损、风化、剥落时,只能围绕整个墩(台)设置钢筋混凝土护套进行加固,如图7.5所示。

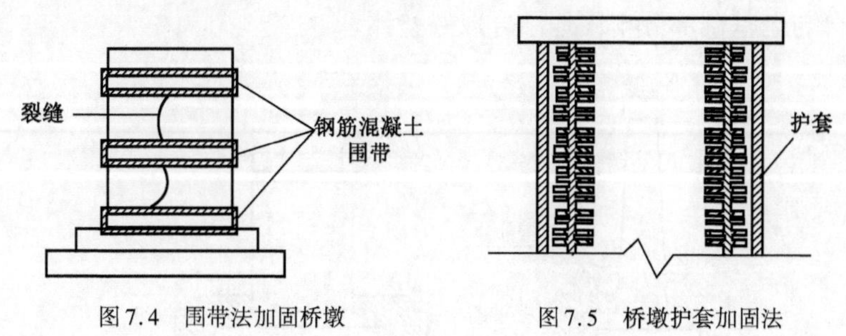

图7.4　围带法加固桥墩　　图7.5　桥墩护套加固法

7.4　基础养护与维修

7.4.1　基础日常养护与维修

(1)应采取措施保持桥梁墩(台)基础附近河床的稳定。桥梁上、下游各200 m范围内:

①应适时地进行河床疏浚。每次洪水过后,应及时清理河床上的漂浮物,使水流顺利

宣泄。

②在桥下树立警告示牌,禁止任何人或单位在上述范围内挖砂、取土、采石、倾倒废弃物,禁止进行爆破作业及其他危及公路桥梁安全的活动。

③不得任意修建对桥梁有害的建筑物,因抢险、防汛需要修筑堤坝、压缩或拓宽河床时,事先报经交通主管部门或公路管理机构同意,并采取有效的防护措施。发现任何有可能破坏桥梁安全的行为,应及时制止。

(2)若基础冲刷过深或基底局部掏空,应立即抛填块石、片石、铅丝石笼等进行维护。

(3)桥下河床铺砌出现局部损坏时应及时维修。若砌块损坏,可补砌或采用混凝土修补。

(4)对设置的防撞、导航、警示等附属设施应经常检查、维护,保持良好状态。

7.4.2 扩大基础加固法

扩大基础加固法,即桥梁基础扩大底面积的加固方法。此法适用于基础承载力不足,或基础埋置太浅而墩(台)又是圬工实体式基础的情况。扩大基础底面积应由地基强度验算确定。当地基强度满足要求而病害仅仅表现为不均匀沉降变形过大时,采用扩大基础底面积的大小,主要根据地基变形计算来加以选定。

在刚性实体式基础周围加石砌圬工或混凝土,以扩大基础的承载面积,如图7.6所示。扩大基础加固法可按下列程序进行:

(1)先打板桩围堰把必须加宽的范围围起来。如墩(台)基底下的土质不良,应先做加固处理。

(2)挖堰内土,直挖至必要的深度[注意开挖时墩(台)的安全]。

(3)在堰内把水抽干后,铺砌石块(浆砌),或做混凝土基础。

(4)新老基础要注意结合牢固。施工时,可加设连接系(锚固钢筋或插以钢销),以使加固扩大的基础部分与老基础部分牢固地结合成一整体。

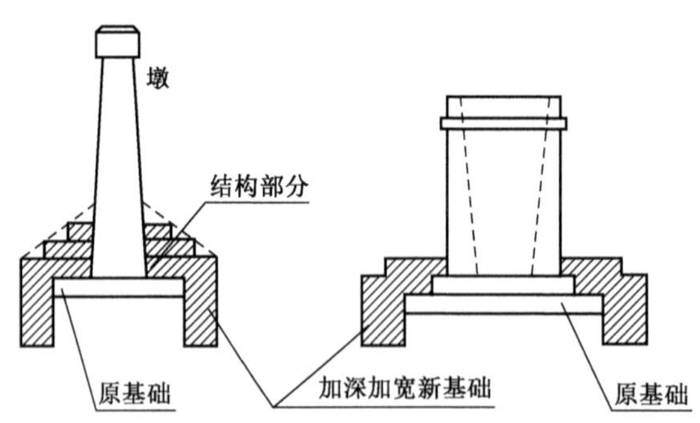

图7.6 扩大基础加固示意图

7.4.3 增补桩基加固法

(1)当地基承载力不够,为提高地基承载力,对桩式基础可增基桩(钻孔桩或打入桩)并扩大原承台,使墩(台)的压力部分传递至新桩基。在桩式基础的周围补加钻孔桩或打入钢筋混凝土预制桩并扩大原承台,并将承台与桩顶连接在一起,以此提高基础承载力,增加基础稳定性,这种方法叫增补桩基加固法。这种加固方法的优点是不需要抽水坝等水下施工作业,且加固效果显著。其缺点是需搭设打桩架和开凿桥面,对桥头原有架空线路及陆上、水上交通均有一定影响。

(2)增补桩基的加固方法适用于以下情形:

①当桥梁采用桩基础时,改造拓宽项目,通过增加桩的数量,扩大承台面积,提高基础承载力。

②桥梁墩(台)基底下有软弱层,墩(台)发生沉陷,而桩的深度不足。

③由于风蚀、水蚀或冲刷等原因使桩基外露或发生倾斜时。

对单排架桩式桥墩采用打桩(或钻孔灌注桩)加固时,如原有桩距较大(在 4 ~ 5 倍桩径时),可在桩间插桩,如原有桩距较小且通航净跨允许缩小时,可在原排架两侧增加桩数,成为三排式的墩桩。

当桥台垂直承载力不足时,一般可在台前增加一排桩并浇筑盖梁,以分担上部结构传来的压力。打桩(或钻孔桩)时可利用原有桥面做脚手架,在桥面上开洞插桩。增浇的盖梁可单独受力,也可连接在一起,使旧盖梁、旧桩及新桩一起受力。

在对一些结构良好的老桥采用增补桩基实施下部结构的加固时,往往受桥下净空影响,不能满足常规机械的进入,可利用老桥的上部结构自重,以手动大吨位千斤顶,将预制桩无振动无噪声地嵌入土中。压入桩的承台与施工反梁合二为一,既为静压施工传递上部恒载的反梁,又为加固的桥墩提供一个新老桩基共同受力的承台。

(3)不利影响。

①增加的桩基会引起河床过水断面面积的减小,从而引起水流速度加大,这样将会加剧原有桩基的冲刷。

②通航净跨由于增加桩基而缩小。

③在桩间加桩时,较小的桩基中距,对桩基的承载力有一定影响。

④基础的整体性由于新旧桩基及承台的连接将有所降低。

(4)力学特点。

桥梁荷载通过桩基础传递给地基,垂直荷载一般将由桩底土层抵抗力和桩侧与土产生的摩阻力来支承,水平荷载一般由桩和桩侧土的水平抗力来支承。由于地基土的分层和其物理力学性质不同,桩的尺寸和设置在土中方法不同,都会影响桩的受力状态。从桩的受力上分析,增补桩基加固法中常采用摩擦桩和柱桩两种桩基形式。

摩擦桩主要依靠桩侧土的摩阻力支承垂直荷载,桩底土层抵抗力也支承部分垂直荷载。摩擦桩在设计范围内总是桩周摩阻力首先充分发挥作用,而这时桩尖阻力仅占很小一部分。桩侧极限摩阻力的大小不仅与桩侧土层和成桩工艺有关,而且与桩的入土深度有关。当桩的入土深度超过一定深度后,侧阻不再随深度增加而增大,呈现临界深度,临界极限摩阻力大约在 25m 深度处发生。

柱桩一般专指桩底直接支承在基岩上的桩,桩的沉降甚微,桩侧摩阻力可忽略不计,全部垂直荷载由桩底岩层抵抗力承受。

7.4.4 人工地基加固法

当基础下面的天然地基松软，不能承受很大荷载，或上层土虽好，但深层土质不良引起基础沉降过大时，可采用人工地基加固方法，以改善提高基础的承载能力。

人工地基加固的方法很多，有物理和化学两种方法，下面介绍两种常用的方法。

1）砂桩法

当软弱地基层较厚时，可用砂桩法改善地基的承载能力。施工时，将钢管或木桩打入基础周围的软弱土层中，然后将桩或管拨出，在形成的洞内灌入干燥的粗砂、砾砂，然后捣实，形成砂桩，达到提高地基土密实度的目的。

在含水饱和的土或黏土中，由于易坍孔，灌砂困难，可采用沙袋套管法与振冲法来加固地基，如图7.7所示。

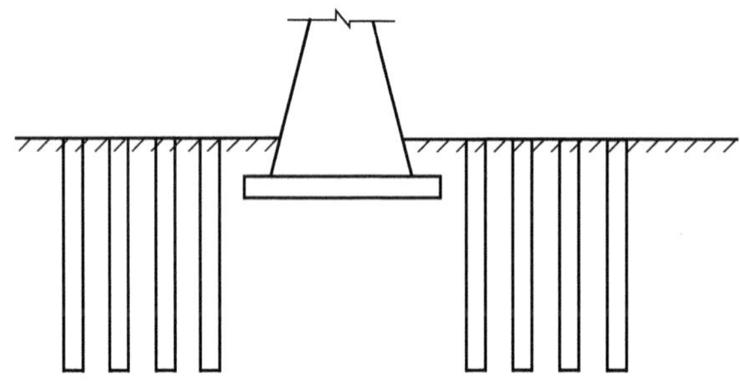

图7.7 加固地基

2）注浆法

在墩（台）基础下面，直向或斜向钻孔或打入管桩，通过孔眼及管孔，用一定压力把不同浆液（加固剂）注入土层中，浆液经过凝固，把原来松散的土固结为有一定强度的防渗性能的整体，或把岩石裂缝堵塞起来，从而加固地基，提高地基承载力。

7.4.5 钢筋混凝土套箍加固法

有的桩柱式墩（台）在水平力作用下或台背土压力作用下产生了较大变位，致使桩柱在地面附近开裂，丧失部分承载力和稳定性。为了恢复和提高其承载力和稳定性，可在桩柱混凝土开裂部位下适当长度范围内（可根据计算和构造要求确定其长度范围）加做钢筋混凝土套箍或护套。一般做护套的加固效果较好。由于护套可做成钢筋混凝土的或钢管护套。钢管护套是在桩柱的加固部位外套一钢管，在钢管与桩柱混凝土之间浇筑混凝土以填实其空隙。采用钢管护套一要注意填筑混凝土的捣实质量，二是钢管的防腐蚀。为此，施工时可在钢管壁上留天窗以利浇筑捣实混凝土。为了防腐，钢管的厚度要大于6mm，并在其外表面涂刷防腐剂。钢管护套的钢管直径一般较大，当无现成钢管可供应时，可用厚钢板在工厂滚轧现场焊接而成。

7.4.6 桥台倾斜的加固方法

1）支撑加固法

因桥台尺寸不足，难以承受台背压力而往桥孔方向产生倾斜或滑移的埋置式桥台，可采修筑撑壁法进行加固。

对于单孔小跨径桥台,为防止桥台滑移,可在两台之间加建水平顶撑,如整跨浆砌片石撑板,或用钢筋混凝土支撑梁进行加固。

2)增建辅助挡土墙加固

对于因桥台台背水平土压力太大而引起的桥台倾斜,应设法减少桥台后壁的土压力,为此可在台背加建一挡土墙,以增强挡土能力。

3)减载法

筑于软土地基上的桥台,常由于填土较高而受到较大侧向土压力作用,从而使桥台产生前移,以致发生倾斜。此时,一般可更换台背填土、减小土压力,即采用减小桥台基础所受荷载的方法加固或采用加长引桥处理法。

7.4.7　锚碇板加固法

对于软土地基上的轻型桥台向河心位移的病害,可采用台后增设分离式锚碇板桥台的挡土部分来处理。分开式锚碇板桥台是在桥台后面设置与桥台完全分开的锚碇板。锚碇板横置在多根钢筋混凝土立柱后面,主台以直径为 32mm 的钢拉杆拉住,拉杆另一端固定埋在路堤中的锚碇板上,上下土层分别予以拉住,使桥台不承受水平推力,其设置如图 7.8 所示。

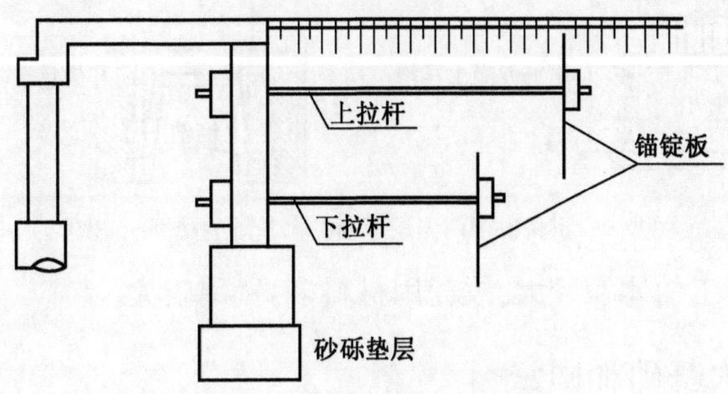

图 7.8　锚垫板加固法示意图

7.4.8　台后加孔减载法

淤泥质软土地基,地基极为软弱,如桥头又为填土较高的高路堤,则软土下卧层难以承受桥台和高路堤的荷载压力,轻则使桥台出现沉陷和水平推移;重则发展为软土下卧层剪切滑移,使桥台和路堤一起坍入河中。所以,当土基软弱,桥台沉陷、位移一时不能稳定,继续发展下去有可能导致桥台倒坍,应下决心采取在桥台后面挖去高填土路基改建为小跨径引桥的加固方法,以减小地基土的荷载质量,及时制止桥台的位移和沉陷的继续发展。

把台后高路堤挖除改为修建小跨径引桥,是解决桥台继续下沉位移和剪切滑动等破坏的极为有效的办法,是比较有把握的一种处治措施。由于台后高路堤对土基的荷载质量很大,当软土基上填土高于 5m 时,是难能承受的,挖除改建为引桥后,对地基的荷载将大为减小,能有效地制止桥台的继续沉陷和位移。很多在软土地基上修建的桥梁,设计中增加桥孔长度后,没有出现大的桥梁损坏问题;而在软土地基桥梁因地基沉陷和位移,出现大的沉陷位移或者滑动倒坍后,采用了增加桥孔的办法,取得了非常显著的效果。只要把桥台后填土一挖除,桥台的下沉立即停止。所以,软土地基高路堤填土高度大于5m以上时,采用修建小跨径引桥的方法值得推广。

7.5 拱桥墩(台)基础加固

拱桥构造与梁桥不同。因此,其加固方法除可参照梁式桥基础的加固方法之外,尚有其独特的加固办法。

拱桥基础的病害往往指产生了较大的水平位移和沉降。由于拱桥桥台产生了较大的位移和沉降,造成主拱圈下挠、变形、开裂,重者危及行车安全。为此,必须提高拱桥基础的抗位移和沉降的能力,制止位移和沉降的继续发展。

7.5.1 增大基础加固法

在桥台两侧加设钢筋混凝土实体耳墙,并将耳墙与原桥台用钢销连接起来,从而达到增大桥台基础面积,提高桥台承载力的目的,如图7.9所示。加固后耳墙与原桥台连接在一起,既增加了竖向承压面积,又由于耳墙的自重而增加了桥台抗水平推力的摩阻力。

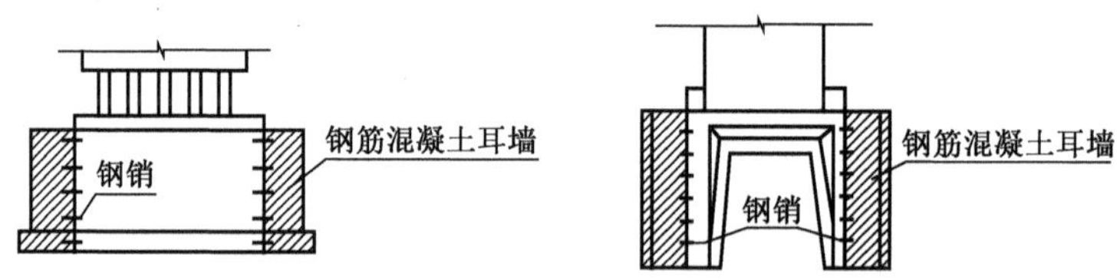

图7.9 拱桥桥台两侧设耳墙扩大基础的加固示意图

法的缺点是增加圬工的体积较大,故耗用材料多,费用较大。

7.5.2 台前扩大基础加固法

当拱脚台前有一定的填土时,可在台前加建新的扩大基础,并将改建为变截面的拱肋支承到新基础上。新老基础之间用钢销进行连接,有条件时在台前新基础下设法增加几根短桩,以提高承载力。此法的原理是加建的新基础既能增加竖向承载力和水平方向承载能力,又加强了拱肋断面使之成为变截面拱肋,还相应地缩短了跨径。其优点是不需中断交通,可带来较大的社会效益。

7.5.3 增设临时斜向支撑法

对于多跨拱桥,为预防因其中某一跨遭到破坏使整体失去平衡而引起其他拱跨的连锁破坏,可根据具体情况,对每隔若干拱跨中的一个支墩采取加固措施。其方法是在支墩两侧加设斜向支撑;或加大该墩断面。使得在一跨遭受破坏时,只影响若干拱跨而不致全桥毁坏。

7.5.4 增大桥台摩阻力法

建在软土地基上的拱桥桥台,一经营运便发现很多桥台发生了明显的水平位移。究其原因,多数设计采用了台背土抗力和基底摩阻力来平衡拱的水平推力。台后土抗力发挥的大小与其桥台的外移量有关,外移量越大其台后土抗力的数值也越大。而台后被动土抗力必然带来极其可观的桥台水平位移,过量的桥台位移必然导致拱桥结构的破坏。为了拱桥安全,其位移必然限定在允许的限值之内,而此值一般讲是相当小的数值,在此位移下其台后土抗力值很小。为了平衡台后设计的土抗力不足,就得设法加大桥台摩阻力来弥补。为此产生了下列几种加固方法。

7.5.4.1　台后加设长挡墙的加固法

在桥台两侧向路堤方向加做新挡土墙,新做的挡土墙与桥台侧墙采用插型钢或钢销的办法使新砌的墙或新浇筑的混凝土墙与桥台连接成一整体。此法的原理是利用新增挡土墙的自重产生的摩阻力抵抗桥台抗水平推力的不足,如图7.10所示。

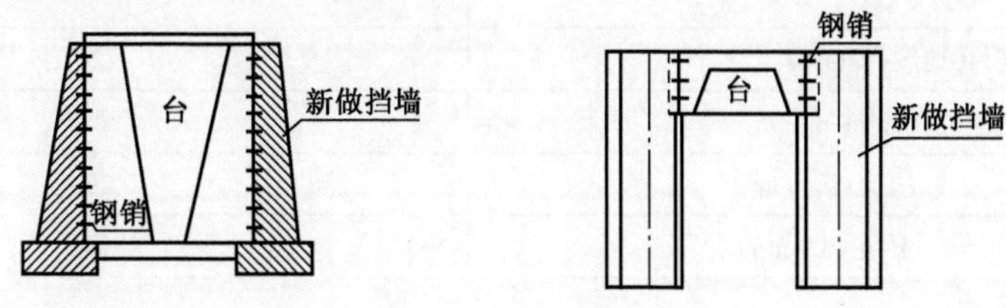

图7.10　台后设挡墙加固示意图

7.5.4.2　台后设摩阻板加固法

将桥台后一定范围的路堤土从基底起挖除,然后加做一块厚50～100cm的钢筋混凝土摩阻板,其上回填夯实土。摩阻板的底面高程一般与桥台基顶高程一致(具体高程可通过平衡桥台推力而又不使桥台发生转动为准则)。摩阻板的长度根据平衡拱水平推力的阻抗来确定,如图7.11所示。此法较适用于新建拱桥,对加固旧拱桥则难度较大,必须把摩阻板分成纵向几条,分别跳跃开挖,浇筑加填而成,不能一起施工,否则会加大桥台的位移和不稳定因素。

7.5.4.3　顶管加固法

当桥台抗水平阻力严重不足,又不允许在台后挖土作业时,采用顶管加固法是个很有效方法。在台后被动土破裂面以外,一定安全距离(比如5m)以外沿路堤轴线挖竖井,在竖井内按顶管作业法向台后做两条或一条管路(根据受力和路基宽度而定)。顶管直径宜大于1.2m以利人工作业。顶管加固原理如同台后做了一条水平柱以承受水平推力。

对于软基拱桥桥台,为了抵抗水平推力,制止桥台继续向后位移可采用台后增建引桥和水平支撑梁以抵抗水平推力的加固方法,如图7.12所示。

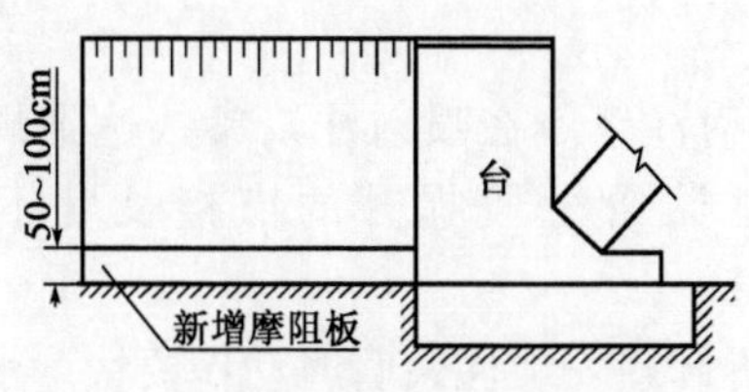

图7.11　台后摩阻板加固示意图

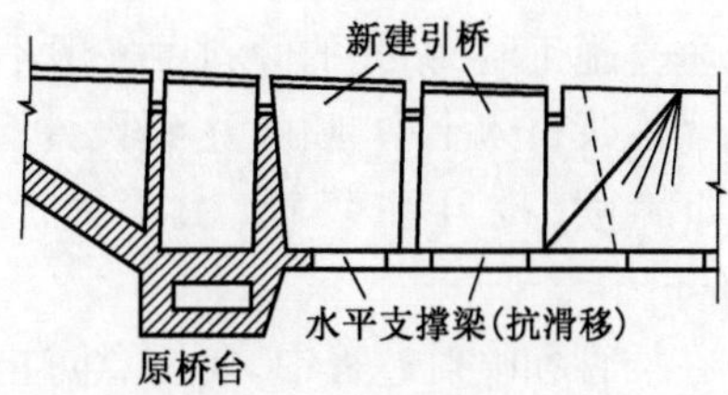

图7.12　拱台水平支撑梁加固示意图

7.5.4.4 旋喷法加固墩(台)基础法

用旋喷法加固桥梁墩(台)基础,一般是因为墩(台)基础在设计或施工中存在某些对地基的实际承载能力不能适应。加固的方法一般都是在墩(台)基础的襟边或底板打下钻孔,旋喷成圆柱形固结体,并与原基础连成整体,增加地基的承载力,达到加固的目的。

1)设计要点

采用单管法单独喷射水泥浆液进行加固。具体设计参数见表7.3。

主要机具和施工参数 表7.3

项目		单管法
喷嘴孔径(mm)		ϕ2.5
喷嘴个数(个)		2
旋转速度(r/min)		20
提升速度(mm/min)		200
高压泵	压力(kg/cm^2)	200
	流量(L/min)	120

主要材料为:42.5级普通硅酸盐水泥;水泥浆密度为1.65 t/m^3;水灰比为1:10。

墩(台)基础增强加固工艺及要求为:

(1)按设计要求开挖基坑。

(2)所有的新旧混凝土结合面,必须将原结构的表面凿毛,露出集料,并清洗干净。

(3)施工流程:将原结构表面的混凝土凿除掉至少2cm。露出集料,并清洗干净;按照设计要求安装锚筋;按照设计要求安装钢筋网;立模板并浇筑混凝土。

如果有地基注浆加固的,基础施工应在注浆完成后进行。

2)地基加固处理工艺及要求

(1)施工过程:

钻机就位—钻孔—插管—喷射作业—冲洗。

(2)施工操作要点:

①旋喷前要检查高压设备和管路系统,其压力和流量必须满足设计要求。注浆管及喷嘴内不得有任何杂物。注浆管接头的密封必须良好。

②钻机与高压注浆泵的距离不宜过远。钻孔的位置与设计位置的偏差不得大于50mm。实际孔位、孔深和每个钻孔内的地下障碍物、洞穴、漏水如与工程地质报告不符等情况均应详细记录。

③钻孔孔径采用80mm。

④垂直施工时,钻孔的倾斜度一般不得大于1.5%。

⑤当注浆贯入土中、喷嘴达到设计高程时,即可喷射注浆。在喷射注浆参数达到规定值后,随即旋喷、提升注浆管、由下而上喷射注浆。注浆管分段提升的搭接长度不得小于100mm。

⑥在插管和喷射过程中,要注意防止喷嘴被堵,在拆卸或安装注浆管时动作要快。水、气、浆的压力和流量必须符合设计值,否则要拔管清洗再重新进行插管和旋喷。使用双喷嘴时,若

一个喷嘴被堵,则可采取复喷方法继续施工。

⑦在旋喷注浆过程中若出现压力骤然下降、上升或大量冒浆等异常情况等,应查明产生的原因并及时采取措施。

⑧搅拌水泥时,水灰比要按设计规定,不得随意更改,在旋喷过程中应防止水泥浆沉淀,使浓度降低。禁止使用受潮或过期的水泥。

⑨施工完毕,应立即拔出注浆管彻底清洗注浆和注浆泵,管内不得有残存水泥浆。

⑩当处理既有构筑物地基时,应采取速凝浆液或大间距隔孔旋喷和冒浆回灌等措施,以免旋喷过程中地基产生附加变形和地基与基础间出现脱空现象,影响被加固工程及邻近建筑。同时,应对构筑物进行沉降观测。

⑪施工中应如实记录旋喷注浆的各项参数和出现的异常现象。

旋喷法加固墩(台)基础时冒浆的处理方法为:提高喷射压力,适当缩小喷嘴孔径,加快提升和旋转速度。

参考文献

[1] 中华人民共和国行业标准. 公路桥涵养护规范:JTG H11—2004[S]. 北京:人民交通出版社,2004.

[2] 中华人民共和国行业标准. 公路桥梁加固设计规范:JTG/T J22—2008[S]. 北京:人民交通出版社,2008.

[3] 中华人民共和国行业标准. 公路桥梁技术状况评定标准:JTG/T H21—2011[S]. 北京:人民交通出版社,2011.

[4] 中华人民共和国行业标准. 回弹法检测混凝土抗压强度技术规程:JGJ/T 23—2011[S]北京:中国建筑工业出版社,2011.

[5] 中国工程建设标准化委员会标准. 超声回弹综合法检测混凝土强度技术规程:CECS 02:2005[S]. 北京:中国建筑工业出版社,2005.

[6] 中国工程建设标准化协会标准. 钻芯法检测混凝土强度技术规程:CECS 03:2007[S]. 北京:中国建筑工业出版社,2007.

[7] 中华人民共和国国家标准. 普通混凝土长期性能和耐久性能试验方法标准:GB/T 50082—2009[S]. 北京:中国建筑工业出版社,2009.

[8] 中华人民共和国行业标准. 混凝土中钢筋检测技术规程:JGJ/T 152—2008[S]. 北京:中国建筑工业出版社,2008.

[9] 胡大琳. 桥涵工程试验检测技术[M]. 北京:人民交通出版社,2002.

[10] 张俊平. 桥梁检测与维修加固[M]. 北京:人民交通出版社,2011.

[11] 广义,郝国华,刘亚利. 浅谈一般公路桥梁的日常养护[J] . 山西交通科技,2004(4):61-62.

[12] 三森,史建平. 旧桥墩基础加固技术[J]. 公路与汽运,2005(5):117-118.

[13] 张舍. 浅谈公路桥梁病害的起因、检测与加固[J]. 安徽建筑工业学院学报(自然科学版),2005 (1):39-43.

[14] 黄裕锋,康小东. 桥梁支座的更换[J] . 中国市政工程,2005(3):36-30.

[15] 段香英,王乐,李华. 桥梁评估方法研究[J]. 交通标准化,2004(10):24-28.

[16] 安井刚. 唐通公路义井大桥的维修与加固[J]. 交通科技,2003(6):21-23.

[17] 健新,胡兆同. 大跨度吊桥[M]. 北京:人民交通出版社,1995.

[18] 范立础. 桥梁工程[M]. 北京:人民交通出版社, 2001.

[19] 王森,史建平. 旧桥墩基础加固技术[J]. 公路与汽运,2005(5):117-118.

[20] Yasuhiro Mori,Bruce R. Ellingwood. Maintaining Reliability of Concrete Struc-ture. II: Optimum Inspection/Repair[J]. Journal of Structural Engineering,1994(120):846-861.

[21] Jung S. Kong,Dan M. Frangopol. Evaluation of Expected Life – Cycle Maintenance Cost of Deteriorating Structures[J]. Journal of Structural Engineering,2003(129):682-691.

[22] Asian Development Bank. Sector Synthesis of PostEvaluation Findings in the Roadsand Road Transport Sector. 1996.

[23] 孙秋霞.材料腐蚀与防护[M].北京:冶金工业出版社,2001.

[24] 周明华.土木工程结构试验与检测[M].南京:东南大学出版社,2002.

[25] 长芳.评价和维修混凝土桥梁需要考虑的耐久性问题[J].国外公路,1995(6):25-30.

[26] 曹先星,李建军.浅谈公路桥梁伸缩缝改造施工质量控制[J].华东交通大学学报,2005,22(5):27-29.

[27] 胡大琳.桥涵工程试验检测技术[M].北京:人民交通出版社,2002.

[28] 黄平明.梁桥的大边梁加固法研究[J].西安公路交通大学学报,1999(4):22-23.

[29] 杨国俊.桥梁结构物混凝土外观质量控制[J].公路交通技术,2005(2):100-102.

[30] 宋一凡.在役桥梁承载力评定方法[DB/OL].(2010-12-31) http://wenku.baidu.com/view/38466ad2240c844769eaee20.html

[31] 程寿山,公路桥梁承载能力检测评定规程[DB/OL].(2011-9) http://wenku.Baidu.com/view/82caba687375a417876f8f44.html

[32] Asian Development Bank PostEvaluation Office. Report of the President to the Boardof Directors on 1996 PostEvaluation Activities and the Nineteenth Annual Review of PostEvaluation Reports June[R]. 1997.